책의 정신

일러두기

1. 본문에 표시된 ●는 저자 주로 각주 처리하였다.

2. 본문에 인용 출처를 밝히지 않은 고전은 저자 번역본이다.

3. 저작권 표시를 따로 하지 않은 본문의 그림과 사진은 카피 레프트나 퍼블릭 도메인이다.

4. 시대의 흐름을 이해하고 텍스트의 독해를 돕기 위해 인물의 생몰연대는 필요에 따라
   중복 표기하였다.

5. 본문에 언급된 도서의 서지사항은 '참고문헌'에서 확인할 수 있다.

세상을 바꾼 책에 대한 소문과 진실

책의
정신

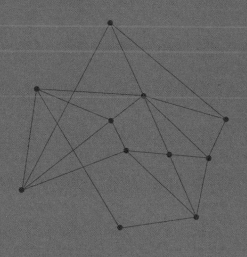

강창래
지 음

북바이북

당신의 달콤한
독서를 위하여

1.

『책의 정신: 세상을 바꾼 책에 대한 소문과 진실』이 절판된 지 2년
이 지났다. 그사이에 개정판 소식을 궁금해하는 독자들의 문의가 많
았다. 기다리다 못해 지인을 통해 독촉하는 분도 있었다. 동네서점
뿐만 아니라 인터넷서점에서도. 품절센터 의뢰 결과를 보면 오늘도
33권이나 수급에 성공했다고 뜬다.

몇 달째 이런 상황을 지켜보고 있어야 했다. 강의와 연재 원고를
쓰느라 바쁘긴 했지만, 개정판 원고 작업을 빨리 끝내지 못해 늘 마
음에 걸렸다. 오래 기다린 독자들께 죄송한 마음을 전한다.

초판과 개정판의 가장 큰 변화는 2013년이 아니라 2022년이라
는 출간 시기이다. 기본적인 내용이나 이야기 전개의 틀은 초판에서
크게 바뀌지 않았다. 꼼꼼하게 읽으면서 문장을 다시 한번 더 고쳤
다. 그 과정에서 논리를 뒷받침하는 데이터를 업데이트했다. 그 점이
가장 중요한 개정 내용이다.

전체적으로 보면 관련된 새로운 저작물에 대한 소개와 함께 참고

문헌 목록에도 몇 종을 추가했다. 같은 저작물이라 해도 새로운 번역서가 더 좋다고 판단되면 바꾸었다. "고전을 리모델링해드립니다"에서는 『논어』와 관련된 고고학적인 연구 성과를 바탕으로 한 '술이부작'에 대해 덧붙였고 '오류' 가능성이 있다고 판단한 문장들을 수정했다. 초판에 실렸던 사진이나 그림은 일부 빼기도 했지만 바꾼 것이 많다. 더 적절한 내용의 이미지로 바꾸고 해상도도 높은 것으로 교체했다. 바뀐 이미지는 캡션도 수정했다.

이 책에 등장하는 책이나 영상물 들은 2022년의 관점에서 모두 다시 읽거나 보았고 그와 관련된 내용도 확인했다. 이 과정에 가장 많은 시간과 노력을 들였지만 논리 구조나 결론은 대부분 그대로이다. 필자로서는 기쁜 일이기도 했다. 오래전에 쓴 글이 지금도 공감할 수 있을 정도로 유효하다면, 꽤 먼 미래에까지도 그럴 수 있지 않겠는가.

세상은 끊임없이 변화한다. 미시적인 관점에서 그렇다. 세상은 조금도 변하지 않는다. 거시적인 관점에서 그렇다. 끊임없이 변화한다는 사실은 변하지 않는다. 끊임없는 변화에 적응해야 하는 인간은 변하지 않는 사실에 대해 많이 알면 알수록 풍요롭고 여유 있는 삶을 구가할 수 있을 것이다. 이 책의 주제도 그런 것 가운데 하나이다.

다음은 초판 서문에서 가져왔다. 이 내용 역시 지금도 유효하고 무척 중요해 보인다.

2.

'독서운동'이라는 말은 참 이상하다. 독서란 즐겁고 행복한 일이다. 그런데 그 즐거움을 운동을 통해 전달할 수 있다고 생각하다니. 독서가 영상물이나 게임에 비해 재미가 덜해서 그렇다고 말하는 사람도 있다. 그러나 그런가? 무인도에 갇혔는데 아주 재미있고 두꺼운 책 한 권과 영상물 한 편, 게임 하나가 있다고 하자. 오랜 시간이 지나면 책을 보고 있지 않을까? 책을 다 외웠다 해도 그 즐거움은 다하지 않을 것이다.

슈테판 츠바이크의 소설 『체스 이야기Schachnovelle』에서 그런 모습을 엿볼 수 있다. 소설의 등장인물 B 박사는 나치에 의해 아무것도 없는 호텔 방에 갇힌 채 오랜 세월을 보내야 했다. 할 일도 없을 뿐 아니라 볼 것도 없는 완전한 무無의 상황에서 지내는 일은 끔찍한 정신 고문이었다. 그러던 어느 날 심문을 받으러 나갔다가 책 한 권을 훔친다. 체스 기보에 지나지 않는 건조한 책이었지만 오랜 세월을 견딜 수 있게 해주었다.

책이 재미있다는 증거는 현실에서도 발견된다. 2012년 한국에서는 〈레 미제라블〉이 뮤지컬 공연과 영화로 대단히 큰 성공을 거뒀다. 많은 사람이 공연과 영화를 본 뒤 소설 『레 미제라블』을 읽었다. 다음 해인 2013년 5월에도 스콧 피츠제럴드의 소설인 『위대한 개츠비』가 영화로 상영된 뒤 베스트셀러가 되었다. 이런 종류의 예는 얼마든지 찾아볼 수 있다. 영화나 공연이 책보다 훨씬 더 재미있어 그것으로 충분했다면 그들은 왜 다시 책을 읽고 싶었을까? 단순히 책이 더 재미있다고 말하기는 어려울지 모르지만, 다른 종류의 재미가 있다고 말할 수는 있을 것이다.

독서운동의 목적이 더 많은 사람이 책 읽기를 바라는 것이라면 독서가 즐겁다는 것을 보여주는 데서 시작해야 한다. 그러니 독서운동가는 독서가 얼마나 즐거운 일인지 보여줄 수 있을 때 자격이 생긴다. 만일 한국 사회가 그랬다면 이제 독서운동이 필요 없는 상황이 되었을 것이다. 즐거움은 바이러스처럼 순식간에 퍼져나가기 때문이다.

하지만 현실은 그렇지 않았다. 1990년대 중반부터 얼마나 많은 어른이 얼마나 많은 재원을 들여 독서운동에 매달렸던가. 도서관은 세 배 이상 늘어났고, 장서 수는 몇 배인지 모를 정도로 많아졌다. 그러나 그 독서운동의 열기 속에서 자란 아이들이 어른이 된 지금, 한국의 성인 평균 독서량은 1990년대 이전보다 적어졌다.

책 읽기를 즐기는 아이들을 만나면 꼭 물어본다. "네 친구들도 책을 좋아하니?" 대개의 답은 이와 비슷하다. "아뇨, 제가 희귀동물이에요."

3.

한 권의 책을 제대로 다 읽었다고 말할 수 있는 시점은 책의 마지막 장을 넘길 때가 아니라 독후감 쓰기를 끝낼 때다. 그런데 그 독후감 때문에 책을 읽는 것도 싫어할 만큼 부담감을 느끼는 상황이 자주 발생하는 것 같다. 안타까운 일이다. 사실 독후감이 부담스럽다는 것은 말도 안 된다. 즐겁거나 슬플 때, 또는 싫을 때 그것을 표현하는 것은 너무나 자연스러운 일이 아닌가. 독후감이 부담스러운 이유는 감동이 없는 책에 대해서도 쓰도록 강제하기 때문이다.

예를 들어 매우 아름다운 경치를 보게 되었다고 하자. 그 경치를 음미하며 감탄한 다음에 무얼 하는가? 대개는 곧바로 스마트폰을 꺼내 사진을 찍고, 그것을 누구에겐가 보여주면서 자기의 느낌을 말한다(사실은 SNS에 올리는 일이 많으니 "말한다"보다는 "글로 쓴다"라고 해야 할 것 같다). 그런 것이 바로 독후감이다. 저절로 넘쳐 나온 감동을 표현한 것이다. 그런데 아무리 아름다운 곳이라고 해도 억지로 끌려갔다면 감동은 줄어들 수밖에 없고, 그 아름다움이 눈에 들어오지 않거나 심한 경우 다시는 가고 싶지 않을 수도 있다.

책도 마찬가지다. 자신의 선택이 아니라 타인에 의해 주어진 것일 때 그것을 좋아하기는 쉽지 않다. 자발적으로 그 텍스트에 빠져들어야 즐거움을 느낄 수 있다. 그래서 '권장도서목록' 같은 것은 독서를 괴로운 경험으로 만들 가능성이 크다. 아무리 좋은 경치라고 해도 억지로 끌려가 보고서는 감동하기 어렵듯이, 아무리 좋은 책이라고 해도 억지로 읽고 감동하기는 어렵다.

아무리 좋은 약이라고 해도 누구에게나 좋을 수는 없다. 특정 시점의 나에게 좋은 약이 있을 뿐이다. 나에게 맞지 않으면 독약이 될 수 있다. 그러니 고전을 꼭 읽어야만 하는 것은 아니다. 아무리 하찮은 것이라고 해도 내가 잘 소화하고 받아들이면 최고의 약이 되기도 한다. 그런 의미에서 내가 읽고 싶은 책이라면 무엇이든 상관없다.

게다가 이 세상 모든 책은 하나하나가 편견이다. 인간은 모두 자기가 보고 싶은 것을 보고, 듣고 싶은 것을 들을 뿐 아니라 쓰고 싶은 것만 쓴다. 사실은 없다, 해석만 있다. 게다가 그 해석조차 당대 패러다임의 지배를 받는다.

과학조차 그렇다. 토머스 쿤이 『과학혁명의 구조』에서 증명한 내용이 바로 그것 아닌가. 실험을 통해 과학이론이 만들어지는 것이 아니라 과학이론이 실험을 만든다. 그런 의미에서 실험은 대개 기존의 패러다임을 강화하는 역할을 한다. 더 합리적이며 새롭고 혁명적인 발견을 위한 것이 아니다. 그나마 가장 이성적이고 객관적인 구조를 가졌다는 과학이 그런데 다른 분야야 말할 것이 있겠는가.

『사회생물학 대논쟁』을 읽어보라. 최고의 석학들이 '사회생물학'에 대해 서로 얼마나 다른 평가를 하는지 알 수 있다. 리처드 도킨스의 『이기적 유전자』를 읽고 열광했다면, 스티븐 로우즈 외 2인이 쓴 『우리 유전자 안에 없다』를 읽어볼 필요가 있다. 그런 식으로 과학적 편견을 지적하는 책들 가운데 하나가 스티븐 핑커의 『마음은 어떻게 작동하는가』에 대한 제리 포더의 비판을 담은 『마음은 그렇게 작동하지 않는다』이다.

과학책이 어렵다면 박노자와 허동현이 쓴 『길들이기와 편가르기를 넘어』를 보라. 이 책에는 한국의 근대 100년 역사에 대한 보수와 진보의 시각이 담겨 있다. 같은 사실에 대해 얼마나 다른 해석을 하고 있는지 알게 될 것이다. 당신이 진보적인 입장이었다면(박노자의 팬이었다면) 충격을 받을 것이고, 거꾸로도 마찬가지일 것이다. 둘 다 나름대로 설득력이 강하기 때문이다.

편견은 수많은 편견을 접함으로써 해소된다. 책을 읽고 독후감을 썼다면 그것을 바탕으로 주변 사람들과 공유할 필요가 있다. 친구를 만나 말로 길게 설명해도 좋다. SNS에 올려서 친구들의 반응을 볼 수도 있다. 그런 과정을 통해 내 생각과 비슷한 경우를 확인할 수도 있고, 내 생각과 다른 경우와 맞닥뜨릴 수도 있다.

이 세 번째 단계가 매우 중요하다. 나와 다른 의견을 가진 사람의 생각을 이해하려고 애쓸 때 내가 가진 편견에서 벗어날 가능성이 생기기 때문이다. 그리고 생각이 다른 사람과 소통하는 방법, 함께 살아가는 방법까지 배울 수 있다. 그 사람이 내가 닮고 싶은 형이나 누나, 선생님이라면 내 생각도 변하고 독서의 방향도 조절될 것이다. 이것이 독서의 세 번째 기쁨이다.

내게 재밌는 책을 내가 선택해서 읽는 기쁨, 독서를 통해 편견을 해소하는 기쁨, 독후감을 공유하며 타인과 소통하는 기쁨, 이 세 가지 독서의 기쁨을 생각해보면 한 권의 책을 제대로 다 읽은 시점은 내 주변 사람들과 소통이 끝나는 시점이다. 그런 의미에서 책모임을 조직하고 잘 운영하는 것은 중요하다. 조심할 것은 생각이 비슷한 사람끼리 모이면 책모임이 아니라 친목회가 되기 쉽다. 그리고 굳이 한 권의 책을 정하고 좋으나 싫으나 모두가 함께 읽고 토론하는 방식에 대해서도 생각해볼 필요가 있다. 책의 내용 또는 독후감을 발표자가 자세히 설명하고, 그것에 대해 참석자가 토론하는 방식이 훨씬 더 좋을 수 있다.

4.

이제 인간은 잘 죽지 않는다. 이 책의 독자가 40~50대라면 100세까지, 20대라면 120세까지 살 것이다. 삶의 환경은 급격하게 변하고 있다. 기성세대도 남은 세월을 어떻게 살아야 할지 알 수 없다. 이전 세대는 이렇게 오래 살지 않았기 때문에 역할모델도 찾을 수 없다. 그래서일까. 50~60대 독서인구가 빠르게 늘고 있다. 책을 통해서 그 답을 얻을 수 있다고 생각하기 때문일 것이다.

지금 20대 전후의 젊은이라면 이 문제는 더 심각하다. 학창 시절이 끝난 뒤에도 100년을 더 살아야 한다. 그보다 더 오래 살지도 모른다. 그리고 그 세상은 어떤 모습일지 짐작도 가지 않는다. 세계의 유명한 미래학자들조차 미래의 모습은 어떨지 알 수 없다고 발뺌하지 않는가. 아이들 역시 학교를 떠난 뒤에도 지속적으로 책을 읽는 것이 중요하다. 학창시절에는 어쨌든 이런저런 도움을 받는다. 그러나 사회에 나온 다음에는 오롯이 자기 힘으로 살아나가야 한다. 빠르게 변하는 사회에 적응하고 살아가기 위해서는 인터넷의 토막 지식으로는 부족할 수밖에 없다. 결국 책을 읽어야 한다. 그런데 독서의 즐거움이 아니라 독서의 지겨움만 기억하는 아이들이 과연 독서를 선택할까?

어른들은 알지 않는가. 나이가 들수록 좋아하지 않는 일, 특히 억지로 해야 했던 일부터 하지 않게 된다. 그런 자유의 폭은 점점 넓어지고 있다. 책은 억지로 읽힐 수도 없는 것이지만 그럴 수 있다고 해도 그만두어야 한다. 결국 책 읽기는 인생 대부분의 시기에 선택의 영역으로 던져질 것이기 때문이다. 운동열풍이 아니라 독서열풍이 불어야 한다. 스스로 독서를 즐기는 것이 얼마나 즐거운 경험인지 몸소 보여주어야 한다. 독서의 즐거움이 전염되기를 기다려야 한다. 시간이 걸리겠지만 그것만이 최선의 방법이고 가장 빠른 길이다.

5.

'메타북'이라는 말이 있다. 메타비평이 비평에 대한 비평을 말하듯이 메타북은 책에 대한 책을 이른다. '메타meta'라는 접두사는 뒤에 오는 명사를 '탐구하는quest of 어떤 것'이라는 의미로 만든다. 이 개념은 도서관이나 서점에서 책을 분류할 때 사용하지는 않지만 진지한 독자에게는 무척 중요하다.

메타북은 책이란 무엇인가, 책을 읽는다는 행위는 무엇인가, 그리고 책에 담긴 내용인 '생각'의 정체는 무엇인가를 다룬다. 『읽는다는 것의 역사』(로제 샤르티에, 굴리엘모 카발로 편저), 『독서의 역사』(알베르토 망겔)나 『생각의 역사』(피터 왓슨)와 같은 책이 그런 것이다. 그리고 『언어의 기원』(파스칼 피크 외 2인)이나 『일반 언어학 강의』(페르디낭 드 소쉬르), 『구술문화와 문자문화』(월터 옹)처럼 언어 자체를 다룬 것도 있다. 이런 종류의 메타북은 책의 내용이 담기는 그릇으로서 언어의 정체를 밝힌다. 책은 문자문화의 핵심이지만 구술문화와 비교할 때 정체가 더 잘 드러난다. 빛이 어둠 속에서 가장 잘 드러나는 것과 마찬가지다. 이런 종류의 메타북은 주로 수천 년에서 수만 년에 걸친 거시적인 역사를 다룬다.

반면 미시적인 주제를 다루는 메타북도 있다. 예를 들어 플라톤의 저작물에 대한 책이 그렇다. 그런 메타북으로는 칼 포퍼의 『열린사회와 그 적들』, I. F. 스톤의 『소크라테스의 비밀』, 박홍규의 『소크라테스 두 번 죽이기』나 『플라톤 다시 읽기』 같은 것이 있다. 이 메타북들은 플라톤의 저작물을 설명하기보다는 비판한다. 그래서 중요하다. 플라톤의 저작물에 대한 칭찬과 감탄 일색인 해설서가 많기 때문이다. 이런 종류의 메타북은 균형 감각을 가지게 해준다.

또 논리적으로 중요한 문제들을 짚어가며 생각하는 방법을 다루는 메타북이 있다. 이런 종류의 메타북은 드물다. 무엇보다 앞에서 든 두 종류의 메타북에도 '논리적으로 따져보아야 할 중요한 문제들'이 반드시 포함되기 때문이다. 그러니 따로 한 권으로 쓰이기 어렵다. 그래서 더욱더 놓치면 안 되는 메타북이다. 이런 종류의 메타북으로는 페리 노들먼이 쓴 『어린이 문학의 즐거움』이 있다. 저자는 '어린이 문학'에 대해 말하고 있지만 모든 종류의 책으로 확장시켜 일반화해도 좋을 만큼 근본적인 문제를 다룬다. 그것은 『심리학의 오해』와 같은 책도 마찬가지다. 이 책은 과학으로서의 심리학에 대해 설명하지만, 그 과정을 통해 결국 과학이란 어떤 것이어야 하는가에 대한 근본적이고 논리적인 문제를 다룬다.

혹시 여기에서 논리학이라는 제목을 단 책이 비판적인 독서를 위한 '논리'적인 훈련에 도움이 되지 않겠느냐고 생각할 수 있다. 나도 재미있게 읽은 책이 있기는 하다. 『창의 논리학, 방패의 논리학』(니컬러스 캐펄디 외 1인)과 『설득의 논리학』(김용규)이 그런 책이다. 그러나 내 경험으로는 이런 책보다는 훌륭한 저작물에서 실제로 써먹을수 있는 논리학을 더 잘 배울 수 있었다. 그런 책 가운데 하나가 매트리들리의 『본성과 양육』이다. 이 책은 심리학, 사회학 책들을 비판적으로 읽어내기 위해 꼭 필요한 내용을 담고 있는 메타북이다. 본성과양육에 대한 입장의 차이가 심리학과 사회학 이론의 전제가 되는 경우가 많기 때문이다.

논리학에서 다루는 논리 문제는 대개 퀴즈를 푸는 것과 비슷하다(대단한 베스트셀러였던 마이클 샌델의 『정의란 무엇인가』도 그렇다). 퀴즈를 통해서도 논리학적인 훈련이 가능할는지 모르지만, 나는 비판적이다. 퀴즈는 일단 문제가 주어진다. 그러나 현실에서는 문제를 직접 찾아내야 한다. 퀴즈는 단순화한 조건 속에서 논리적인 추론을 통해 답을 찾는다. 그리고 답이 있다. 그러나 현실에서는 자신이 찾아낸 문제의 논리적인 결함을 증명하는 조건들을 직접 찾아야 하고, 그런 것을 어디에서 어떻게 찾아야 할지도 모른다. 애초에 문제가 안 되는 것을 문제 삼는 것인지도 모르는 상태에서 문제를 풀어야 한다. 답이 여러 개이거나 없을 수도 있다. 그러니까 퀴즈는 논리적인 훈련만 받으면 풀 수 있지만, 현실에서는 그 속에서 문제를 느끼고 경험하면서 통찰해봐야 한다. 그래도 답을 얻을 수 없는 경우가 많다. 어쩌면 정답 같은 건 없는지도 모른다. 논리학으로 논리적인 사고방식을 훈련하는 데 한계가 있을 수밖에 없는 이유는 실험실에서 잘 통하던 논리가 현실에서는 아무 소용도 없는 경우가 많은 것과 비슷하다.

6.

『책의 정신: 세상을 바꾼 책에 대한 소문과 진실』역시 메타북이다. 이 책을 계획한 것이 대략 2005년이다. 도서관운동을 시작하면서 한국에 불어닥친 운동열풍(독서열풍이 아니다!)과 그 방식에 의문을 품었고, 효과를 의심하면서 나름대로 대안을 제시하고 싶었다. 앞에서 말했듯 독서는 즐거워야 한다. 그렇다면 이 책에 담길 이야기는 책을 좋아하는 당신의 달콤한 독서를 위한 것이어야 한다.

필자가 책을 바라보는 기본 입장은 '즐거움'이다. 깊고 넓게 이해한 다음 떠나는 여행이 더욱 즐겁다. 수천만 종의 책이 존재하는 드넓은 책 세상을 여행할 때야 말할 것이 있겠는가.

책 세상을 이해하기 위한 첫 번째 질문은 '좋은 책이란 어떤 것인가?'이다. 현대의 금서정책은 아이러니하게도 권장도서목록을 통해 이뤄진다. 특정 타이틀이나 주제를 권장하고 그것들을 '시험'과 관련시켜 목록 바깥의 책들을 고사시키는 방식이다. 권장도서목록은 언제나 그것이 '좋은 책'이라는 주장을 통해 사람들을 억압한다. 한 줌도 안 되는 권장도서목록이 독서의 즐거움을 빼앗는 원흉인 것이다. 그러니 이 책은 즐거운 독서 이야기로 시작하지 않을 수 없다.

다행스러운 점은 이 질문에 답할 수 있는 바탕이 될 만한 중요한 실증적 연구서가 한국어로 번역되어 있고, 또 그 영향을 받은 한국의 젊은 학자가 쓴 박사학위 논문도 있다. 그리고 최근에는 주류 학자들이 골라 뽑은 문학사가 아니라 '당시 사람들이 실제로 읽었던 책에 대한 연구서'가 나왔다. 그 자료를 바탕으로 첫 번째 질문에 대한 답을 마련했다. 그것이 이 책의 첫 번째 이야기, "포르노소설과 프랑스대혁명"이다.

두 번째 질문은 첫 번째 질문의 꼬리를 물고 이어진다. 프랑스대혁명에서 시작된 인권과 평등이라는 권리는 하늘에서 뚝 떨어져 내린 것처럼 놀랍고 혁명적인 생각이다. 무엇이 그런 혁명적 생각의 기원이 되었을까? 실마리는 근대 과학혁명에서 찾을 수 있다. 그 이야기를 다룬 두 번째 이야기는 "아무도 읽지 않은 책"이다.

세 번째 질문은 '고전은 정말 위대한가?'였다. 고전 중의 고전으로 꼽히는 플라톤의 『대화편』 중 소크라테스(그 가운데서도 『변명』을 중심으로)와 공자의 『논어』를 선택했다. 이 책들을 어떻게 읽어야 즐거운지 말해보려 한다. 가장 즐거운 방법은 언제나 비판적 독서다. 그래서 세 번째 이야기 제목은 "고전을 리모델링해드립니다"이다.

네 번째 질문은 두 번째 이야기의 뒤를 잇는 의미가 있다. 근대의 과학혁명은 뉴턴에서 완성되었고, 당시 계급 중심의 사회제도를 깨뜨리는 데 중요한 역할을 했다. 그러면 이후 현대사회를 규정한 과학은 어떤 것이었을까? 그것은 찰스 다윈의 『종의 기원』에서 시작된다. 다윈 이후의 수많은 학자는 그를 곡해해서 자신의 필요에 맞춰 이용했다. 다윈의 메시지가 아니라 공감하는 부분만 따서 자신의 이론을 만드는 데 열중한 것이다. 그 가운데 현대를 살아가는 우리에게 영향을 미친 중요한 문제는 본성과 양육 논쟁이다. 그래서 네 번째 이야기는 "객관성의 칼날에 상처 입은 인간에 대한 오해"이다. 이 본성과 양육 논쟁에 관한 이야기는 생물학과 문화인류학, 심리학 분야(진화심리학을 포함하여)를 거쳐 현대로 이어진다.

다섯 번째 이야기는 책의 운명에 관한 것. 책은 고대로부터 학살의 대상이었다. 책은 태생적으로 정치적 물건이다. 가장 큰 규모의 학살은 20세기에 일어났다. 책의 죽음이 더욱 슬픈 것은 그런 적극적인 학살 이전에 책의 감옥에서 하염없이 죽음을 기다리고 있는 '상황'

때문이다. 이 이야기는 유대인이 문서를 버리는 쓰레기통인 게니자 geniza에서 끝난다. 학자들은 천년 묵은 게니자에서 그 어떤 도서관의 장서보다도 더 많은, 지나간 시대의 메시지를 포괄적으로 읽어낼 수 있었다. 범인을 쫓는 수사관들은 늘 용의자의 쓰레기통을 뒤진다. 그리고 그곳에서 진실을 발견한다. 우리는 게니자가 암시하는 진실의 장소가 어딘지 잊으면 안 된다. 그 이야기가 이 책의 마지막을 장식한다. 그 다섯 번째 이야기가 "책의 학살, 그 전통의 폭발"이다. 이 마지막 글은 필자가 번역한 『20세기 이데올로기, 책을 학살하다』의 해설이다. 책에 대한 이야기에서 책의 운명을 다루지 않을 수 없다. 게다가 그 번역서는 그리 많이 읽힌 것 같지 않다. 그래서 여기에 실어도 좋겠다고 생각했다.

7.

"내가 더 멀리 보았다면 거인들의 어깨 위에 서 있었기 때문이다." 아이작 뉴턴의 말이다. 다행히 이 글은 위대한 환원주의적 이론을 담은 『프린키피아』가 아니라 광학적 발견과 관련해서 쓰인 것이다. 물론 매우 다행스러운 것은 아니다. 필자가 쓴 이 책을 뉴턴에 '비긴다'는 것은 엄두조차 낼 수 없고, 상상도 할 수 없는 일이기 때문이다. 그렇지만 이보다 더 적절한 말을 찾을 수 없었다. 필자가 조금이라도 더 멀리 보지 않았다면 책을 쓸 필요가 없었을 것이고, 그럴 수 있었던 것은 이미 이뤄놓은 수많은 '거인들의 어깨'에 오를 수 있었기 때문이다. 그 '거인들의 어깨'는 책의 맨 뒤에 붙은 참고도서 목록에서 확인할 수 있다. 이 책을 마무리하면서 나는 그 수많은 거인에게 고마움을 표하지 않을 수 없다. 이 책이 가능했던 것은 모두가 그들 덕분이다.

책을 마무리할 때가 되면 언제나 인용에 대한 부담감 때문에 두렵다. 분명히 표시하려고 늘 애쓰지만 빠뜨린 것이 있을지도 모른다는 염려 때문이다. 경우에 따라서는 어디에서 인용한 것인지 도무지 기억이 나지 않을 때도 있다. 찾고 찾지만 확인하지 못하는 경우도 있다. 인용 표시를 빠뜨린 것도 있을지 모르겠다. 오랫동안 책을 읽고 생각하고 글을 쓰다 보면 어디까지가 내 생각이고 어디까지가 읽은 생각인지 가늠하기 힘들 때도 있다. 그러나 나름대로 최선을 다했다. 혹시 그런 실수를 발견한다면 지적해주시라. 쇄를 거듭할 때 꼭 수정하겠다.

박웅현을 인터뷰하고 에세이처럼 쓴 『인문학으로 광고하다』(2009)는 필자가 쓴 책 가운데 가장 많이 팔렸다. 그때 서문을 들춰보니 여전히 유효한 내용이 있다.

> 김훈이 쓴 책 『자전거 여행』 서문을 보면 '사람들아 새 자전거 사게 책 좀 사봐라'는 말로 마무리됩니다. 저도 책을 쓰는 사람이어서 그런지 그 마지막 구절을 읽으면서 마음이 저렸거든요. 그 말을 제 상황에

들어가는 말

맞추면 '사람들아 새 노트북 하나 사게 책 좀 사봐라'가 됩니다.

그리고 "세상을 바꾼 책에 대한 소문과 진실"을 밝힘으로써 이 책
이 세상을 바꾸는 데 조금이라도 도움이 된다면 얼마나 좋을까.

차례

세 번째 이야기 — 고전을 리모델링해드립니다

네 번째 이야기 — 객관성의 칼날에 상처 입은 인간에 대한 오해

포르노소설과
프랑스대혁명

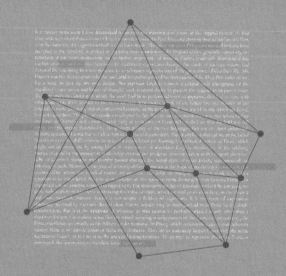

Chapter

1

포르노소설이
프랑스대혁명을 일으켰다고?

왜 혁명이 일어나는가? 가치체계는 어떻게 바뀌는가? 이런 질문이라면 그 누구도 간단하게 답할 수 없을 것이다. 너무 포괄적이기 때문이다. 로버트 단턴은 질문을 바꿔서 그 답을 찾아보았다.

"프랑스대혁명 이전의 베스트셀러는 어떤 것이었을까?"

그 당시 사람들이 생각을 바꿨다면 그 이유는 책일 수밖에 없다. 교육기관도 없는 것이나 다를 바 없었고 신문과 같은 대중매체도 등장하기 전이었다. 단턴은 이 질문에 답하기 위해 혁명 전, 그러니까 1t세기의 금지된 베스트셀러를 25년 동안이나 추적했다. 그 과정에서 당시 프랑스 사람들에게 가장 큰 영향을 미쳤다고 판단되는 세 종류의 책을 찾아냈다.

그것은 정치적 중상비방문과 SF, 포르노소설이었다. SF는 현재의 모순에 대한 비판과 간절한 바람을 새로운 세계 속에 담아내는 장르다. 당연히 당시 사회에 대한 비판과 개혁 의지가 담겨 있었을 것이다. 정치적 중상비방문 역시 현 체제에 대한 비판과 공격이라는 점에서 그럴듯하다. 그러나 포르노소설이? '성적인 감정을 일으킬 목적으로 성기나 성행위를 노골적으로 묘사하는' 포르노소설이 프랑스 대혁명의 지적인 기원에 한자리를 차지하고 있다니!

놀라운 것은 오늘날 우리에게 알려져 있는 '위대한 고전'들은 그 목록에 없다는 사실이다. 더 놀랍고 재미있는 것은 그 위대한 고전의 저자였던 계몽사상가들 역시 포르노소설이나 그에 버금가는 작품을 썼다는 것이다!

『철학서간Lettres Philosophiques』(1734)으로 유명한 볼테르(1694 ~1778)는 음란하고 외설적인 『오를레앙의 처녀La Pucelle d'Orléans』(18세기 초)를 썼다. 또 백과사전으로 유명한 디드로(1713~1784)는 루이 15세를 대놓고 풍자한 소설『입싼 보석들Les Bijoux Indiscrets』(1748)을 썼는데, 여기서 보석이란 '말하는 음문vagina'을 뜻한다. 이 소설에는 만고궐이라는 콩고의 술탄이 등장하는데, 그는 여자 성기가 말하게 만드는 요술반지를 끼고 있다. 디드로는 이 포르노소설 때문에 뱅센Vincennes 감옥에 갇히기도 했다. 그리고 루소의 『고백록Confessions』(1782~1789)은 소설은 아니지만 외설적이라는 이유로 교황청의 금서 목록에 올랐다.

그런데 이런 '외설적인 책들'이 베스트셀러였다고 해도, 그것이 그토록 대단한 영향을 미쳤다고 볼 수 있는 근거는 무엇일까? 가장 설득력 있는 설명은 장 자크 루소(1712~1778)의 경우를 통해 얻을 수 있다.

—— 장 자크 루소의 연애소설

사실 장 자크 루소의 대표작은 『사회계약론』이 아니라 『신新 엘로이즈La Nouvelle Héloïse』라는 연애소설이라 해야 할지 모른다. 『신 엘로이즈』는 1761년에 출간되어 40년 동안 115쇄를 찍었다. (로버트 단턴은 최소한 70쇄는 찍었을 것이라고 했지만, 린 헌트는 『인권의 발명』(45쪽)에서 프랑스 서지학 자료를 참조하여 115쇄라고 단정하고 있다.) 115쇄라니! 그 당시의 문맹률을 감안하면 글자를 아는 사람만이 아니라 글자를 모르는 사람까지도 이 책을 읽었다고 봐야 할 것이다(그 이유는 다음 쪽에 있는 〈크라코프 나무 아래〉라는 그림을 보면 알 수 있다). 책의 판본은 70종 이상이 있었으며 책을 시간 단위로 대여해도 모자랄 정도로 인기가 엄청났다. 프랑스대혁명을 전문적으로 연구했던 문화사학자 린 헌트Lynn Hunt(1945~)는 엄청난 베스트셀러였던 이 연애소설이 보편적인 인권을 발명하는 계기가 되었다고 평가한다. 이런 평가는 비슷한 종류의 연애소설 역시 프랑스대혁명의

〈크라코프 나무 아래〉. 화가가 누군지, 그린 연대가 언제인지는 정확하게 모른다(로버트 단턴의 『책과 혁명The Forbidden Best-Sellers of Pre-Revolutionary France』(1996) 화보에서 인용).

이 그림은 프랑스대혁명의 '본부'였다고 해도 좋을 팔레 루아얄Palais Royal의 정원에서 사람들이 모여 팸플릿을 읽으며 토론하는 모습이다. 당시에는 한 사람이 낭독하고 여러 사람이 듣는 방식으로 '독서'하는 경우가 많았다. 독자들은 서로 슬퍼하거나 분노하며 서로의 공감을 확인했다(오늘날 전자책이 좀 더 일반화되면 소셜리딩으로 이런 모습이 되살아날 수도 있다). 이 과정을 통해 사람들은 폭력적인 앙시앙 레짐(구체제)이 변혁되어야 한다는 정서적 공감대를 쌓아나갔을 것이다. 그런 책으로는 정치적 중상비방문, SF, 포르노소설 그리고 정치적 상황을 중계하는 팸플릿이 있었다.

지적인 기원에 포함시킬 수 있다는 의미로 읽어도 좋을 것이다.

그에 비해 '18세기의 가장 위대한 정치논문이자 프랑스혁명의 성서'라고 평가받는 『사회계약론』은 1762년에 처음 출간된 이래, 프랑스대혁명이 있었던 1789년 이후 1791년에 한 번 더 찍었을 뿐이다. 그리고 학자인 조앤 맥도널드Joan Macdonald가 프랑스대혁명이 발발하고부터 2년 사이에 발표된 정치에 관한 소책자 1,114권을 조사한 결과, 겨우 12회 참조되었다.

이런 사실을 보더라도 '프랑스혁명의 지적인 기원'에 대해 처음으로 연구했던 다니엘 모르네Daniel Mornet의 조사 결과가 설득력 있어 보인다. 모르네는 당시 사람들이 어떤 책을 읽었는지 조사하면서 18세기 개인 장서의 경매목록을 뒤졌다. 2만 권이나 되는 그 목록에 루소의 『사회계약론』은 한 권 있었다. 겨우 한 권이라니! 로버트 단턴은 모르네의 조사 방법에 문제가 있었다고 지적하지만, 아무리 그래도 2만 권 가운데 한 권이라면 너무하지 않은가. 틀림없이 그 당시 사람들은 장 자크 루소를 계몽사상가라기보다 유명한 연애소설 작가로 알고 있었을 것이다.

루소의 『신 엘로이즈』는 원래 제목이 『알프스 산자락의 작은 마을에 살았던 두 연인의 편지』였고, 부제는 "쥘리, 또는 신 엘로이즈"였다. 그런데 언제부터인가 "쥘리, 또는 신 엘로이즈"가 표지에 제목으로 등장했다. 이 제목이 당시 독자들에게 훨씬 더 매력적이었기 때문일 것이다. 당시 '엘로이즈 이야기'는 중세 최대의 연애사건으로 널리 알려져 있었다.

12세기 신학자였던 피에르 아벨라르는 제자인 엘로이즈를 사랑한 대가로 비극적인 삶을 살았다. 아벨라르는 엘로이즈의 삼촌에 의해 거세당했고 영원히 헤어져야 했다. 그 뒤 두 사람은 편지를 주고받았는데, 그 편지들이 오랫동안 독자들의 마음을 사로잡았다(자세한 이야기를 알고 싶다면『아벨라르와 엘로이즈』를 읽어보시라).

아벨라르와 엘로이즈의 만남이 그랬듯, 『신 엘로이즈』에서도 두 주인공은 가정교사와 학생으로 만난다. 두 사람은 서로를 사랑하게 되지만 이루어질 수 없었다. 생프뢰는 가난한 평민 출신이었고, 쥘리는 스위스 귀족의 외동딸이었기 때문이다. 아버지는 신분의 차이를 용납하지 않았다. 생프뢰는 떠나야 했고, 쥘리는 아버지의 목숨을 구해준 적이 있는 러시아 군인 볼마르 남작과 결혼한다.

오랜 세월이 지난 뒤, 볼마르 남작은 생프뢰를 자신의 집에 초대해서 머무르게 한다. 그렇게 해서 다시 만난 쥘리와 생프뢰는 서로가 여전히 사랑하고 있다는 것을 확인한다. 하지만 둘 사이에는 볼마르 남작이 있다. 쥘리는 남편을 배신할 수 없다는 생각에 괴로워한다. 그렇게 이야기를 이어가던 이 소설은 쥘리가 물에 빠진 어린 아들을 구하고 갑자기 병들어 죽는 것으로 끝이 난다.

쥘리는 유서에서 "하루만 더 지났어도, 어쩌면 나는 죄를 지었을지 몰라요!"라고 고백한다. 이 결말을 두고 '정숙한 여인으로서 죽을 수 있는 기쁨을 고백하는 것'이라고 해석하는 이도 있다. 그러나 나는 이

베르나르 다제시Bernard d'Agesci(1756~1829)가 1780년경에 그린 〈엘로이즈와 아벨라르의 편지를 읽고 있는 여인Lady Reading the Letters of Heloise and Abelard〉. 우선 읽고 있는 책을 보라. 너덜너덜하다. 많은 사람이 돌려가며 읽은 것 아닐까. 혼자서 저렇게 너덜너덜해질 정도로 읽었다면 정말 수도 없이 되풀이해서 읽었다고 봐야 한다. 이 그림의 제목은 '읽고 있는 여인'이다. 그런데 눈은 책이 아니라 꿈꾸듯이 허공을 바라보고 있다. 여인의 눈빛은 이야기에 빠져 있다가 그 상황을 꿈처럼 그려보고 있는 듯하다. 탁자 위에 놓인 것은 편지와 악보 한 장, 야한 시집erotic poetry이다. 화가는 소품들로 이 여인의 취향을 드러내 보인다. 이런 그림을 통해 엘로이즈와 아벨라르의 사랑 이야기가 당시에 대단한 인기를 누렸다는 것을 짐작할 수 있다. 그림 크기는 가로 65센티미터 세로 81센티미터이고 지금은 시카고 아트 인스티튜트Art Institute of Chicago가 소장하고 있다.

말이 독자들에게 그런 기쁨보다는 가슴 저미는 고통을 주었으리라 생각한다. 자연스럽고 열정적인 사랑이 제도의 억압 때문에 비극으로 끝날 수밖에 없다면, 자신을 등장인물과 동일시하며 함께 울고 웃던 독자들이 그 폭압적 현실에 대해 어떻게 생각할지 너무나 뻔하지 않은가. 유서의 마지막 부분을 읽어보면 더욱더 그런 확신이 든다.

> 이 세상에서 우리를 갈라놓은 미덕은 하늘나라에서 우리를 맺어줄 거예요. 저는 그런 행복한 기대 속에서 죽어요. 당신을 죄 없이 영원히 사랑할 권리를, 그리고 한 번 더 당신을 사랑한다고 말할 권리를 제 생명과 맞바꾸어 얻게 되어 너무 행복해요.
>
> 『신 엘로이즈 2』, 473쪽

수많은 독자는 이런 쥘리의 죽음에 슬픔이 아니라 고통에 찬 비명을 질렀다고 한다. 디드로 역시 "감성과 열정에 관해 그토록 많이 말하면서도 정작 그것을 별로 알지 못하는 나라에서"는 이 작품이 검열당할 것을 각오해야 한다고 경고했다. 교황청에서도 이 소설에 대해 디드로와 같은 판단을 내리고 금서 목록에 올렸다. 그러나 그때도 '금서 목록'은 책의 명성을 드높이고 베스트셀러가 되는 데 도움을 주었을 뿐이다.

현대인의 눈으로 보면 이 지겹고 긴 서간체 소설(한국어판으로 1,000쪽이 넘는다)이 당시 독자들에겐 엄청난 공감을 불러일으켰다.

17세기 중반에 출간되기 시작해서 지금까지 이어져오고 있는, 세계 최초의 학술지였던 〈주르날 데 사방Journal des Savants〉은 당시 이 소설에 대해 이렇게 썼다. "냉혈한이 아니라면 그처럼 영혼을 강탈하고 폭압적으로 쓰디쓴 눈물을 뽑아내는 감정의 분출에 저항할 수 없을 것이다."

이 소설을 읽은 수많은 독자는 루소에게 편지를 썼다. 그들은 소설을 읽으면서 "고통, 환각, 경련, 오열을 체험했으며, 감정이 격해져 미칠 것 같다"고 했다. 또 눈물과 한숨, 고통과 희열을 느꼈다고도 했다. 한 여성 독자는 이렇게 말한다.

> 사람들은 이 이야기가 단지 소설일 뿐이라고 하지만 저는 믿을 수 없어요. 만일 그렇다면 이 책을 읽는 나는 어떻게 실제라는 느낌을 가질 수 있단 말인가요? 제발 말해주세요. 쥘리는 실제 인물이죠? 생프뢰는 아직 살아 있죠? 어디에서 살고 있나요? 클레르, 다정한 클레르는 사랑하는 친구를 따라 죽었나요? 사람들이 말하는 것처럼, 볼마르 남작과 에드워드 경, 이 모든 등장인물은 단지 상상의 세계에서만 존재하는 건가요? 만일 그렇다면 우리는 어떤 세계에 살고 있단 말인가요? 그 세계에서의 미덕은 그냥 생각일 뿐인가요?
>
> _『The Great Cat Massacre(고양이 대학살)』, 245쪽

프랑스 사람이라면 대부분 이 소설을 읽었을 것이다. 앞에서 설명

했듯이 어마어마하게 많은 책이 팔렸고, 사지 못하는 사람들은 빌려서 읽었다. 게다가 글자를 모르는 사람들은 그림 〈크라코프 나무 아래〉에서처럼 낭독해주는 것을 들었다.

이런 종류의 소설을 읽은 독자들은 등장인물과 동일시되었고, 그럼으로써 "전통적인 사회적 경계, 즉 귀족과 평민, 주인과 하인, 남성과 여성, 아마도 성인과 아동 간의 경계마저 넘어 공감"(『인권의 발명』, 48쪽)하기 시작했을 것이다. 그 결과 그들이 개인적으로 모르는 사람들까지 자신과 비슷한 감정과 이성을 가진 '같은 존재'로 보게 되었다. 이런 배움의 과정이 없었다면 프랑스대혁명은 평등이라는 낱말에 깊은 의미를 담지 못했을 것이며 정치적 성과도 얻지 못했을 것이다.

프랑스대혁명을 전공한 문화사학자인 린 헌트는 그런 공감이 인권을 발명할 수 있는 사회적 배경을 만들어주었다고 설명한다. 그 배경에 음란한 소설의 독자들이 있었다는 것이다. 그리고 인권의 발명에 특별히 큰 영향력을 발휘했던 세 권의 소설에 대해 이야기한다. 루소의 『신 엘로이즈』, 그리고 영국작가 리처드슨Samuel Richardson (1689~1761)의 『파멜라Pamela』(1740)와 『클라리사 할로Clarissa Harlowe』(1748)이다. 세 작품은 모두 서간문으로 쓰인 연애소설이다. 이런 서간문에는 19세기 리얼리즘 소설에서 볼 수 있는 것처럼 행위 밖의 시선이나 권위주의적 관점(전지자 시점)이 없다. 편지를 읽어가다 보면 작가도 사라지고 등장인물만 남게 되어 실제 상황처럼 느껴진다. 교훈적이지도 않다. 그리고 그 편지를 쓰는 인물의 내면에 빠져들어 강렬한 동일시를 경험하게 된다.

놀랍지 않은가. 프랑스대혁명만이 아니라 '인권의 발명'에도 유명한 계몽사상가의 위대한 저작물은 없다. 대신 조금 음란한 연애소설들이 자리 잡고 있을 뿐이다.

단턴과 헌트의 생각을 전적으로 받아들일 필요는 없다. 다만 한 가지 중요한 문제는 짚어두고 싶다. 두 학자는 학계에서 대단히 중요한 위치를 차지하고 있고, 그들의 저작물 역시 대단한 찬사를 받고 있다. 그런데 어째서 우리에게는 이들의 이야기가 한없이 낯설기만 할까.

강의할 때 자주 하는 이야기가 있다. 다음과 같은, 육아 상식과 관련된 두 개의 이론이 있다고 하자.

"아이는 스스로 배운다. 아이가 마음껏 놀고, 자기가 하고 싶은 것을 하도록 해줘야 한다."

"아니다. 아이는 교육받기에 따라 크게 달라진다. 계획을 세우고 많은 것을 가르쳐야 한다."

너무나 다른 이 두 이론 가운데 어떤 것이 옳을까? 나는 이 두 이론의 중간 어디쯤에 진실이 있다고 생각한다. 아니다. 아이에 따라 각각 다른 방법이 적용되어야 한다고 생각하면, 이 이론만으로 진실을 따지는 것은 의미가 없을지도 모른다.

그런데 '아이를 교육시켜야 한다'는 이론은 '교육산업'(교육이 산업이라니!)의 발전에 매우 큰 도움이 된다. 광고를 해서 팔 수 있는 상품이 생기기 때문이다. 광고는 그 대상을 이미지로 만들어서 우리의 고정관념에 깊이 뿌리내린다. 그래서 이 경우에도 상품이 된다는 것이 곧 그 이론의 우위를 확보하는 현실적인 힘으로 작용한다. 그렇지만 '아이를 마음껏 놀게 해주라'는 이론은 어떤 상품의 이론적 배경도 되어줄 리 없으니 광고를 통해 알려지는 일은 일어나지 않는다. 그렇다고 학교 시스템을 통해 알려지기도 어렵다. 학교 역시 '교육기관'이 아닌가. 설사 이 이론이 진실에 가까운 것이라 해도 교육산업계 입장에서 보면 해롭기까지 한 것이다. 그러니 우리는 '아이를 마음껏 놀게 해주라'는 이론에 대해서는 들어볼 기회가 드물 수밖에 없다(일부 단행본에서 이런 이론을 볼 수밖에 없다. 단행본의 존재 이유와 중요한 역할을 다시 한번 새길 필요가 있다). 또 교육산업에서는 광고 효과를 위해 '아이를 교육시켜야 한다'는 이론을 좀 더 멋지게 '과장'하기까지 한다. 결국 옳고 그름이 기준이 아니라 자본주의의 작동방식에 따라 가장 설득력 있는 이론이 되는 것이다.

누가 정했는지 알 수 없는 고전들도 이런 자본주의 시스템의 작동 원리에서 자유로울 리 없다. 로버트 단턴은 『책과 혁명』 앞부분에서 이렇게 단정한다.

우리는 고전을 핵으로 모인 작품들의 전집을 각 시대의 문학으로 생각한다. 또 우리는 우리의 교수님들에게서 고전에 대한 관념을 물려받는다. 그러나 우리의 교수님들도 그들의 교수님들에게서 그 관념을 물려받았기 때문에, 시간을 거슬러 올라가보면 19세기 초의 어느 가물가물한 시점부터 그 관념을 물려받았음을 알 수 있다.

이렇듯 문학의 역사는 여러 세대에 걸쳐 조각조각 잇고, 여기는 자르고 저기는 잡아늘이고, 어떤 곳은 닳아빠지고, 다른 것에 덧대고, 어디에나 시대착오로 장식해서 교묘하게 꾸며낸 작품이다. 따라서 그것은 과거 사람들이 실제로 경험한 문학과는 별 관계가 없다.

_『책과 혁명』 35~36쪽

한국문학의 고전들 역시 그리 다르지 않다. 포르노소설로 다시 돌아가보자.

—— 잘못된 질문, "예술이냐 외설이냐?"

앞에서 살펴본 그런 종류의 공감은 연애소설보다 포르노소설에서 훨씬 더 강렬하게 느낄 수 있다. 섹스는 연애 감정보다 더 자연스럽고 강렬한 본능적 욕망의 표현이기 때문이다. 그리고 계급과 상관없이 섹스가 '호환'되는 것이라면 지배계급 역시 하층민과 같은 종류의 인간임을 증명하는 셈이다. 그렇다면 귀족들만이 천부적인 특권을 가진다는 사회제도는 설득력을 잃게 된다.

그것은 미국의 한 인종주의자가 베트남전쟁에 참전했다가 반인종주의자로 바뀐 경우와 비슷하다. 이 백인은 한 전투에서 상처를 입고 피를 너무 많이 흘려서 수혈받지 않으면 죽을 수밖에 없었다. 그런데 혈액형이 다른 백인이 아니라 혈액형이 같은 흑인에게서 수혈받고 살아났다. 그 경험이 흑인도 백인과 같은 사람이라는 사실을 깨닫게 해주었다.

그렇다고 하더라도 성행위와 관련된 묘사가 주를 이루는 포르노 소설이 혁명을 일으킬 정도로 사람들의 가치체계를 바꾼다는 설명에 충분히 공감하기는 어려울지 모른다. 그렇다면 성에 대한 솔직한 표현들이 천박하고 불경스럽다고 느끼는 언어문화에 길들여진 것은 아닐까. 그래서 성행위와 성적인 표현에 대해 위선적인 도덕관념을 가지게 된 것은 아닐까. 우리의 그런 사고방식은 지배 권력이 계획하고 실행했던 대중조작의 결과가 아닐까.

그런 생각을 가지게 만드는 예는 현대 한국에서도 찾을 수 있다. 1997년의 일이다. 소설가 장정일은 자신의 소설 『내게 거짓말을 해봐』에 담긴 음란성이 문제되어 법정에서 구속되었다. 변호사였던 강금실은 법정에서 '예술이냐 외설이냐'를 놓고 다투었지만, 결국 포르노그래피와 관련된 문제의 초점은 다른 데 있음을 깨닫는다. 강금실은 이렇게 썼다.

국가권력과 개인이 가장 첨예하게 대립하며 충돌하는 전장은 바로 개인의 육체 그 자체가 된다. (…) 육체는 권력에 길들여져야 하며, 그런 의미에서 성의 관계망과 육체의 자유를 표현하는 쾌감은 철저히 통제될 필요가 있는지 모른다. 따라서 사회가 도덕의 이름으로 용인하는 범위를 넘어 육체의 이면으로 들어가 성관계를 헤집어놓거나, 쾌감을 확장시키는 어떠한 실험적 시도도 통제의 뇌관을 건드리는 가장 위험한 행위가 될 것이다.

〈장정일을 위한 변론〉, 강금실, 『장정일 화두, 혹은 코드』, 197쪽

재미있는 사실은 장정일은 『내게 거짓말을 해봐』 때문에 유죄판결을 받았지만, 강금실이 그 소설에서 매우(또는 가장) 음란한 부분을 인용하여 〈장정일을 위한 변론〉을 썼고, 그 글이 단행본에 들어갔지만 법원으로부터 처벌은커녕 언급된 적도 없다. 그 글은 2004년 서강대 입학시험 논술문제로 출제되기도 했다.

이 추상적인 결론을 구체적으로 이해하기 위해서는 포르노그래피의 역사를 들여다볼 필요가 있다. 그 역사를 보면 포르노그래피라는 개념은 자연스러운 것이 아니라 지배층이 피지배층을 통제하기 위해 만든 것임을 알 수 있다.

Chapter
2

포르노그래피는
19세기 발명품

『포르노그라피의 발명』에 따르면 '포르노그래피'는 19세기 영국에서 발명되었다.

참 이상한 이야기다. 외설스러운 그림이나 조각은 선사시대부터 있던 것이 아닌가. 미술사 또는 포르노그래피 역사의 첫머리에는 대개 〈빌렌도르프의 비너스〉가 등장한다. 그것의 제작연대는 기원전 2만 5천 년 정도까지 거슬러 올라간다. 이 작은 조각상을 잘 들여다보면 과장된 유방과 부풀어 오른 성기가 강조되어 있다.

그뿐인가. 기원전 5세기경 그리스에서 쓰던 컵에서도 외설스럽고 음란한 성행위 그림을 쉽게 찾아볼 수 있다. 그것들은 11세기에 세워진 인도의 칸다리아 마하데바 Kandariya Mahadeva 신전을 연상케 할 정도다. 카마수트라 사원이라고도 불리는 이 신전의 외벽에는 온통 에로틱한 미투나mithuna(사랑하는 남녀의 성적 결합을 표현한 인도의 조각 또는 회화)가 조각되어 있는데 세상의 모든 섹스 체위를 집대성해 놓은 것 같다.

기원후 1세기 로마인들의 생활을 보여주는 폼페이 유적에서 발견된 자료를 보면 '성적 흥분을 불러일으키는' 그림들이 저택의 거실이나 식당, 욕실만이 아니라 요리하는 노예의 방에도 그려져 있었다. 그런 사정은 기독교가 지배하던 중세 유럽에서도 그리 달랐던 것 같지 않다. 예를 들면 13세기에 만들어진 한 필사본 기도서(44쪽)가 있다. 이 기도서를 자세히 들여다보면 그 책의 소유자가 기도에 관심이 있었던 것인지 성적 흥분에 관심이 있었던 것인지 알 수 없을 정도로 외설적인 그림이 많이 그려져 있다. 심지어 동성애나 수간 장면도 있는데, 그런 그림들이 시편詩篇의 텍스트 곁을 장식하고 있다.

당시의 필사본은 주문을 받아 제작되었고 텍스트, 삽화, 무늬 하나하나에 가격이 매겨져 있었는데, 화려하게 채색된 책의 가격은 대략 장원 한 채의 가격과 맞먹었다. 그러니 음란한 그림이 잔뜩 그려진 이 기도서는 대단히 지체 높으신 분의 주문에 의해 만들어진 것임을 쉽게 짐작할 수 있다.

그런 것들은 자연스럽게 만들어졌고, 사람들은 그것을 보며 즐겼다. 그런데 어느 날 갑자기 그런 것을 만들어 배포하면 범죄라고 규정하면서 '포르노그래피'라는 낱말이 발명된다. 19세기 중반 영국 빅

위쪽은 13세기 필사본 기도서에 그려져 있는 '음란한 그림'. 벌거벗은 남녀가 보인다. 15세기에 이르면 지배층의 성적인 자유분방함은 극에 달한다. 심지어 성직자들도 고해성사 하러 온 여성 신도들에게 죄를 사하여 주는 조건으로 성행위를 요구하는 일이 일상적일 정도였다고 한다.

아래쪽은 『음란한 소네트』의 표지. 왼쪽은 줄리오 로마노, 오른쪽은 피에트로 아레티노.

토리아시대(1837~1901)였다. 그때는 산업혁명의 시대였고, 끔찍한 노동 착취를 아무렇지도 않게 여겼다.

찰스 디킨스(1812~1870)의 『올리버 트위스트』(1837)가 바로 그 시대를 배경으로 쓰인 작품이다. 디킨스는 당시 사회의 이면에 서려 있던 산업혁명의 끔찍한 그늘을 적나라하게 들춰 보여주었다. 카를 마르크스(1818~1883)의 『자본론: 정치경제학 비판』(1867) 1권이 나온 것도 그 시절이다.

겉으로는 미풍양속을 강조했지만 '자본을 확보한 부르주아'들을 위한 매매춘 시장은 가정집까지 파고들었고 그곳에는 열다섯 살이 채 안 되는 소녀들도 많았다. 그처럼 '실질적인 외설'을 즐기는 그들이 외설적인 글이나 그림이 대중에게 유포되는 것을 금지하기 위해 포르노그래피라는 개념을 발명한 것이다. 왜 그들은 그런 개념을 발명했던 것일까? 직접적인 이유는 '대영제국의 번영'을 위한 것이었다. 국가의 번영과 포르노그래피 사이의 기묘한 상관관계를 이해하기 위해서는 잠시 16세기 이탈리아로 가볼 필요가 있다.

—— 최초의 포르노그래피 『음란한 소네트』

최초의 포르노그래피라고 불리는 피에트로 아레티노Pietro Aretino(1492~1556)의 『음란한 소네트Sonetti Lussuriosi』(1527)가 만들어진 과정은 금지의 의미를 담은 포르노그래피의 개념을 상징적으로 잘 드러낸다. 이 최초의 포르노그래피는 르네상스의 천재 화가 라파엘로(1483~1520)의 수제자 줄리오 로마노(1499~1546)에게서 시작된다. 아니, 어쩌면 라파엘로가 뿌린 씨앗이었다고 봐야 할 것이다. 라파엘로는 에로틱한 분위기를 풍기는 자신의 그림을 제자에게 판각하게 해서 애호가들에게 팔아 이익을 챙겼다. 그러기 위해 당대 유명 판화가 가운데 한 사람이었던 알브레히트 뒤러Albrecht Dürer(1471~1528)에게 제자를 보내 그 기법을 배워 오도록 했다. 이 이야기의 주요 인물인 마르칸토니오 라이몬디Marcantonio Raimondi(1480?~1534)도 그런 제자 가운데 하나다.

라파엘로가 죽은 뒤 그 공방은 줄리오 로마노가 이어받았다. 1524년, 로마노는 이탈리아 북부 도시 만토바에 새로 지은 페데리코 곤차가Federico Gonzaga 공작의 저택에 그림을 그리기 위해 떠난다. 공작이 포르노그래피에 가까운 에로틱한 그림을 벽화로 그려달라고 했기 때문이다. 오늘날의 기준으로 보면 귀족의 대저택 벽화로 포르노그래피를 그린다는 것은 이해하기 어려운 일이다. 그러나 에두아르트 푹스Eduard Fuchs(1870~1940)의 『풍속의 역사』(1909~1912)나 에드워드 루시 스미스Edward Lucie Smith(1933~)의 『서양미술의 섹슈얼리티』(1991)와 같은 책을 보면 당시 귀족들의 성생활이 얼마나 자유분방했는지 알 수 있다.

그들의 일상생활 속에는 노골적인 포르노그래피만이 아니라 일부러 에로틱한 분위기를 연출한 '품격 높은 그림'도 많았다. 성화聖畵라는 명분을 단 외설적인 그림들이 그려졌고, 그 그림들이 대단한 인기를 누렸다. 인기 있었던 주제는 '비너스', '수산나와 장로들', '롯과 그의 딸들', '마르스와 비너스', '음탕한 사티로스' 같은 것들이었다.

이를테면 안젤로 브론치노Angelo Bronzino(1503~1572)의 〈비너스, 큐피드, 어리석음 그리고 시간〉은 품격 있는 그림이지만, 잘 들여다보면 에로틱한 면모를 발견할 수 있다. 큐피드는 비너스의 젖꼭지를 애무하고 있으며 그 둘은 프렌치키스를 하려는 것처럼 보인다. 큐피드의 엉덩이는 아름답고 도발적이다.

또한 순교 장면을 그린 그림들 역시 사도-마조히스틱한 분위기를 연출하고 있다. 예를 들어 세바스티아노 델 피옴보Sebastiano del Piombo(1485~1547)가 그린 〈성 아가타의 순교〉(1520)를 보면, 로마의 형 집행인이 달군 쇠집게로 아가타의 젖가슴을 떼어내고 있다. 그런데 형벌을 받는 아가타의 표정이 공포에 질려 있기보다는 즐기는 듯하다.

또 잔 로렌초 베르니니Gian Lorenzo Bernini(1598~1680)의 조각 〈성 테레사의 환희〉(1647~1652)에서 테레사의 표정도 그렇다. 천사에게 황금화살로 심장을 찔린 그녀는 눈을 감고 입을 반쯤 벌리고 있는데, 그 모습은 오르가슴을 느끼고 있는 듯하다.

그리고 당시에는 교육받은 엘리트들끼리만 돌려보는 '아카데미 포르노'도 유행했다. 대단히 외설스러운 그림이나 글이 당시 지배층

〈비너스, 큐피드, 어리석음 그리고 시간〉(1545년경)의 부분화. 뽀뽀가
아니라 프렌치키스를 하려는 모습이다. 큐피드의 손은 비너스의 젖꼭
지를 어루만지고 있다. 지금은 런던의 내셔널갤러리에 걸려 있다.

에게는 조금도 특별할 것이 없는 일상이었다는 이야기다.

다시 라파엘로의 제자 줄리오 로마노에게로 돌아가보자. 줄리오 로마노는 곤차가 공작의 새 저택으로 떠나기 전, 고대 로마의 그림에서 아이디어를 얻어 몇 점을 스케치했는데, 다름 아닌 열여섯 가지 섹스 체위였다. 그는 그 스케치를 판화가인 라이몬디에게 주었고, 라이몬디는 그 그림을 동판으로 만들어 충직한 하인이었던 바비에라 Baviera에게 주었다. 바비에라는 라파엘로가 살아 있을 때부터 '영업'을 책임지고 있었고, 이런 일상적인 사업 과정은 새로울 것이 없었다.

그런데 문제가 생겼다. 그 판화 그림들이 '부적절한 장소'에서 발견되었고, 그 때문에 교황이 진노했던 것이다. 시내의 광장이나 교회에 공공연하게 돌아다녔던 것으로 짐작된다. 그 결과 판화를 제작한 마르칸토니오 라이몬디가 체포되어 감금되었다. 여기서 흥미로운 것은 이 사건의 영향이 줄리오 로마노에게는 미치지 않았다는 점이다. 줄리오 로마노는 아무 일도 없었다는 듯 공작의 저택에서 계속 벽화를 그렸고, 그 벽화는 대단히 외설적이어도 상관없었다. 대중에게 공급된 것만 문제가 되었다.

마르칸토니오는 이후 1년 동안 감금되어 괴로운 세월을 보내야 했다. 그러다 피에트로 아레티노가 주도한 탄원으로(정확하게 말하면 고위층의 연줄을 이용해) 풀려나게 된다. 아레티노는 시와 희곡, 에세이를 쓰는 당대 최고의 풍자작가였다. 그에 대한 평가는 극단적으로 엇갈린다. "군주들에게 천벌을 내리는 신성한 아레티노"라는 호평을 받는가 하면 "가장 부도덕한 시대의 가장 치욕스러운 작가"라는 악평을 받기도 했다. 이유는 간단하다. 그가 당시의 왕이나 교황을 상대로 지독한 독설을 해댔고, 그것을 책으로 출판했기 때문이다. 그랬으니 그에 대한 평가는 입장에 따라 하늘과 땅으로 갈라졌을 것이다.

그런 아레티노가 '화형에 처해야 할 정도의 악행'으로 규정된 마르칸토니오의 그림들을 그냥 지나칠 리 없었다. 그는 마르칸토니오가 풀려난 뒤 그 그림들을 보았고, 거기에 맞춰 〈음란한 소네트〉를 썼다. 그 내용은 매우 외설적이고 대단히 정치적이며 사회 비판적이었다. 특정 인물의 이름을 거론하거나, 누구나 그 인물이 누군지 알 수 있도록 글을 썼다. 당시 지배층의 위선을 신랄하게 까발렸던 것이다. 그러고는 한술 더 떠서 마르칸토니오의 그림과 〈음란한 소네트〉를 함께 편집한 책을 찍었다. 이것이 이른바 책으로 출간된 최초의 포르노그래피다.

당연한 일이었겠지만 이 책 역시 교황청에 의해 판매 금지당하고, 몰수되어 불살라졌다. 몰수되기 전에 얼마나 많은 책이 유포되었는지는 아무도 모른다. 그러나 이 책은 이탈리아만이 아니라 유럽 전역에서 대단한 인기를 얻었고, 수많은 이본異本을 만들어냈다. 그 명성은 그로부터 200년이 지난 뒤에도 여전해서, 1744년 런던의 신문광고에서도 아레티노의 이름을 사용할 정도였다. 프랑스의 포르노소설인 『소녀들의 학교L'Ecole des Filles』(1655)를 영역英譯한 영국의 한 출판업자가 그 책이 "아레티노의 방식을 따라" 스물네 점의 진기한 그림으로 장식되었다고 광고했던 것이다.

당시 교황청의 입장은 단순했다. 무식한 하층민과 여자, 그리고 미성년자 들은 포르노그래피를 제대로 감상할 줄 모르기 때문에 타락하게 될 것이고, 그래서 사회질서가 무너질지 모른다는 것이었다. 그런데 포르노그래피가 무너뜨릴 사회질서는 구체적으로 어떤 것일까? 그것은 포르노그래피라는 개념을 발명하고 금지법까지 만들었던 19세기 영국에서 좀 더 분명하게 확인할 수 있다.

—— 노동자들은 일이나 하라!

영국의 남서부 도싯Dorset의 작은 마을, 선 아바스Cerne Abbas 언덕에는 엄청나게 큰 거인이 그려져 있다. 가로 51미터, 세로 55미터나 된다. 그림에서 가장 눈에 띄는 부분은 거대하게 발기된 남성의 성기다. 길이가 2.5미터 정도다. 이 '언덕 그림'은 대략 16세기 말이나 17세기 초에 그려진 것으로 짐작되는데,● 산업혁명기가 가까워질수록 그림이 점점 바뀌었다. 처음에는 성기가, 그다음에는 배꼽 아랫부분에 대한 묘사가 전부 사라졌다(물론 20세기에 다시 복원되었지만). 이 과정을 텔레비전에서 방영한 적이 있다. 6부작으로 만든 〈포

● 최근에 개발된 '빛을 이용한 OSL(Optically Stimulated Luminescence) 연대측정법'에 따르면 이 그림의 기원은 기원후 700년에서 1100년 사이로 거슬러 올라간다.

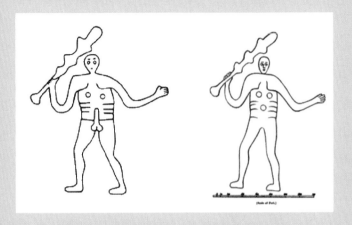

선 아바스의 거인Cerne Abbas Giant. 왼쪽이 1764년 그림이다. 1774년
이 되면 발기된 음경과 고환이 사라지고, 1842년 빅토리아시대에는
늑골 아래의 묘사는 모두 없어지고 윤곽선만 남는다. 원래 마을의 수
호신이었던 이 그림은 귀여운 모습으로 바뀌었다. 20세기에 다시 원
래 모습으로 복원되었다.

르노그래피의 역사〉였는데, 거기에서 케임브리지대학 교수인 사이먼 골드힐Simon Goldhill은 이렇게 설명한다.

"무엇으로부터 누구를 보호하기 위해서였을까요? 그게 노출되면 위협을 받는 사람은 누굴까요?"

"선 아바스에선 위협의 대상이 사회질서 그 자체였습니다. 지방의 젠트리 계층은 음경 그림이 노동계급을 타락시킬까 봐 겁을 냈습니다. 19세기에는 가난한 노동자들이 많았는데 마을 언덕에 커다란 그림이 그려져 있으면 빅토리아시대의 지주들 마음이 얼마나 불편했겠습니까? 발기된 음경이 드러난 그림이 마을의 상징인 양, 도덕적 질서가 필요한 마을 위에 자리 잡고 있다면요.

성적인 작품이 계급구조에 미칠 영향에 대한 두려움이 포르노그래피에 대한 논쟁의 핵심이었습니다. 당시 영국 경제가 번영할 수 있었던 핵심에는 노동계층이 있었습니다. 새로운 중산층은 비밀 박물관 문을 잠근 채 성적인 작품을 포르노로 규정해 법으로 통제함으로써 자신들의 이익을 보전할 수 있다고 생각했습니다. 부르주아가 성장하면서 노동계층을 통제하는 일에 사회적인 역량이 집중된 거지요.

그런데 보편적인 교육이라는 이상이 실현되면 폼페이 유적 같은 물건들도 대중에 공개돼 노동계층이 타락해서 사회적인 역할을 벗어날까 우려했죠. 빅토리아시대의 사회와 문화가 부여한 사회적 역할 말입니다. 그들은 인간의 동물적인 본능을 걱정했습니다. 말은 안 했지만 계급이 낮을수록 더 동물적이라고 생각했죠. 그래서 성적인 작품 때문에 본성이 자극받길 원치 않았어요. 지배층은 권력을 유지하기 위해 보호책을 강구했습니다. 계급을 막론하고 자유로웠던 로마인들의 성문화를 알리고 싶어 하지 않았죠."

<포르노그래피의 역사>, 1부작

선 아바스의 거인에게서 발기된 음경을 제거하듯, 영국은 18세기에 들어 발달하기 시작한 포르노그래피를 규제하기 시작했다. 대표적인 예가 존 클리랜드John Cleland(1709~1789)의 『패니 힐Fanny Hill』(1749) 같은 작품이다. 그들이 내세운 미풍양속이라는 명분은 허울 좋은 것이었을 뿐, 사실은 노동자들을 노동에 집중하도록 만들기 위한 조치였다. 당시에는 프랑스대혁명 이전에 만들어진 포르노그래피도 다량 수입되어 영역본이 판매되고 있었는데, 그것들이 금지된 이유는 프랑스대혁명 이전에 포르노그래피가 보여준 사회·정치적 비판 도구로서의 강력한 힘을 두려워했던 것인지 모른다.

여기에서 다시 앞 장의 마지막 부분으로 돌아가 강금실이 했던 말(41쪽)을 읽어보기 바란다. 그의 추상적인 결론이 구체적인 의미로 다가올 것이다.

Chapter

3

국가권력은 왜
포르노그래피를 부정하는가?

이제 다시 프랑스대혁명 이전, 18세기로 가보자. 다음은 18세기에 한 독일인 여행자가 프랑스 파리를 둘러보고 쓴 글이다.

> 파리에서는 모두 책을 읽는다. (…) 모든 사람, 특히 여성들은 주머니에 책 한 권씩을 넣고 다닌다. 사람들은 마차에서도, 산책길에서도, 극장의 막간에서도, 카페에서도, 목욕탕에서도 읽는다. 부인, 어린이, 장인, 견습공은 가게와 공방에서 읽고, 일요일이면 가족들이 현관 앞에 나와 앉아서 읽는다. 제복을 입은 종복들은 뒤편에 앉아서, 마부는 마부석에서, 병사는 보초를 서면서 읽는다.
>
> 『읽는다는 것의 역사』 468쪽

좀 과장된 표현 같기는 하다. 보편적인 국민 교육이 시작되기 전이니 문맹률이 대단히 높았을 것이다. 그렇다면 눈에 띄는 사람 모두가 '무엇인가'를 읽고 있다는 것은 불가능한 일이다. 여행자가 글을 쓰는 의도를 강화하기 위해서였을까, 아니면 여행지에 대한 경이로움이 과장된 표현을 만들어냈을까.

　물론 당시 파리에는 어마어마하게 많은 팸플릿이 출간되고 있었다. 혁명의 본거지였던 팔레 루아얄에서는 하루에도 2,000~3,000건의 팸플릿이 쏟아져 나왔다. 독자 수도 엄청났다는 뜻이다.

　팔레 루아얄은 루이 16세의 사촌동생인 오를레앙 공작 루이 필립 2세의 궁전이었다. 그는 저택의 정원을 빙 둘러 건물을 짓고 상인들에게 임대했는데, 그곳은 온갖 종류의 상인이 입주한 파리 최고의 번화가가 되었다. 왕족의 저택이었으니 경찰이 출입할 수도 없었다. 이런 이점 때문에 그곳은 혁명의 본거지가 되었다. 혁명 당시에는 파리 시민들이 이곳에 모여들어 혁명이 진행되는 소식을 시시각각 전해 들었다. 변호사였던 데물랭이 "시민이여 무기를 들자"고 연설했던 곳이기도 하다. 그 연설은 시민들을 자극했고 바스티유감옥을 함락시키는 도화선이 되었다.

　팔레 루아얄의 카페나 길거리에서는 팸플릿이나 당시의 베스트셀러를 낭독하고, 그 내용을 듣는 사람들로 늘 북적였다. 독일 여행자는 그곳에서 파리 시민이라면 누구나 책을 읽고 있다는 강한 인상을 받았을 것이다. 볼테르나 디드로가 진지하고 대담한 정치논문과 함께 포르노그래피로 분류될 수 있는 소설을 썼던 이유를 짐작할 만하다.

다른 한편으로 로버트 단턴의 '프랑스대혁명 이전에 금지된 베스트셀러' 목록에는 없었던 루소의 『사회계약론』을 로베스피에르가 어딜 가든 끼고 다녔다는 이야기는 유명하다. 대부분의 학자와 함께 단턴도 루소의 『사회계약론』이 혁명 이전의 베스트셀러였다고 말한다. 『신 엘로이즈』처럼 대중적인 인기를 얻고 엄청나게 많은 부수가 팔린 것은 아니지만, 지식층에서는 대부분 읽었다는 뜻이다. 특히 『사회계약론』은 루소가 죽은 뒤, 1780년 이후에 나온 '루소 전집'에 포함되어 판매되었으며, 1762년에 출간된 『에밀』에 부록처럼 실리기도 했다. 그리고 '알기 쉽게 쓰인 대중판'도 있었다고 한다. 그러니까 그 당시에도 진지하게 자연철학을 탐구하는 고급 독자와 통속적인 취향을 가진 일반 독자가 공존했고 그 독자들에게 맞추어 책이 만들어졌다는 말이다.

그렇게 보면 루소의 『사회계약론』처럼 급진적이고 선동적인 정치 논문으로 분류할 수 있는 책들의 주 독자층은 '혈통, 지위, 지식, 종교적 성향에 따라 금서를 가장 먼저 고발해야 마땅한 상류층 사람들'이었음을 쉽게 짐작할 수 있다. 그러나 『신 엘로이즈』와 같은 소설의 독자는 독서하는 파리 시민 거의 모두였을 것이다.

당시 유명한 계몽사상가들의 저작물은 대개 '루소의 경우'와 비슷해 보인다. 몽테스키외의 『법의 정신』(1748)과 『페르시아인의 편지』

(1721, 이 작품은 식빵만큼이나 많이 팔렸다고 한다)가 그렇고, 볼테르의 『철학서간』과 『오를레앙의 처녀』가, 디드로의 『백과전서』와 『경솔한 보배』가 그렇다.

이런 포르노그래피의 효과는 소설에 대한 18세기의 비판에서 찾을 수 있다. 그 당시 소설은 '쓸데없는 욕망을 부추겨 사회질서를 문란케 하는 것'으로 자주 비난받았다. 소설과 마찬가지로 포르노그래피 역시 자유사상과 관련이 있었고 같은 궤적을 밟았다.

그런 인식의 파편은 19세기 초의 한 서지학 책에서 찾아볼 수 있다. 그 책에는 아레티노의 『음란한 소네트』나 『소녀들의 학교』와 같은 포르노그래피와 함께 별다른 설명 없이 라 메트리 La Mettrie(1709~1751)의 유물론적이고 급진적인 계몽사상을 담은 『기계 같은 인간 L'homme machine』(1748)을 열거하고 있다. 단턴이 『책과 혁명』에서 논증한 것이 바로 이것이다.

당시 사람들은 오늘날처럼 포르노그래피와 진지한 정치논문을 구별하지 않았고, 모두 계몽사상을 퍼뜨리는 '철학서'로 취급했다는 것이다. 계몽사상은 17세기에 상층 계급 남성들이 인습적 도덕과 전통적 종교에 반기를 들면서 형성되기 시작했고, '이런 방식'으로 18세기에 들어서 장인계층과 중하계층으로 더욱 광범위하게 확산되었던 것이다.

그 결과 프랑스대혁명은 영국의 명예혁명(1688)이나 미국의 독립혁명(1776)과 달리 민중의 참여로 성공할 수 있었다. 왕의 군사들은 시위대를 향한 발포명령을 거부했고, 바스티유감옥은 시민군의 힘에 의해 쉽게 무너졌으며, 루이 16세와 마리 앙투아네트가 기거하던 베르사유궁전은 파리의 생선장수였던 억센 여자들에 의해 함락당했다.

'어리석은 민중'인 줄로만 알았던 그들이 그렇게 대담한 행동을 할 수 있었던 것은 자신도 모르게 계몽사상의 영향을 받았기 때문이다. 그렇지 않았다면 그 이전에도 수없이 일어났던 대규모 민란들의 실패를 되풀이했을 것이다.

이제 로버트 단턴이 뽑은 당시 최고의 철학적 포르노그래피인『계몽사상가 테레즈』를 읽어보자.

── 『계몽사상가 테레즈』

단턴은 프랑스대혁명 이전의 베스트셀러 가운데 철학적 포르노그래피의 전형으로『계몽사상가 테레즈』(1748)를 꼽는다. 계몽사상을 담은 성애性愛의 표현을 앙시앵 레짐 체제하의 사람들이 일반적으로 생각하던 품위의 한계 밖으로 멀리 가져간 그 시대 최고의 작품이라는 것이다.

사드 백작 역시 이 작품에 대해 다음과 같이 경의를 표했다. "목표에 도달하지는 못했지만, 목표가 무엇인지 보여준 유일한 작품. 쾌락의 불경함을 기분 좋게 연결한 유일한 작품이다."

이 소설은 부분적으로 분명히 포르노그래피다. 그 형식은 아레티노의 『음란한 소네트』와 『논리Ragionamenti』에서 자리 잡은 것이다. 여성의 관점으로 이야기를 진행하고 관음증적인 장면이 자주 등장한다. 그리고 난잡한 성행위 장면을 자세하게 묘사하는데, 거기에 춘화 또는 춘화에 가까운 삽화가 더해져 더욱더 강렬하게 성욕을 자극한다. 그런 점에서 이 소설은 루소가 말했던 "한 손으로 읽는 소설"이기도 했을 것이다(다른 한 손으로 무엇을 하는지는 독자의 상상에 맡긴다).

그러나 이 소설을 단순히 음란하리라는 기대만으로 읽으면 깜짝 놀랄 것이다. 시작부터 볼테르나 디드로의 계몽사상을 읽는 느낌이 들기 때문이다. 실제로 이 소설을 디드로의 작품이라고 생각하는 사람이 많았다. 그 당시에 나온 한 정기간행물에 이런 기록이 있다.

그들은 문인이며 재사인 디드로를 체포했다. 그는 『계몽사상가 테레즈』라는 제목으로 나온 논문의 저자로 의심받고 있다. (…) 아주 매력 있고 아주 잘 쓴 이 책은 자연종교에 관하여 지극히 강력하고 몹시 위험한 몇 가지 논의를 담고 있다.

_『책과 혁명』 174쪽

이런 기록을 보면 당시 사람들은 이 소설의 주인공 테레즈를 정말로 계몽사상가라고 생각했던 것 같다. 당시 익명으로 나온 〈계몽사상가〉라는 논문을 보면 계몽사상가란 "모든 것을 비판적 이성의 빛으로 비추어보고, 특히 가톨릭교회의 교리를 꾸짖는 인간"으로 규정한다. 실제로 소설 속의 젊고 아름다운 아가씨 테레즈나, 테레즈에게 성과 쾌락에 대해 가르친 마담 C, 원장신부 T가 그런 특징을 가진 인물이다. 이를테면 소설 앞부분에서 테레즈는 〈인간의 자유에 대하여 신학자들에게 고함〉이라는 제목으로 이렇게 말한다.

> 내 속에서 싸우고 있는 두 가지 열정, 즉 하느님에 대한 사랑과 육체적인 즐거움에 대한 사랑을 도대체 누가 내게 넣어주었는가? 자연인가? 악마인가? (…) 모든 것이 하느님에게서 나왔으므로 이 두 열정도 모두 그 나름의 힘을 가졌다고 결론을 내릴 수 있다. (…) 하느님은 당신들을 당신들 의지의 주인으로 창조하셨기 때문에 선이나 악을 자유롭게 선택할 수 있었다고 계속 항변할지 모른다. 이는 순수한 말장난이다! (…) 이성의 유일한 역할은 우리가 어떤 일을 하고 나면 즐거움이나 불쾌감이 따르기 때문에 그 일을 해야 하거나 하지 않으려는 욕망이 강하다는 사실을 느낄 수 있도록 만들어 주는 것이다. 이렇게 이성을 가지고 얻은 인식으로부터 우리는 의지와 결단이라는 것을 얻는다. 그러나 의지와 결단은 우리를 지배하는 열정과 욕망의 힘에 미치지 못한다. 마치 저울 양 끝에 각각 2파운드짜리 추와 4파운드짜리 추를 놓고 비교할 때처럼 분명한 차이를 보여준다.
>
> _『책과 혁명』 398~402쪽

『계몽사상가 테레즈』에 실렸던 동판화다. 계몽사상가 테레즈는 당시로써는 파격적일 만큼 대단히 여성주의적 관점에서 섹스를 다룬다. 다들 알다시피 프랑스대혁명을 통해서도 '여자는 아직 평등한 인권의 대상'이 아니었다. 사실 우리는 1792년에 영국에서 발표된 메리 울스턴크래프트Mary Wollstonecraft(1759~1797)의 책 『여성의 권리 옹호A Vindication of the Rights of Woman』(1792)에 대해서 거의 들어본 바가 없지 않은가. 그런데 이 작품은 삽화에서도 느낄 수 있듯이 폭력적인 남성의 성적 쾌락만을 추구하지 않는다. 그런 면에서도 『계몽사상가 테레즈』는 놀라운 작품이다.

이런 계몽사상들은 보통 성교가 끝난 뒤, 또는 성교 전의 육체적 쾌락을 정당화하는 형이상학적 논의를 통해 드러난다. 원래는 정당한 것이지만 그동안 인간의 발명품인 종교나 사회구조적 메커니즘에 의해 부당하게 억압되었다는 것이다.

위의 글에 이어서 '계몽사상가 테레즈'는 인간의 성적인 욕망과 쾌락 역시 하느님이 창조하신 것이고, 그 쾌락을 즐기라고 준 것이기 때문에 그 본능에 저항하면 죽음에 이를지도 모른다고 경고한다. 실제로 테레즈 자신이 수녀원에서 그런 '기질'을 드러내지 않으려다가 건강 상태가 극도로 나빠진다. 그녀는 다 죽게 되어서야 어머니 집으로 돌아간다. 그곳에서 '능숙한 의사'는 족집게처럼 병의 원인을 밝혀준다. "우리에게 육체적 쾌락을 주는 성스러운 액체, 마치 음식에서 취한 영양분처럼 우리 체질을 위하여 반드시 우리 몸속에 흘러야 하는 그 액체가 내 몸속에서는 늘 흐르던 경로를 벗어나 낯선 곳으로 흘러 들어갔고, 그리하여 내 기계의 질서를 깨뜨렸다는 것"(『책과 혁명』, 402쪽)이다.

이런 식의 설명은 몽테뉴에서 데카르트로, 그리고 라 메트리로 이어지는 유물론적인 계몽사상을 떠오르게 한다. 16세기 후반을 살았던 몽테뉴는 "인간은 자신의 고상한 이성에 대해 '이상하리만치 과도한 값을 지불'했다"고 지적하면서 대담하게도 "인간이 현명해지려면 동물처럼 되는 것이 더 나을 것이고, 또 그렇게 하면 행복해질 것"이라고 말했다. 또한 17세기 전반의 데카르트는 동물을 '자동기계장치

automation'라고 생각했다. 데카르트의 그런 사고방식은 "인간도 역시 기계일지 모른다"는 불온한 의심을 자극했다.

그런 자극에 가장 극단적으로 반응한 사람은 18세기 계몽사상가 라 메트리였다. 그는 인간도 영혼 없는 기계라고 선언했으며, 사고란 물질이 '전기와 같은 방식으로' 만들어내는 속성이라고 주장했다(현대의 뇌과학 역시 뇌 속의 신경세포neuron들이 전기신호로 소통한다고 설명한다). 그가 보기에 인간의 본성과 동물의 본성은 연장선상에 있었다. 인간의 본성은 물리적 본성과 다를 바 없고, 비물질적 실체 같은 것은 없다.

결국 종교란 고대에 자연재해에 대한 두려움을 이용해서 만들어졌을 뿐이라는 것이다. 이런 그의 주장은 영혼의 존재를 부정하는 것이었다. 라 메트리의 생각은 당시 누구보다도 급진적이긴 했지만, 시대의 조류에서 크게 벗어난 것은 아니었다. 참고로 『계몽사상가 테레즈』는 라 메트리의 『기계 같은 인간』과 같은 해(1748)에 출간되었다.

이런 이론들은 영혼의 고귀함에 차이가 있다는 생각을 바탕으로 만들어진 당시의 앙시앵 레짐 체제를 위협했다. 하느님에게서 받은 교회의 세속적인 권한이나 신이 주었다는 왕의 권리 모두가 의심스러운 것이 되어버린 것이다.

그런 계몽사상이 본문에서 끊임없이 되풀이된다는 점에서 『계몽사상가 테레즈』는 '계몽적'이다. 그리고 부제를 보면 소설의 내용이 당시 가장 유명한 성 스캔들의 진실을 밝히고 있다는 느낌을 받는다. 테레즈는 그 성 스캔들의 목격자이고, 그것을 목격함으로써 성적인 쾌락에 눈을 뜬다는 이야기로 이어진다.

이 소설의 부제는 "디라그Dirrag 신부와 에라디스Eradice 양 사이에 일어난 연애사건에 관한 보고서"다. 프랑스에서는 18세기 내내 혁명이 일어날 때까지 여론을 조성하고 그 여론을 급진적으로 해석하게 하는 소송사건들이 연쇄적으로 일어났다. 그것들 가운데 하나가, 툴롱 출신의 아름다운 아가씨 마리 카트린 카디에르Marie-Catherine Cadière와 그녀의 고해신부인 역시 툴롱의 해군성 왕립신학교 교장이었던 장 바티스트 지라르Jean Baptiste Girard 예수회 신부 사이에 있었던 성 스캔들이었다. 카디에르는 지라르 신부가 영적인 지도자라는 지위를 악용하여 자신을 유혹했다고 고발했다. 이 사건을 맡았던 고등법원은 결국 신부에게 무죄를 선고했지만, 대중들은 법원의 판결을 믿지 않았다. 이 소설에서 디라그 신부와 에라디스 양이란 바로 그 지라르 신부와 카디에르를 가리킨다. 그리고 프랑스 사람들은 이 소설의 등장인물들이 바로 그 성 스캔들의 주인공이라는 것을 잘 알고 있었다.

이 소설에서 디라그 신부와 에라디스 양이 '천사들을 만나는 이야기'는 적나라하지만 앞부분에서 잠깐 등장하는 에피소드에 지나지 않는다. 이 소설의 '개혁성'은 여성들 역시 섹스를 즐기는 것이 조금도 죄스러운 일이 아니며, 남성들은 상대 여성이 임신하는 위험을 피

『계몽사상가 테레즈』의 초판에 들어간 삽화, 〈행복한 결말〉.

하기 위해 극도로 조심해야 한다는 것이 중요한 논점으로 등장한다는 데 있다. 게다가 테레즈는 아내와 어머니의 역할을 단호히 거부하고 자신의 성행위 결정권을 당당하게 행사한다. 현실에서는 여전히 남편의 권위에서 벗어날 수 없었지만, 적어도 소설에서만큼은 절대적으로 평등한 모습을 보였다. 그것이 바로 섹스를 통해 가장 잘 표현할 수 있는 것이었다.

소설의 마지막쯤에 가면 테레즈는 결국 사랑하는 백작과 함께 지내게 된다. 그러나 테레즈는 여전히 섹스가 두려웠다. "이처럼 길고 넓은 것이, 이다지도 흉물스런 대가리가 달린 것이 겨우 내 손가락을 집어넣을 수 있는 공간으로 어떻게 밀고 들어갈 수 있단 말인가" 하고 생각한다.

거기에 임신에 대한 두려움도 겹쳤다. 그러자 백작은 테레즈에게 내기를 제안한다. 당시의 음란한 그림과 소설을 테레즈에게 잔뜩 가져다주고는, 2주 동안 그것을 진정으로 즐기면서도 섹스를 하고 싶어 하지 않는다면 백작도 포기하겠다는 것이었다.

그리고 그들은 앞의 그림(66쪽)에서 보듯이 '행복한 결말'을 맞이한다.

—— 포르노그래피에 대한 새로운 평가

역사책이나 다큐멘터리를 보면 포르노그래피가 사회질서를 문란케 하고 범죄를 유발한다는 주장과 달리, 좀 더 평등하고 자유로운 사회를 만드는 데 긍정적인 역할을 했다는 것을 알 수 있다.

그런 예는 19세기 러시아에서도 찾아볼 수 있다. 많은 정부情夫를 거느렸던 여왕으로 유명한 예카테리나 대제는 자신의 도서관에 프랑스와 영국의 포르노그래피를 많이 소장하고 있었다. 그러나 당시 러시아에서는 소설조차 고위층 귀족의 위임을 받아 필사된 번역본이 아니면 볼 수 없었고, 러시아어로 쓰인 포르노그래피도 거의 없었다. 겨우 한 사람, 이반 바르코프Ivan Barkov(1732~1768)의 저작물이 있었다. 러시아에서 그의 작품은 충격적으로 받아들여졌고, 바르코프스키나Barkovscina는 포르노그래피와 같은 뜻이 되기에 이른다.

지하문학의 대표로서 바르코프의 영향력은 19세기까지 지속되었다. 1820년대 12월당에 연루되어 체포된 사람에게 "네가 가진 자유사상의 근원지가 어디냐?"고 묻자 "바로 바르코프의 저작물"이라고 대답한 일화는 매우 상징적이다. 포르노그래피가 18세기 네덜란드에서는 거의 쓰이지 않았다는 사실만으로도 권위주의적인 권력이 포르노그래피가 필요한 사회를 만드는 것처럼 보인다.

한국에서는 사정이 달랐을 것이라고 생각할지 모르겠다. 그러나 조선 후기의 '포르노그래피'를 정리해서 묶은 『조선 후기 성性 소화

선집』을 보면 비슷한 느낌을 받을 수 있다. 한문으로 쓰인 '음란한' 글들을 번역해서 정리한 김준형은 이렇게 말한다. "성이 부정되기 시작한 것은 쾌락의 가치를 부정하고 노동의 가치만을 존중하던 시기, 즉 다분히 근대에 가까운 시기부터다. (…) 성의 부정은 근대적인 사유에서 비롯"(644쪽)되었으며 성 이야기와 계몽은 "서로 어울리지 않을 듯하면서도 묘하게 연결"되어 있다는 것이다.

이런 포르노그래피의 '긍정성'은 현대사회에서도 유효할까? 결론부터 서둘러 말하자면 '매우 긍정적'이다. 미국의 대통령위원회에서 1960년대 말에 조사를 시작해 1970년에 내놓은 보고서 내용을 정리해보자.

포르노그래피는 심각한 사회문제가 되지 않는다는 것이다. 그것이 사람들에게 나쁜 영향을 미친다는 증거는 찾을 수 없었다. 오히려 포르노그래피를 규제하는 현행법들이 문제를 일으키는 것으로 보인다고 했다.

덴마크의 경우도 포르노그래피가 유포되면서 성범죄가 줄어들기 시작했다. 1969년에 합법화된 뒤에는 3분의 1로 줄었다. 포르노그래피를 접할 기회가 없었던 사람들이 성범죄를 저지른 경우가 오히려 많았다. 특히 강간범은 성을 지나치게 금기시하는 가정에서 자란 경우가 많았다.

성에 관심을 가지는 것은 자연스러운 일일 뿐만 아니라 건강에도 도움이 된다. 성범죄는 포르노그래피 때문이 아니라 오히려 성에 대해 솔직한 태도를 지니지 못해서 생기는 문제다. 그러니 성교육을 위한 지속적인 관심을 기울여야 하며, 어린이들이 포르노그래피에 접근하지 못하게 하는 문제에 대해서는 새로이 자금을 조성해서 다시 연구해야 할 것으로 보인다는 것이다.

포르노그래피 때문에 다른 볼거리나 읽을거리를 덜 보거나 덜 읽을 것이라고 판단할 근거도 찾을 수 없었다. 그리고 도덕적인 태도에 나쁜 영향을 미친다는 증거도 없다. 그러므로 포르노그래피를 규제하는 연방법이나 주법은 모두 폐지되어야 한다고 했다.

이런 연구조사는 유럽에서도 이루어졌고 결론도 같았다. 이후 유럽에서는 1970년대까지 대부분의 나라에서 포르노그래피가 합법화되었다.

놀랍지 않은가. 현대의 연구조사에 따르면, 포르노그래피가 사회질서를 어지럽히고 범죄를 일으킨다는 것은 모두 거짓말이다. 이런 내용은 보수적인 매체에서도 쉽게 확인할 수 있다(네이버 백과사전에서 '포르노그래피'를 검색해보라). 백과사전에는 학계에서 어느 정도 공인된 것이 아니면 싣지 않는다. 그렇다면 한국에서도 포르노그래피를 이렇게 심하게 금지하고 억압할 이유가 없다. 그런데 아직도 어처구니없는 검열이 횡행하고 있다. 왜 그럴까? 다시 한번 강금실의 말을 통해 그 답을 짐작해볼 수 있다.

육체와 성의 표현으로서의 언어는 가장 은폐된 하층의 수위에 있고, 점잖음·고상함과 천박함·불경함이라는 언어문화의 계급을 형성하고 반영한다. 성 표현이 외설이냐 여부가 문제되었을 때 사람들이 선뜻 그 다툼에 뛰어들어 통제의 본질을 공격하고 드러내기보다는 뒷걸음치게 되는 것도 이러한 사람들에게 체화되고 입력된 성문화와 언어의 한계를 뛰어넘지 못하기 때문인 것 같다. 나 자신이 장정일을 만나기 전에, 장정일을 만나서, 재판이 끝난 후에 성과 권력통제라는 보이지 않는 거대한 대립구조의 실체를 서서히 깨달아 왔듯이.

『장정일 화두, 혹은 코드』, 197~198쪽

위의 글을 페이스북에서 연재한 적이 있다. 그때 한 독자가 댓글로 질문했고, 나 역시 댓글로 답을 달았다. 중요한 내용이라 여기에 덧붙인다.

질문 근데, 분명 건강하지 않은 성도 있잖아요?

답변 중요한 문제라 좀 길게 대답합니다. 여기서 말하는 포르노그래피는 그 자체로 '성'이 아니에요. 성에 대한 표현이죠.

예를 들어, 우리가 사람들이 처참하게 죽어가는 전쟁터에 서 있다면 공포에 떨게 될 거예요. 그렇지만 우리는 그것을 찍은 사진이나 비디오를 보면서 '즐기고' 있지 않나요? 실제가 아니라 표현이기 때문이죠. 그런데 그 표현을 보고 나서 누가 사진이나 비디오, 그림을 만든 사람에게 '나쁜 전쟁'을 일으켰다고 비난하나요? 다시는 전쟁하지 말라고 그 예술가에게 말하나요?

여기에서 다룬 포르노그래피는 성 그 자체가 아니라 성을 표현한 것이잖아요. 그 표현에 대해 나쁘다거나 좋다는 판단을 왜 '국가가 독단적으로 내리고, 그것을 사람들에게 강요하느냐 하는 것이 이 글의 문제의식이죠. 더구나 20세기 말에 많은 학자들이 조사해본 바에 따르면, 포르노그래피는 사람들에게 도움이 되는 것이지 해가 되는 것이 아닌데도 말입니다.

외설적인 표현과 관련해서 가장 적절한 비교 대상은 잔인한 전쟁영화나 범죄영화, 장르소설 같은 거예요. 사람을 죽이는 것은 엄청나게 잔인하고 아주 자세하게 표현해도 괜찮고 사람을 사랑하는 행위는 그렇게 하면 왜 안 되는 걸까요? 하나는 죽이는 행위에 대한 것이고, 다른 하나는 살리는 행위에 대한 것이잖아요. 포르노그래피는 보통 사람들의 삶을 바꾸는 데 매우 중요한 역할을 했던 역사적 사실까지 있는데 말입니다.

도대체 이렇게 말도 안 되는 상황이 왜 이렇게 '자연스럽고 당연하게' 벌어지고 있는 것인지, 그것도 생각해볼 필요가 있지 않을까요? 예를 들면 영화 〈래리 플린트〉가 그런 내용을 다룹니다. 그 영화에는 포르노잡지 〈허슬러〉의 발행인이 외설죄로 기소되었다가 무죄로 풀려난 뒤 연설하는 장면이 나옵니다. 잡지 발행인 이름이 래리 플린트죠. 그는 멋진 논리로 포르노잡지의 정당성을 주장합니다.

"이런 생각을 했습니다. 살인은 불법적인 것입니다. 그러나 누군가가 살인하는 장면을 찍는다면 〈뉴스위크〉 표지에 실릴지도 모릅니다. 퓰리처상을 받을 수도 있겠지요. 섹스는 합법적인 것입니다. 모두가 하고 있는 것이고, 모두가 하고 싶어 하는 것이기도 합니다. 그런데 두 사람이 섹스하는 장면이나 그저 여자 나체 사진만 찍어도 감옥에 갑니다."

래리 플린트는 이렇게 말하면서 누드 사진과 전쟁의 참혹한 장면을 번갈아 보여줍니다. 도대체 어떤 것이 더 '외설적'이냐는 겁니다. 정말로 심각하게 생각해볼 문제 아닌가요?

두 번째 이야기

아무도
읽지 않은 책

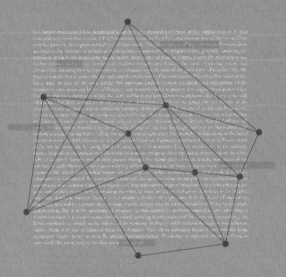

'아무도 읽지 않은 책'에서
과학혁명이 시작되다

첫 번째 이야기는 프랑스대혁명의 지적인 기원에 포르노그래피가 있다는 것이었다. 그런 책의 저자들 가운데는 볼테르나 디드로처럼 유명한 계몽사상가들도 포함되어 있다. 그리고 그 포르노그래피는 하층민들에게 계몽사상을 전파하는 역할을 했다. 포르노그래피에서 묘사되는 성행위 과정을 따라가다 보면 신분의 차이가 완전히 사라진다. 그래서 그것은 지배층의 위선을 폭로하고 평등사상을 담아낼 수 있는 최고의 이야기 소재가 될 수 있었다.

여기에 더해 포르노그래피는 계몽사상을 북돋운 근대과학의 좋은 메타포이기도 했다. 뉴턴에서 절정에 이른 근대과학에 따르면, 우주의 섭리는 하늘에서나 땅에서나 '기계적으로 평등하게' 작동하는 것이었다. 뉴턴을 숭배했던 볼테르가 '즐겨' 포르노그래피를 썼던 것도 그런 맥락에서 이해할 수 있다.

두 번째 이야기는 근대과학의 시작인 코페르니쿠스(1473~1543)에서부터 뉴턴(1642~1727)에 이르는 과정을 살펴본다.

독자들 가운데 과학을 부담스러워하는 이가 있다면 이 글에서는 걱정을 털어버려도 좋다. 우선 내겐 독자를 괴롭힐 정도의 전문 지식이 없다. 그리고 난해한 과학책 고전이라면 그것을 꼭 다 읽고 이해해야 하는 것도 아니다. 그런 책들에는 늘 요약본이나 해설서가 따라다녔고, 그 2차 문헌들이 원전을 대신해서 이론을 널리 퍼뜨렸다. 이런 사실로 미뤄볼 때 어떤 종류의 고전은 원전 읽기보다 그 작품의 '시대적 배경'을 이해하는 것이 더 중요해 보인다.

—— 아무도 읽지 않았던 위대한 책?

코페르니쿠스의 『천구의 회전에 관하여De revolutionibus orbium coelestium』(1543)는 중세에서 근대로 넘어가는 혁명의 시작을 대표하는 저작물로 꼽힌다. 그래서 과학사에는 당연히 자주 등장하고, 일반적인 역사를 다루는 통사에도 빠지지 않고 등장한다. 그만큼 영향력이 컸다. 그런데 아이러니하게도 이 책은 '아무도 읽지 않은 책' 그리고 '역사상 가장 덜 팔린 책'으로 꼽힌다.

물론 어느 정도 읽혔다는 의견도 있다. "구텐베르크가 인쇄한『성경』의 초판본보다는 적을지 모르지만 다른 어떤 작품의 초판보다 많이 읽혔다"는 것이다. 그러나 '많이'라는 말을 따져볼 필요가 있다. 구텐베르크의『성경』초판 부수는 많이 잡아야 180권 정도였다. 그렇다면『천구의 회전에 관하여』의 초판본 역시 180권도 채 안 되는 숫자였을 것이다. 오늘날 기준으로 보면 이런 경우, 끝까지 제대로 읽은 사람의 숫자를 열 명 안팎으로 본다. 아주 후하게 쳐줘도 스무 명 정도일 것이다.

실제로 아예 열 명쯤이라고 말하는 조사 결과도 있다. 코페르니쿠스 전문가인 로버트 웨스트먼Robert Westman은『천구의 회전에 관하여』가 출간된 1543년에서 1600년 사이에 그의 이론이 얼마나 확산되었는지 조사해보았다. 그 결과 "태양 중심 이론의 핵심 주장을 받아들인 사상가를 열 명 이상 찾을 수 없었다"(『과학의 변경 지대』, 215쪽).

가장 큰 이유는 극단적으로 어려운 책이었기 때문일 것이다.『천구의 회전에 관하여』를 당시에도 많이 "읽었다"고 주장한 오언 진저리치Owen Gingerich(1930~)조차, 자신도 천문학자지만 "무시무시하게 어렵다"고 말했다. 실제로 이 책 앞부분 24쪽까지는 매우 아름다운 글이라 웬만한 독자라면 지적인 즐거움을 만끽할 수 있을 것이다. 그러나 나머지 390쪽은 수학적으로 난해할 뿐 아니라 천문학적으로도 엄청나게 전문적이다.

—— 책을 읽는 다양한 방법을 보여준 과학의 역사

코페르니쿠스는 자신의 이론이 정통 신학과 정면으로 충돌한다는 것을 잘 알고 있었지만, 교회와 좋은 관계를 유지하고 싶었다. 두려움도 있었다. 당시 기술로는 자신의 '터무니없는 이론'을 증명할 수 없다는 것을 잘 알고 있었기 때문이다. 무턱대고 발표했다가 '야유를 받으며 무대에서 쫓겨나'고 싶지는 않았을 것이다. 그래서 죽기 전에는 책을 낼 생각이 없었던 것으로 보인다. 결국 그는 임종을 맞이하는 침대 위에서 출간된 책을 받아보는 전략을 택했다.

그렇다고 죽음과 함께 '막가자'는 것은 아니었다. 그는 다 쓴 원고를 먼저 교황에게 보냈다. 읽어보고 출판을 허락해달라는 것이었다. 교황은 자신도 읽어보고, 주변의 유명한 학자들에게 돌려가며 읽게 했다. 물론 이 경우에 '읽었다'고 해야 할지 '훑어보았다'고 해야 할지, '그냥 스윽 넘겨봤다'고 해야 할지 잘 모르겠다. 아무튼 많은 사람이 『천구의 회전에 관하여』를 '보기'는 했던 것 같다. 그러고 나서 그들은 출판해도 좋다고 허락했다. 아마도 오늘날의 수많은 심사과정과 비슷하지 않았을까 싶다. 그냥 슥 봤던 모양이다.

그게 아니라면 출판을 감독하며 교정을 열심히 본 안드레아스 오지안더Andreas Osiander(1498~1552)의 '비겁한 서문' 덕분에 출판이 가능했을지도 모른다. 오늘날 대부분의 편집자처럼 오지안더는 『천구의 회전에 관하여』를 여러 번 읽었을 것이고, 다 읽고 나서 이게 '장난 아니게' 위험한 저작물임을 알게 되었을 것이다. 더욱이 마르틴 루터(1483~1546)가 한 말도 있지 않은가. 그는 1539년의 한 좌담회에서 이렇게 말했다.

> 어떤 사람들은 어디서 갑자기 나타난 그 점성가가 하는 말을 곧이 곧대로 믿고 천체나 천계, 해와 달이 아니라 지구가 돈다고 생각한다오. (…) 이 바보는 천문학 전체를 뒤집고 싶은 모양이오. 하지만 『성서』(〈여호수아〉 10:13)에 여호수아가 멈추라고 명한 것은 지구가 아니라 태양이라오.
>
> 『생각의 역사 1』 745쪽

코페르니쿠스의 이론은 책이 나오기 대략 30년 전부터 요약된 내용을 담은 작은 책자로 떠돌았다. 루터는 아마도 그것을 보았거나 소문을 들었던 모양이다. 참고로 루터교 성직자였던 오지안더는 '독자에게'라는 제목의 서문을 써넣었다. 글쓴이의 이름을 따로 밝히지 않아 언뜻 보면 당연히 코페르니쿠스가 썼겠거니 할 만한 글이었다.

> 이 책에 실린 태양중심설은 참이거나 참일 가능성도 없다. 태양중심설은 다만 천문학자들이 더 정확한 계산을 할 수 있도록 돕는 편리한 수학적 도구일 뿐이다.

〈신과 대화하고 있는 천문학자 코페르니쿠스〉. 그림의 배경은 코페르니쿠스가 이탈리아에서 공부하고 폴란드로 돌아간 뒤 평생을 지낸 프롬보르크Frombork성당이다. 화가는 19세기 중엽에 활약한 얀 마테이코Jan Matejko이고, 1871년에 그려졌다.

중세의 천문학자가 하는 일은 신의 뜻을 알아내는 것이었다. 그런 면에서 이 그림의 의미가 짐작은 가지만, 코페르니쿠스가 태양중심설을 발견한 것이 하느님과의 대화를 통한 것이었다는 식으로 설명한다면 대단히 과장된 것이다. 코페르니쿠스의 이론에는 흠이 너무 많았기 때문이다. 그리고 프톨레마이오스의 이론보다 늘 정확했던 것도 아니다. 또한 코페르니쿠스가 관측을 하려고 했던 흔적은 보이지만 의미 있는 관측을 했다는 증거는 없다. 이것은 천체 관측이 짧은 시간 동안 의미 있는 결과를 얻을 수 있는 것이 아니고, 당시에는 그럴 수 있는 기구(예를 들면 망원경)도 없었다는 점을 고려해보면 그리 놀라운 사실도 아니다.

그러니까 코페르니쿠스의 이론은 순전히 '사고실험'이었을 뿐이고, 당시로는 그 이론이 옳다고 증명할 수도 없었다. 이런 상황을 잘 알고 있던 코페르니쿠스는 자신의 이론을 책으로 출판하지 않으려 했다.

이런 내용을 담은 서문만 보면 코페르니쿠스 역시 태양중심설을 믿지 않았다고 오해할 수 있을 정도다. 조금은 비겁한 방식이지만, 태양중심설의 종교적 측면을 축소시키고 과학적 성격에 초점을 맞춘 '전략이 돋보이는 글이다. 출판 허락을 받기 위해 교황청에 제출한 원고에 이 서문이 포함되었다면 좀 더 쉽게 출판을 허락받았을 것이 분명하다.

그리고 비록 "프로테스탄트 출판업자가 인쇄를 맡았지만 코페르니쿠스의 새로운 관념은 16세기 말까지 '대단히 훌륭한 것'으로 존중을 받았다"(『생각의 역사 1』, 690쪽). 책이 출판된 뒤 1616년 금서로 지정되기 전까지는 '놀랍게도!' 교황청에서도 대단히 훌륭한 책으로 인정했다. 그것은 코페르니쿠스가 이 책에서 제시한 천문학 계산법 덕분에 곤란한 문제 하나를 해결할 수 있었기 때문이다.

그 당시 달력은 율리우스력이었는데, 기원전 45년에 율리우스 카이사르가 로마력을 개정해서 만든 것이었다. 그 오래된 달력 체계는 누적된 역법상의 오차 때문에 부활절을 지정하는 데 문제가 있었다. 생각해보라. 하느님의 대리인으로서 권위를 가진 교황이 부활절 날짜 하나를 제대로 지정하지 못한다면 얼마나 '스타일 구기는' 일이겠는가. 그런데 코페르니쿠스 덕분에 그 문제를 해결했으니 '대단히 훌륭'하지 않을 수 없었을 것이다. 그렇게 개정된 달력이 오늘날 우리가 쓰는 그레고리력이다.

당시 최고의 권위를 가지고 있던 교황의 수석 천문학자 크리스토

크리스토퍼 클라비우스의 초상. 동시대 화가인 프란체스코 빌라미나
(1566~1624)가 그리고, 장 레클르크(1585~1633)가 동판을 떴다.

클라비우스는 예수회 소속의 수학자이자 천문학자로 현대에 쓰이는
그레고리력을 만든 주역이다. 노년에는 유럽에서 가장 존경받는 천문
학자였으며, 그의 책은 유럽 전역에서 50년 이상 천문학 교과서로 쓰
였다. 그런 그가 망원경으로 발견한 내용을 담은 갈릴레오의 『별들의
소식』에 호의적인 태도를 보였다.

당시의 과학자인 조르다노 브루노는 코페르니쿠스의 이론을 지지하
다가(물론 그 이유가 전부는 아니었지만) 처형당했으며, 갈릴레오는 종
교재판소에서 유죄 판결을 받고 연금생활을 했다. 그런 사실에 비추
어보면, 당대 최고의 천문학자이자 교회가 가장 신뢰하는 천문학자인
클라비우스가 코페르니쿠스의 저작물을 참고하여 새로운 달력을 만
들었다는 사실은 묘한 대조를 이룬다.

퍼 클라비우스Christopher Clavius(1538~1612) 역시 이 책을 대수롭지 않게 받아들였다. 그는 달력 개정을 위한 연구 과정에서 『천구의 회전에 관하여』를 열심히 읽었다. 그런데도 그는 이 책이 위험하다고 생각했던 것 같지 않다. 오히려 자신이 강의하는 천문학 강좌에서 코페르니쿠스의 이론을 소개했다고 하니, 호감을 가지지 않았나 싶다.

대체 책을 어떻게 읽었기에 그럴 수 있었을까? 다시 로버트 웨스트먼의 설명이다.

> 대부분의 학자들은 코페르니쿠스를 완전히 거부하지는 않았고, 지구가 움직인다는 주장과 관계가 없는 부분만을 적절히 받아들였다.
>
> _『과학의 변경 지대』 215쪽

아, 그럴 수 있다. 모든 책을 완독할 필요는 없다. 특히 어렵거나 두꺼운 책은 필요한 부분만 발췌해서 읽어도 좋다. 다니엘 페나크Daniel Pennac(1944~)이 말한 독자의 권리 여덟 번째를 기억하는가. 그는 "군데군데 골라 읽을 권리"를 행사하라고 권했다.

사실 오지안더가 쓴 서문은 거의 관례적이기까지 했다. 클라비우스는 예수회의 과학자였고, 그런 경우를 많이 보았으니 그저 그러려니 했을 것이다. 예를 들면 프랑스 리지외의 주교Bishop of Lisieux였던 니콜 오렘Nicole Oresme(1320~1382)도 그랬다. 그는 코페르니쿠스보다 100년 정도 전에 지구의 자전설과 태양중심설이 타당하다고 주장했다. 그는 자신의 저서인 『천상과 지상론Livre du ciel et du monde』(1377)에서 지구의 자전을 설파했다고 전하는 고대의 헤라클레이데스 폰티쿠스Heraclides Ponticus(BC 390~310)의 이론을 소개했다. 그러고는 "천계가 아니라 오히려 지구가 태양 주위로 회전운동을 한다는 견해를 지지하며 이를 더 정교하게 발전시킬 가능성이 충분하다고 생각한다"라고 썼으며, 지구가 태양 주위를 회전한다는 가능성과 논거를 자세히 설명했다.

그런데 한참을 그렇게 설명하고는 다음과 같이 김을 쏙 뺀다.

> 그럼에도 불구하고 모든 사람들은 땅덩이가 아니라 하늘이 그렇게 움직이고 있다고 주장하는데, 나도 그렇게 믿는다. 실제 '하느님은 땅덩어리를 움직이지 않게 단단히 고정해 놓으셨다.' (…) 내가 지금까지 그 같은 방식으로 기분 전환 삼아(방점과 강조는 인용자) 논하던 사항은, 우리의 신앙을 그런 논거에 의거해 비난하려 하는 사람들을 논박하고 배척하는 데 도움이 될 것이다.
>
> 『16세기 문화혁명』 772쪽

이런 방식으로 니콜 오렘은 자신의 주장이 교회에 맞서기 위한 것이 아님을 강조했다. 이런 그가 위험하다거나 혁명적이라는 평가도 없었을 뿐 아니라, 교회의 탄압을 받았다는 기록도 보이지 않는다. 코페르니쿠스의 이론이 처음에 처했던 사회적 상황도 그와 비슷했다.

『천구의 회전에 관하여』를 읽은 사람은 거의 없었다. 그런데도 코페르니쿠스의 이론은 혁명의 실마리가 되었다. 도대체 어떻게 된 일일까? 두 가지 설명이 가능하다. 하나는 요약본이다. 앞서 말했지만 코페르니쿠스는 자신의 이론을 책 발간 시점보다 일찍 확립했다. 당연히 다른 전문가들의 의견이 궁금했을 것이다. 그래서 1514년 이전 언제쯤에 요약본을 하나 썼다. 그것이 『코멘타리올루스Commentariolus』('짧은 논평'이라는 뜻)라는 필사본이다. 대략 40쪽 정도 되는 얇은 이 책은 꽤 많이 필사되었던 것 같다. 한 자료를 보면 『천구의 회전에 관하여』가 나오기까지 약 30년 동안 전 유럽에 퍼졌다고 한다. 루터가 코페르니쿠스의 이론을 알고 있었다면 이 필사본을 통해서였을 것이다.

오늘날 사람들은 16세기 필사본 하나가 어떻게 그처럼 널리 퍼졌는지 의심스러울 수 있다. 그러나 당시 자료를 보면 천문학자들의 네트워킹도 놀라울 정도로 잘 되어 있었고, 도서판매상들의 활약도 대단했다. 그들은 잠재 고객의 명단을 확보하고 고객에게 판매 가능성이 높은 도서목록을 제공했다.

두 번째는 코페르니쿠스의 제자였던 레티쿠스Rheticus(1514~1574)가 1540년에 쓴 코페르니쿠스 이론에 대한 소개서였다. 『지동설 서설Narratio Prima』이라는 책이다. 시장의 반응은 아주 좋았고 그 이듬해에 재판을 찍었다. 이 책은 코페르니쿠스의 태양중심설을 아주 잘 소개한 책으로 꼽힌다. 그래서 1566년『천구의 회전에 관하여』가 재판을 찍을 때 함께 출간되기도 했다. 어쩌면 갈릴레오(1564~1642)도 이 요약본을 읽었을지 모른다.

─── 갈릴레오도 읽지 않은 고전

만일 갈릴레오에게 코페르니쿠스의『천구의 회전에 관하여』를 읽어야 하느냐고 물어본다면 뭐라고 대답할까? 그것은 '고전'이기 때문에 읽는 것이 좋다고 대답할까? 그럴 것 같지 않다. 그도 역시 그 책을 다 읽지 않았기 때문이다.

갈릴레오가 코페르니쿠스에게 '낚인' 것은 어쩌면 스스로 제작한 고성능 망원경 때문이었을 것이다. 망원경으로 본 밤하늘은 경이로웠다. 그러다가 보아서는 안 될 목성의 위성들을 보고 말았다. 당시의 정통 신학에 적응한 아리스토텔레스-프톨레마이오스 천문학 체계로 볼 때 그건 있으면 안 되는 것이었다.

갈릴레오가 발견한 목성의 위성이 어처구니없는 것이라는 공격이 여기저기에서 일어났다. 그 가운데 피사대학의 교수들이 전개한 논리는 유치찬란하고 우스꽝스럽기까지 했다. 하늘에는 움직이는 별이 일곱 개(당시 천문학 순서로 나열하면 달, 수성, 금성, 해, 화성, 목성,

토성)만 있어야 한다. 왜 일곱 개인가? 세상에는 일곱 가지 죄가 있고, 일주일은 7일이고, 7대 불가사의가 있으며, 이집트에 내린 재앙은 일곱 가지였기 때문이다. 그러니 목성 주변을 도는 별이 더 있다는 것은 말도 안 되는 일이었다. 게다가 은하수가 엄청나게 많은 별무리라니! 그리고 그것들마저 움직인다면 하늘의 끝은 어디이고, 하느님은 도대체 어디에 계신단 말인가!

갈릴레오의 귀에는 이렇게 말하는 정통 신학자들의 외침이 들렸어야 했다. 그러나 그들의 격앙된 목소리보다 더 강했던 것은 자신의 경이로운 발견을 세상에 알려야 한다는 생각이었다. 갈릴레오는『별들의 소식Sidereus Nuncius』(1610)이라는 책을 통해 망원경으로 관찰한 사실들을 써냈다. 이 책은 내자마자 베스트셀러가 됐으며 중국어로 번역돼 소개됐을 정도로 인기가 대단했다. 그리하여 갈릴레오는 정통 신학 쪽의 천문학자들에게 토벌 대상 제1호가 되었다.

갈릴레오는 망원경을 통해 하늘을 관측하면서 코페르니쿠스의 이론이 옳다는 것을 확신하게 되었고, 그것을 온 세상 사람들에게 알리려 했다. 그 본격적인 작업의 결과가『두 우주 체계에 대한 대화』(1632)였다.

이 책은 코페르니쿠스의 이론을 일반인도 쉽고 재미있게 읽을 수 있도록 쓰였다. 그것도 라틴어가 아니라 이탈리아어로! 학술어인 라틴어가 아니라 누구나 읽을 수 있는 속어로 썼다는 것은 대단히 심각한 문제였다. 앞 장에서 최초의 포르노그래피를 다룰 때 소개한 판화

지우제페 베르티니Giuseppe Bertini(1825~1898)가 1858년에 그린 프레
스코화. 갈릴레오가 베니스의 총독에게 망원경 사용법을 알려주는 장
면. 갈릴레오는 이 망원경으로 신분 상승의 기회를 확실히 잡았고, 망
원경을 밤하늘로 돌림으로써 코페르니쿠스의 이론을 눈으로 확인하
게 된다. 물리학자였던 갈릴레오는 전문적인 천문학을 다룬 코페르니
쿠스의『천구의 회전에 관하여』를 다 읽지 않았다. 그렇다면 갈릴레오
를 종교재판으로 이끈 것은 망원경이었지 코페르니쿠스의 저서 그 자
체는 아니었던 셈이다.

가인 마르칸토니오 라이몬디가 체포된 이유를 떠올려보라. 음란한
그림을 누구나 볼 수 있도록 일반인에게 팔았기 때문이다.

Chapter
2

갈릴레오의
의미

갈릴레오에 대한 이야기는 갈피를 잡기 어렵다. 과학사가의 최근 저작물 한 권을 더 읽으면 읽은 만큼 더 헷갈린다. 과학사에서 확실한 것이 하나 있다면 기존의 주류 학설은 늘 수정되고 바뀐다는 것이다. 이 말은 '갈릴레오의 문제'에도 그대로 적용된다.

갈릴레오는 대개 과학혁명과 근대과학의 역사에서 결정적인 역할을 한 인물로 인정받는다. 그러나 그 이유가 무엇인지 명확하게 밝힌 책을 찾기는 어렵다. "과학사상의 역사에 관한 에세이"라는 부제가 붙은 『객관성의 칼날』에서도 갈릴레오는 중요하게 다뤄진다. 그러나 몇 번을 읽어봐도 왜 그가 중요한지는 이해하기 쉽지 않다. 굳이 요약하면 갈릴레오는 순수한 '객관성의 칼날'로 과학을 조각하기 시작한 최초의 과학자라는 것이다. 갈릴레오는 사물에도 생명이 있는 것처럼 보는 종교적인 편견이 없었다는 것이다. 말하자면 "감각이 없고 형태가 고정된 물체는 완전성을 보여주는 것이며 그 반대로 변화하는 것은 불완전성을 보여주는 것으로 보"지 않았던 것이다.

사실 중세를 지배하고 있던 아리스토텔레스의 천체물리학은 신의 의지가 무엇인지를 밝히는 것이었다. 아리스토텔레스에 따르면 지상의 모든 것은 신이 정해준 제자리가 있으며, 운동이란 신의 의지에 따라 제자리를 찾아가는 과정이다. 갈릴레오는 그 물리학에서 윤리나 교훈과 같은 신의 의지를 빼버렸다. 갈릴레오에 대한 이런 평가는 너무 주관적이라 액면 그대로 받아들이기 쉽지 않다. 순수한 객관성이라는 것이 있는지 그것부터 의심스럽고, 그 비슷한 것이 있다고 해도 그것이 갈릴레오에게서 처음 발견된다는 것 또한 믿기 어렵다.

다른 책에서는 이런 정도의 이유도 발견하기 어렵다. 그저 갈릴레오가 쓴 두 권의 책『두 우주 체계에 대한 대화Dialogo sopra i due massimi sistemi del mondo』(이후『대화』, 1632)와『새로운 두 과학에 관한 논의와 수학적 증명Discorsi e dimostrazioni matematiche intorno a due nuove scienze』(이후『새로운 두 과학』, 1638)에 대해 주로 다룰 뿐이다. 더불어 대개는 갈릴레오에 대해 잘못 알려진 이야기들, 그리고『대화』 때문에 벌어졌던 종교재판에 관해 이야기한다.

—— 공정하지 못했던 『대화』 때문에 종교재판을 받다

『대화』에 담긴 내용이 무엇인지는 책의 표제지에 적힌 글을 보면 금방 짐작할 수 있다.

> 이 책은 나흘 동안 두 가지의 주된 세계관, 프톨레마이오스 체계와 코페르니쿠스 체계에 관하여 그 철학적 및 자연적 원인을 어느 한쪽에 치우치지 않고 공정하게 논한다.
>
> _『갈릴레오의 두 우주 체계에 관한 대화』 48쪽

프톨레마이오스 체계는 천동설(지구중심설)이고, 코페르니쿠스 체계는 지동설(태양중심설)이다. 그러니까 천동설이 맞는지 지동설이 맞는지 '공정하게' 토론한 내용을 담았다는 뜻이다. 정말 공정했다면 갈릴레오는 이 책 때문에 어떤 위협도 받지 않았을지 모른다. 그러나 일찍부터 코페르니쿠스의 지동설이 옳다고 확신하고, 기회가 있을 때마다 뭇사람들에게 '강의'를 하고 다녔던 갈릴레오가 공정하게 논할 가능성은 애당초 없었다.

갈릴레오는 이 책에 세 사람을 등장시켜 이야기를 풀어나간다. 천동설을 믿는 바보 한 사람(심플리치오), 지동설을 주장하는 천재 한 사람(살비아티), 그리고 사회자인 것처럼 가장한 천재의 친구(사그레도)가 등장한다. 그리하여 누가 읽어도 천동설은 바보 같은 사람이나

문제의 저작물인 『대화』의 표제 페이지. 여기 그려진 세 사람이 '대화'에 등장한다. 우선 살비아티(1614년에 죽은 갈릴레오의 지우知友 이름이기도 하다)가 있다. 그는 지동설을 주장하는 천재 천문학자다. 반대편에는 심플리치오가 있다. 그 이름은 아리스토텔레스의 작업에 주석을 달았던 그리스 사람 심플리키우스에서 따왔다고는 하지만, 실제로 숙맥이나 좀 바보스러운 사람을 가리키는 뜻도 있다. 그리고 역시 갈릴레오의 친한 친구 이름을 딴 사그레도가 사회자 역할을 맡았다.

믿음직한 것으로 만드는 데 '성공'한다.

이 책은 당시 사회에서 큰 논란을 불러일으켰다. 그런데 그 시작은 통념과 달리, 『성경』의 내용과 배치되는 과학의 문제만은 아니었다.

이 책이 문제를 일으킨 발단은 『대화』 속에 등장한 바보가 교황의 명예를 훼손했기 때문이다. 물론 이는 당시 갈릴레오의 적들이 과대 망상증에 편집증까지 갖고 있던 교황을 자극해서 갈릴레오를 모함한 것이라고 볼 수도 있다. 어쨌든 그 전략은 먹혀들었고, 갈릴레오는 종교재판을 받게 된다. 그러고는 결국 자신의 주장을 철회하고 속죄하는 것으로 마무리된다.

1633년 6월 22일 수요일, 갈릴레오는 속죄자의 흰옷을 입었다. 추기경들은 "무릎을 꿇어라"고 말했다. 갈릴레오는 무릎을 꿇고 앞으로 나아가 타 들어가는 입술로 말했다.

"피렌체 출신의 빈센초 갈릴레이의 아들인 나, 70세의 갈릴레오는 성무청으로부터 잘못된 견해, 즉 태양이 세계의 중심이며 움직이지 않고 지구는 세계의 중심이 아니며 움직인다는 견해를 완전히 포기하라는 명령을 받았습니다. 나는 성실한 마음과 거짓 없는 믿음을 가지고, 앞서 말한 오류와 이단적인 생각들을 부인하고 저주하며 철회하는 바입니다. 나 갈릴레오는 위와 같이 철회 맹세를 하고 친필로 서명합니다."

_『갈릴레오: 불경한 천문학자의 이야기』 10~11쪽

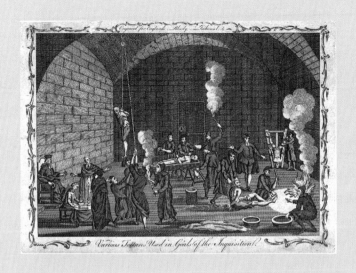

16세기의 스페인 종교재판에서 이루어지는 고문 장면을 그린 작품(작자 미상, 18세기로 추정). 고문은 종교재판 과정에서 일상적으로 이루어지는 일이었다. 초기에는 이단을 가려내는 역할을 맡은 성직자가 필요하다고 판단하면 아무 때나 재판을 시작할 수 있었고, 이단을 선고하고 고문하고 사형시키는 것 또한 대단한 일이 아니었다. 이런 '사법 폭력'에 대한 두려움은 움베르토 에코의 『장미의 이름』에도 언뜻 암시된다. 종교재판을 통해 고문 방법이 전해지고 발달했다는 것은 참아이로니컬하다.

그림 왼쪽 아래에 성직자들이 보인다. 나머지는 모두가 고문을 하고, 고문을 당하고 있다. 이런 나락에 떨어지면 얼마나 끔찍할지 너무나 잘 알고 있던 갈릴레오는 끝까지 버틸 수 없었을 것이다.

혹시 독자 여러분이 기대했을지 모르지만, 마지막 장면에 "그래도 지구는 돈다" 같은 중얼거림은 없었다. 정말 그랬다면 더 멋져 보였겠지만, 그러지 않았다. 굳이 '기록' 같은 것을 들먹일 필요도 없다.

생각해보라. 그 혼잣말을 누군가가 들었다면 갈릴레오는 그 자리를 벗어날 수 없었을 것이다. 갈릴레오에게는 이미 정식으로 투옥이 선고된 상태였고, 여차하면 끔찍한 고문을 받고 화형당할 위기에 처해 있었다. 만일 아무도 듣지 못할 정도로 작은 목소리로 중얼거렸다면 도대체 누가 그 말을 알아듣고 후세에 전했단 말인가. 이 이야기는 주인공을 영웅으로 만드는 위인전의 조작 작법에 충실했던 에피소드 가운데 하나일 뿐이다.

아무튼 지동설을 주장했다는 이유로 종교재판소에서 유죄판결을 받았던 것만은 사실이다. 여기서 오히려 궁금한 것은 지동설을 주장하는 것이 어째서 심각한 이단행위가 되느냐 하는 것이다. 코페르니쿠스의 이론이 혁명적이라면 도대체 무엇을 혁명한 것일까?

———— 지동설은 왜 신성모독 이론인가?

이야기는 아리스토텔레스에게서 시작된다. 11세기경, 유럽에 농업혁명이 일어났고, 잉여농산물이 많아지면서 도시가 만들어졌다. 교회는 발달하는 세속 사회를 통제하기 위해 좀 더 세련된 자연철학이 필요했고, 이 때문에 그동안 잊고 있던 고대 그리스 학문을 적극적으로 다시 받아들이게 된다. 그 가운데 가장 두드러진 것이 아리스토텔레스의 학문이었다. 아리스토텔레스의 저작물은 방대하고 상식적이어서 쉽게 수용할 수 있었기 때문이다. 물론 그 이론들은 예수 그리스도 이전에 살았던 이교도의 학문이어서 정통 신학에 적용하는 과정이 필요했다. 그것이 토마스 아퀴나스(1225~1274)에 의해 『신학 대전Summa Theologiae』(13세기 후반)으로 완성되었고, 이후 아리스토텔레스의 모든 이론은 곧 『성경』 말씀과 같은 것으로 자리 잡게 되었다.

특히 아리스토텔레스의 물리학은 종교에서 받아들이기 좋은 것이었다. 그는 스승이었던 플라톤과 마찬가지로 실험 같은 것은 일반화할 수 없는 특수성만을 보여줄 뿐 아니라, '지체 높은 분'들이 할 일이 아니라고 여겼다. 허리를 굽혀 열심히 일할 수 있도록 타고난 노예가 있고, 깊은 사고를 통해 우주의 생성 원리를 명상하도록 타고난 철학자가 따로 있다고 생각했다.

그가 보기에 우주에는 달 아래의 지상 세계와 달 위의 천상 세계가 있었다. 지상은 네 가지 원소가 신의 의도에 따라 제자리를 찾기 위해 움직이는(변화하는) 곳이다. 즉 흙, 물, 공기, 불은 무거운 정도에 따라 위로 올라가거나 아래로 내려가는데 그것은 제자리를 찾아가려는 속성 때문이다. 예를 들어 '돌은 물에 놓으면 가라앉는데 이는 제자리를 찾아가는 과정이다. 활시위를 떠난 화살은 앞의 공기가 재

베노초 고촐리Benozzo Gozzoli(1420~1497)의 〈성 토마스 아퀴나스의 영
광〉. 왼쪽이 아리스토텔레스, 오른쪽은 플라톤, 가운데가 토마스 아
퀴나스다. 발 아래에 이슬람 학자로 보이는 사람이 엎드려 있는데, 여
기에 이슬람 학자의 모습이 등장하는 것은 자격지심 때문인 것 같다.
고대 그리스의 필사본들은 로마의 멸망과 함께 유럽에서 거의 자취를
감췄다. 그러나 그 전에 이슬람 세계로 건너갔던 것들은 아랍어로 번
역되어 학자들의 연구 대상이 되었고, 책도 잘 보존되었다. 이 책들은
스페인의 이슬람 대도시였던 톨레도Toledo가 1085년 기독교도에 점
령되면서 다시 유럽에 전해진다.
이때 오늘날 우리에게 전해오는 고대 그리스의 중요한 저작물들이 거
의 다 번역되었다. 12세기 내내 엄청난 양의 번역이 라틴어로 이루어
졌고, 13세기 유럽 지식인들은 고대와 중세 이슬람의 과학적·철학적
전통을 대거 흡수했다. 중요한 과제는 그 '새로운 지식'을 전통적인 기
독교 세계관과 조화시키는 일이었다. 이것을 상당 부분 완성한 사람
이 바로 토마스 아퀴나스다.

이 그림은 그런 사정을 지나칠 정도로 유럽 기독교도 입장에서 그렸다. 이슬람 학자의 모습을 굴욕적으로 그려놓는 방식으로, 기독교의 우위를 확인하고 있다. 하지만 이런 모습은 오히려 이면의 콤플렉스를 짐작케 한다. 기독교 입장에서는 이단인 이슬람으로부터 '선진 문물'을 수입했다는 사실을 그대로 인정할 수 없었을 것이다.

빨리 뒤로 와서 밀어주기 때문에 앞으로 나아간다. 그러나 곧 제자리를 찾아가기 위해 땅으로 떨어진다.'

반면 천상은 완벽한 세계로서 변치 않는 제5원소인 에테르ether로 채워져 있고, 별들은 천구에 박힌 채 영원히 빛나고 있다.

기독교는 이런 아리스토텔레스의 천체관이 마음에 들었을 것이다. 땅속에 지옥이 있고, 땅 위에는 원죄를 지닌 인간이 '각각 주어진 역할'을 하며 살아가고 있으며, 달 위의 천상에는 하느님이 계신다는 이야기가 되기 때문이다. 그들이 보기에 생명과 만물의 운명은 천체 운동과 밀접하게 관련되어 있었다. 그러니 천체의 움직임을 이해하는 사람만이 지상의 만물을 이해할 수 있다고 생각했다. 아리스토텔레스의 천체관에 따르면, "하늘이 땅을 지배한다".

반면 코페르니쿠스의 지동설을 받아들인다면 이야기는 달라진다. 지구 역시 태양계를 도는 별 가운데 하나일 따름이기 때문이다. 천상의 지위가 강등되는 것이다. 게다가 지구가 움직인다면 안전성과 확실성도 사라진다. 또한 아리스토텔레스와 같이 무류無謬한 고대 현인들의 다른 이론도 틀릴 가능성이 있다는 말이 된다. 그러면 하느님은 도대체 어디에 계신단 말인가. 당시 성직자들은 오늘날 기준으로 보면 너무나 어처구니없는 문제점들을 떠올렸고, 그래서 새로운 과학을 용납할 수 없었다.

그들은 베살리우스Andreas Vesalius(1514~1564)가 해부학을 통해 남자와 여자의 갈비뼈 숫자가 같다는 것을 밝혀내자, 『성경』에 쓰인

윌리엄 커닝엄William Cunningham이 쓴 『천구The Cosmographical Glasse』 (1559)에 실려 있는 도판. 이 책에는 저자 자신이 직접 판각한 그림이 많이 들어 있다.

이 그림에는 중세의 우주관이 잘 표현되어 있는데, 맨 아래 천구天球를 짊어지고 있는 아틀라스Atlas가 보인다. 이는 중세의 왕을 상징한다. 제1운동자가 작동시키는 이 천구는 지구가 중심에 있고 지구에는 흙, 물, 공기, 불 4원소가 있다. 그 바깥 둘레에는 행성의 구, 유리 창공, 황도대가 보인다.

것과 다르다는 이유로 쉽게 받아들이지 못했다. 『성경』에 따르면 여자를 만들기 위해서 남자의 갈비뼈 하나를 빼내었으므로 남자의 갈비뼈 숫자가 하나 적어야 했다. 또 마그데부르크Magdeburg의 진공 실험(1654)에 대해서도 부정적이었는데, 진공이 불가능한 것은 '하느님이 그 속에 임하실 수 없다'는 이유 때문이었다. 그러니 만일 지동설이 옳다면 세상은 무질서와 혼돈 상태가 될 것이며 신앙도 필요 없을 것이다! 그것이 지동설에 대한 교회의 입장이었다.

다음은 그런 생각을 잘 드러내는 브레히트(1898~1956)의 희곡 〈갈릴레오의 생애〉의 한 구절이다.

이 사람들이 만약 자기들이 살고 있는 곳은 텅 빈 공중에서 다른 별 주변을 끊임없이 돌고 있는 조그만 바윗덩이에 불과하다는, 그것도 아주 많은 돌덩이 중 하나로 꽤나 보잘것없다는 말을 나에게서 듣는다면, 그러면 이들은 뭐라고 말할까요? 가난 속에서 그토록 참고 견뎌온 일, 기꺼이 받아들여 오던 일들이 왜 계속 필요하며 또 무슨 소용이 있겠습니까? 땀과 인내, 배고픔과 복종, 이 모든 것을 설명하고 이 모든 것이 필연이라고 주장해 오던 성경이 이제 온통 오류투성이라고 밝혀진다면, 그런 성경이 이제 무슨 쓸모가 있습니까? 안 됩니다.

『브레히트 희곡선집 2』 82쪽

전제군주제는 지구 중심의 우주관에 대한 믿음에 바탕을 둔 것이

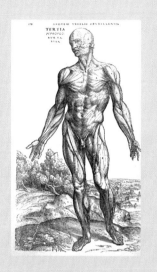

———

코페르니쿠스의 『천구의 회전에 관하여』와 같은 해(1543)에 출간된 베살리우스의 해부학 도서 『파브리카Fabrica』에 실린 도판. 인체 해부에 대한 의사의 기록은 기원전 4세기 알렉산드리아 사람 헤로필로스Herophilos에게로 거슬러 올라간다. 그가 남긴 해부학 지식은 기원후 2세기의 의사였던 갈레노스Galenos가 남긴 필사본 논문에 반영되어 있다. 그가 남긴 글을 보면 인체 해부는 일찍부터 금지되었고, 그 상태가 1,000년 이상 지속되었다. 13~14세기경이 되어서야 인체 해부가 필요하다는 주장이 제기되기 시작했고, 간혹 인체 해부를 허용하는 지역도 생겨났다. 르네상스 시대의 미술도 해부학이 발달하는 데 도움이 되었다. 잘 알다시피 레오나르도 다 빈치(1452~1519)는 스스로 많은 해부를 했다고 주장했고, 그 해부 결과를 그림으로 남겼다. 그리고 베살리우스의 걸작이 탄생했다. 『파브리카』는 양적으로나 질적으로나 빼어난 책이다. 당시 해부학 책들은 잘해야 50매 정도의 도판을 실었지만 『파브리카』는 그 네 배인 200매나 수록했고, 하나하나의 도판이 정확할 뿐만 아니라 예술적으로도 뛰어나다.

다. 그러니 태양 중심의 우주 구조는 당시의 전통 신앙을 뿌리째 뒤흔드는 이론이었고, 한편으로는 교황과 황제의 지배체제에 대한 도전이기도 했다. 반면 아리스토텔레스의 우주관은 유한하고 닫혀 있다. 인간은 그 중심인 지구에 살고 있으며 신은 바로 그 위에서 우주를 경영한다. 마찬가지로 신의 선택을 받은 왕이 국가를 다스린다. 그러니 우주의 조화를 의심하는 것은 당시 정치체제의 정당성을 의심하는 것이었다.

───── 그 일을 갈릴레오가 했단 말인가?

갈릴레오가 없었다면 지동설을 드러내놓고 주장하는 일은 일어나지 않았을까? 아리스토텔레스의 물리학은 부정당하지 않았을까?

그랬을 것 같지는 않다. 코페르니쿠스의 이론은 요하네스 케플러Johannes Kepler(1571~1630)에 의해 계승, 발전되었을 것이고 (실제로 그랬다), 고전물리학 역시 나름대로 발전하여 아이작 뉴턴(1642~1727)에게서 완성되었을 것이다. 그렇게 생각할 수 있는 이유는 무엇보다 갈릴레오가 최초로 주장한 이론이 거의 전무하기 때문이다.

코페르니쿠스의 이론을 가장 먼저 이해하고 망원경으로 밤하늘을 관측한 사람은 영국의 천문학자 토머스 딕스Thomas Digges,(1546~1595)였다. 그는 갈릴레오의 『별들의 소식』보다 34년이나 앞선 1576년에 『지속되는 예측A Prognostication Everlasting』이라는 책을 펴냈다. 딕스는 그 책에서 코페르니쿠스의 우주 모델에 대해 구체적으로 다루고 있으며, 한 걸음 더 나아가 우주는 거의 무한하다고 했다. 그렇다고 교회의 박해를 받은 적은 없다. 다만 그는 그 일을 계속하지 않았을 뿐이다. 이후 딕스는 정치가가 되었다.

게다가 박해를 받은 것으로 치면 갈릴레오와 동시대 사람이었던 조르다노 브루노(1548~1600)에 비할 바가 아니다. 브루노 역시 코페르니쿠스의 지동설을 지지했고 대중들과 멋지게 소통할 줄 알았다. 그는 이렇게 말하곤 했다.

하느님이 만든 신전이 우주라면 그 한가운데 촛불(태양)을 켜놓았다고 보는 것이 옳지, 궁색하게 신전 둘레를 빙글빙글 돌게 해놓았을 리가 없다.

또 종교재판소에서 자신에 대한 판결문을 듣고 이렇게 말했다.

그 판결을 통과시키는 당신들의 두려움은 이 판결을 받아들이는 나의 두려움보다 클 것이다.

아이러니하게도 우리는 종교재판소에서 자신의 주장을 철회했던 갈릴레오에 대해서는 잘 알지만(알아야 한다는 압박을 자주 받지만), 자신의 신념을 굽히지 않았던 조르다노 브루노에 대해서는 거의 모른다. 나는 늘 독자들이 그를 기억해주기를 바라는 마음에 한국어판으로 번역된 그의 저서 『무한자와 우주와 세계 외外』를 소개한다. 이 책 역시 대화 형식으로 쓰였다.

갈릴레오의 '진부함'은 그뿐이 아니다. 등가속도운동에 대한 공식이라면 이미 14세기에 논의되고 있었다. 갈릴레오의 공식 역시 파리 대학의 니콜 오렘의 손으로 정리되어 있었던 것이다. 거기다가 포물선운동인 탄도학은 니콜로 타르탈리아(1499~1557)의 『새로운 과학』(1537)에 자세히 나와 있으며, 갈릴레오의 전매특허처럼 소개되는 자유낙하운동에 대한 이론과 실험 역시 조반니 바티스타 베네데티Giovanni Battista Benedetti(1530~1590)가 쓴 『국소 운동의 비율 증명』(1554)이라는 책에서 이미 다뤘던 것이다. 물론 그 책에서 소개한 것은 기발한 사고실험이었지만 말이다.

그렇다고 갈릴레오가 그와 달리 실제로 실험을 했다고 보기는 어렵다. 이를테면 자유낙하운동에 대한 이론을 증명하기 위한 실험을 보자. 그는 긴 널빤지에 홈을 파고, 그 홈을 따라 청동으로 만든 공을 굴려 소요 시간을 쟀다. 갈릴레오는 "100번 가까이 반복된 그 실험을 통해" 낙하 시간이 자신의 법칙에 들어맞는 것을 확인했다고 주장했다. 그러나 과학사가인 버나드 코헨I. Bernard Cohen(1914~2003)에 따르면, 갈릴레오가 얻은 결과는 사전에 그가 얼마나 확실한 결론을 내리고 있었는지를 보여줄 뿐이다. 왜냐하면 당시의 기술로 볼 때 그렇게 정확한 결과를 얻을 수 있는 실험환경을 만들어낼 수 없었기 때문이다. 실제로 낙하하는 물체의 낙하율을 정확하게 측정했던 동시대 과학자인 마랭 메르센Marine Mersenne(1588~1648)은 비슷한 실험을 해보았지만, 그 결과치의 차이가 너무 커서 갈릴레오가 내놓은 결과를 확인할 수 없었다고 한다.

또 갈릴레오가 19세 때 피사대학 예배당 천장에서 흔들리는 샹들리에를 보고 진자의 등시성을 발견했다는 이야기도 근거 없어 보인다. 그 예배당의 샹들리에는 갈릴레이가 19세 되던 해에는 없었기 때문이다. 기록에 따르면 그보다 몇 년 뒤에 설치되었다.

독자 여러분은 이미 눈치챘을 것이다. 우리는 갈릴레오가 실제로 한 일이 그리 대단할 것도 없다는 이야기를 하면서 과학혁명이 태동하던 당시의 분위기를 짚어보았다. 설사 갈릴레오에 의해 매우 중요한 과학이론의 진전이 있었다 하더라도, 그에 대한 '이야기'는 상당 부분 영웅화되었으리라고 봐야 한다. 이 책에 실린 크리스티아노 반티Cristiano Banti(1824~1904)의 그림 〈종교재판소에 맞선 갈릴레오〉에서 보듯이(111쪽) 갈릴레오 이야기는 계몽주의자들에게 매우 좋은 선전 재료가 되었을 것이다. 앞서 말했듯 계몽사상가란 "모든 것을 비판적 이성의 빛으로 비추어보고, 특히 가톨릭교회의 교리를 꾸짖는 인간"이 아니었던가.

사실 많은 사람에게 알려진 인물이나 고전은 실제의 모습이라기보다는 하나의 고정관념에 가깝다. 우리가 공유하고 있는 그 고정관념들은 어떤 논의의 출발점으로 유용하게 쓰일 수 있다. 거의 모든 과학책에서 갈릴레오를 다루는 이유도 그 때문이 아닐까.

1857년 이탈리아 화가인 크리스티아노 반티Cristiano Banti(1928~1904)
가 그린 〈종교재판소에 맞선 갈릴레오〉. 초라한 종교재판소의 모습
과 당당한 갈릴레오가 대조적으로 보인다. 갈릴레오의 영웅적 행동을
강조하고 싶었던 듯하다. 그러나 본문에서 설명했듯이 역사적 사실과
아주 다른 모습이다.

갈릴레오는 종교재판소에 들어가기도 전에 자신의 이론을 부정했고
죄를 인정했다. 고문받다가 죽을 운명은 피하고 싶었던 것이다. 장-피
에르 모리Jean-Pierre Maury(1937~)가 쓴 『갈릴레오: 불경한 천문학자의
이야기』의 6~7, 113쪽에 있는 그림을 보면 재판소에 출석하는 것만으
로도 그 위세에 질려버릴 것 같은 분위기다.

Chapter

3

아이작 뉴턴의
죄

—— 지성의 깔때기, 아이작 뉴턴

뉴턴의 전기 가운데 최고로 치는 책이 있다. 리처드 웨스트
폴Richard Westfall(1924~1996)이 쓴 『영원히 쉬지 않는 자, 아이작 뉴
턴 전기Never at Rest: A Biography of Isaac Newton』(1983)가 그것이다.* 이
책은 영미권 최고의 역사서·과학서에 수여하는 '리오 거쇼이 상'과
'파이저 상'을 수상한 역작으로, 지금까지 뉴턴에 관한 최고의 작품으

* "영원히 움직이는(Never at rest)"에서 'at rest'는 뉴턴이 관성(inertia)에 대해 설명할
때 자주 쓴 표현이다. 앤드류 모트(Andrew Motte)가 처음 영어로 번역한 1846년판을
보면 77번 사용되었다. 이런 식이다. "운동은 정지하거나 직선으로 움직이기만 할 것
이다(motion is either at rest, or moves uniformly in a right line)."

로 인정받고 있다. 그 방대한 분량과 내용의 난이도 탓에 그간 누구도 번역할 엄두를 내지 못했다. 그러다가 2016년에 한국어 번역본이 1,200권 한정판으로 출간되었다.

그의 전기를 펼치면 고대 그리스 이래 쌓아 올린 인류의 과학적·수학적·철학적 지식이 '깔때기'처럼 뉴턴을 향해 모여드는 것을 볼 수 있다. 고대 그리스 철학자에서부터 데카르트에 이르기까지 과학자와 수학자 들이 그들의 이론과 함께 등장하고, 역사 속에서 그 의미를 새길 수 있게 해준다. 그리고 다시 그 깔때기를 통해 현대의 과학이 퍼져나간다.

뉴턴의 영향력은 물리학과 광학에만 한정된 것이 아니었다. 그의 『프린키피아Principia』(1687)는 당시 사회개혁을 갈망하던 계몽주의 사상가들에게도 엄청난 영향을 끼쳤다. 뉴턴이 보여준 만유인력은 성스럽고 고귀한 하늘에서와 마찬가지로 죄 많고 더러운 지상에서도 꼭 같은 방식으로 '평등'하게 작동했다. 그것은 타고난 신분으로 이루어지는 계급사회가 정당한 구조가 아님을 암시하는 것이었다. 그리고 인간의 이성으로 무엇이든 변화시킬 수 있으리라는 깨달음enlightenment을 주었다(우리가 '계몽주의시대'라고 번역하는 것은 사실은 '깨달음의 시대Age of Enlightenment'다. 계몽주의라는 번역은 일본에서 수입한 것이 아닌가 싶다).

그래서 뉴턴의 전기에는 사회계약론을 체계적으로 정리한 존 로크John Locke(1632~1704)를 비롯해서 그에게 결정적인 영향을 받은 계몽사상가들도 등장한다. 더욱이 뉴턴은 중세의 마지막 연금술사였고, 비판적인 『성경』 연구자였으며 정치가이기도 했다(정치 관련 논문도 많이 썼다). 실제로 그의 영향력은 대단히 종합적이었다. 조금 과장하면 오늘날 우리는 뉴턴의 세계에서 살아가고 있다. 그러니 웨스트폴의 뉴턴 전기는 인류의 지성사에 가까운 것이다.

—— 내 생각을 이해할 자격이 있는 사람만 보라

뉴턴은 자신의 최고 걸작인 『프린키피아』를 너무 어렵게 썼다. 일반인들은 거의 이해할 수 없는 수준이다. 하지만 오늘날 우리는 그 내용의 핵심이 얼마나 간단한 것인지 잘 알고 있다. 만유인력과 그에 따른 운동법칙 세 개를 설명하는 것 아닌가. 첫 번째 운동법칙, 움직이는 것은 다른 힘이 개입하지 않는 한 영원히 움직인다(관성의 법칙). 두 번째 법칙, 운동의 변화는 가해지는 힘의 크기에 비례하고 질량에 반비례한다(힘과 가속도의 법칙). 세 번째 법칙, 힘이 가해지는 만큼 되받게 된다(작용 반작용의 법칙). 그리고 만유인력으로, 우주 만물은 서로를 끌어당기는 힘을 발산한다는 것이다. 지금 당신 주변에 있는 것들, 이를테면 컵이, 바닥이, 천장이, 책이, 그 모든 것들이 서로서로 끌어당기고 있으며 당신도 그것들 가운데 하나다. 그 끌어당기는 힘의 세기는 질량에 비례하고 거리의 제곱에 반비례

한다. 이것이 뉴턴 과학이론의 핵심이다. 그럼에도 불구하고 지구에 있는 모든 것들이 서로를 끌어당겨 충돌하지 않는 것은 두 가지 이유 때문이다. 중력은 아주 약한 힘이어서 질량의 차이가 웬만큼 크지 않고는 끌어당기지 못할 뿐 아니라, 지구의 질량이 엄청나게 크기 때문에 지구의 모든 것은 지구의 중심을 향한 힘만 느낄 수 있다.

물론 법칙이 간단하다고 해서 그것을 증명하는 일도 쉽다거나, 간단명료한 법칙이 일으키는 사건들이 어마어마하게 복잡다단하지 말란 법은 없다. 그렇다고 해도 뉴턴은 너무 어렵게 썼다.

그는 어쩌면 젊고 순진했던 시절에 겪은 트라우마를 떠올렸을지도 모른다. 뉴턴은 서른한 살에 왕립협회(무늬만 왕립이지 사실은 민간단체였다)에 처음으로 빛의 성질에 관한 논문을 제출했는데, 그로 인해 8년 동안 고통스러운 논쟁에 휘말렸다. 당시 그는 자신의 이론이 실험으로 쉽게 증명되는 당연한 '사실'이라고 생각했다. 그러나 그의 이론은 주류 이론에 대한 급진적인 공격으로 받아들여졌고, 엄청난 논쟁의 소용돌이에 휘말렸다. 심지어 뉴턴을 몰상식하다고 생각하는 학자들도 있었다. 뉴턴은 뻔한 사실을 그대로 알아볼 능력도 없어 보이는 그들 때문에 미칠 지경이 되었다. 8년 동안 그는 제대로 먹지도 자지도 못하는 고통스러운 시간을 보냈다.

그 후 뉴턴은 자신의 이론을 발표하지 않으려 했고, 웬만하면 묻어두고 연구에만 몰두했다. 메모를 암호로 쓰기도 했는데, 그 암호를 풀기 위한 열쇠는 따로 메모해두었다. 그런 경향은 『프린키피아』를 쓰면서도 이어졌다. 뉴턴은 "어중이떠중이들이 집적거릴 가능성을 없애기 위해" 독자층을 좁히는 쪽을 선택했다. 대단한 전문가만이 읽어낼 수 있도록 책을 어렵게 쓴 것이다. 결과는 성공적이었다. 『프린키피아』를 읽은 '한 줌도 안 되는' 전문가들은 "우리가 상상할 수 있는 가장 완벽한 역학"이라는 찬사를 아끼지 않았다. 물론 보통 사람들은 책을 읽을 엄두를 내지 못하고 그런 찬사를 믿고 받아들였을 뿐이다.

그러니까 『프린키피아』는 '전문가'들에게 위대한 책이었던 것이다. 그런데도 가끔 교양을 위한 권장도서목록에서 이 책의 제목을 볼 때가 있다. 그럴 때마다 그 목록을 만든 사람은 어떤 사람일까 궁금하다. 『프린키피아』는 일반인이 다가가기에는 너무나 먼 곳에 있는 책이라는 점에서 매우 현대적이다. 현대과학은 과학자들의 과학일 뿐 일반인이 이해하기에는 너무나 어렵지 않은가.

이 책이 너무 어렵다는 평판은 책보다 더 빠르게 퍼졌다. 당시 길에서 뉴턴을 본 케임브리지대학교의 한 학생이 "자기도 이해할 수 없고 누구도 이해하지 못하는 책을 쓴 저자가 저기 간다"고 말했다는 기록이 남아 있을 정도다. 당대 최고의 의사이자 지식인이었던 존 로크에게도 그 책은 너무 어려웠다. 로크는 당시 유명한 수학자 가운데 한 사람인 크리스티안 하위헌스Christiaan Huygens(1629~1695)에게 물어보았다. 뉴턴의 수학이 믿을 만하냐는 것이었다. 하위헌스는 그렇다고 대답했고, 존 로크는 그 말을 믿고 수학으로 설명한 부분을 건너뛰며 그 책을 읽었다.

필자도 존 로크를 흉내 내봤는데『프린키피아』는 아주 멋진 통찰력이 담겨 있는 놀라운 책이었다. 수학적 난해함만 빼면 일반인들에게도 좋은 책이지 싶다. 그런데 그 어려운 책을 제대로 이해했는지는 글쎄, 알 수 없다.

—— 잘 해설된 번역판이 영향력을 발휘하다

『프린키피아』는 너무 어려운 책이었기 때문에 일반인을 위한 해설판이 필요했다. 그런데 해설판은 영국이 아니라 경쟁 상대국이었던 프랑스에서 먼저 등장했다. 그것은 볼테르의 애인이었던 에밀리 뒤 샤틀레Emilie du Chatelet(1706~1749)라는 불세출의 여성 과학자 덕분이었다. 에너지 보존 법칙을 연구했고, 그녀의 연구에서 아인슈타인의 유명한 공식인 $E=mc^2$ 가운데 제곱의 개념이 유도되었을 정도다. 그녀는 모호하고 복잡한 기하학으로 가득 찬『프린키피아』를 미적분의 언어로 간결하고 명료한 해설을 붙여 번역했다. 1759년에 출간된 번역판은 매우 훌륭한 것이어서 오늘날에도 여전히 프랑스어판의 표준으로 쓰인다. 그리하여 영국 사람들이 난해하기 그지없는『프린키피아』원본을 들고 씨름하고 있을 때 프랑스 사람들은 이 해설판으로 고전역학을 쉽게 배울 수 있었다.

그 결과 프랑스의 과학은 영국보다 두 세대쯤 빠르게 발전했다.

모리스 퀜틴이 그린 에밀리 뒤 샤틀레의 초상. 우리는 뉴턴과 볼테르에 대해서는 잘 알고 있다(적어도 이름은 들어보았을 것이다). 그러나 뉴턴의 『프린키피아』를 프랑스 사람들이 제대로 읽을 수 있게 번역하고 해설한 사람, 또 아인슈타인의 그 유명한 공식 $E=mc^2$를 가능케 해준 연구를 했던 여성 과학자에 대해서는 거의 들은 바가 없다.

에밀리 뒤 샤틀레는 볼테르와 10년 정도 연인 관계였다. 그동안 프랑스 전역을 돌아다녔고, 포위당한 독일 요새 앞에서 칼싸움을 벌이기도 했고, 용감한 해적의 아들과 열렬한 연애를 했으며, 파리최고재판소 계단통에서 볼테르의 책이 불타는 광경도 목격했다. 또 프랑스 국가복권을 조작하여 수백만 프랑을 뜯어내고 그 돈으로 북아메리카 곡물 거래에 투자한 여걸이기도 했다.

생활비가 떨어지면 에밀리는 베르사유궁전에서 벌어지는 도박판에 합세했다. 그녀는 누구보다 수학 계산이 빨랐으므로 쉽게 돈을 땄다. 볼테르는 자랑스러운 투로 이렇게 썼다. "그녀와 카드게임을 하는 왕

비의 친구, 그 궁정의 숙녀들은 뉴턴의 업적에 주해를 달 수 있는 여성과 도박을 하고 있으리라고는 꿈에도 생각하지 않았다."

그녀가 주석을 달고 번역한 뉴턴의 『프린키피아』는 오늘날에도 쓰이는 유일한 프랑스어판이다. 『프린키피아』는 너무 어려운 책이어서 사실 영국에서도 제대로 읽히지 못했다. 그러나 샤틀레 부인의 힘으로 프랑스인들은 일찍부터 잘 해설된 '고전역학'을 배울 수 있었다.

그녀에 대한 사료는 엄청나게 자세히 남아 있지만 후세에는 잘 알려져 있지 않다. 이마누엘 칸트 때문일까? 칸트는 이렇게 말한 적이 있다.

"샤틀레 부인이 그런 엄청난 일을 했다고? 그걸 나더러 믿으라는 거야? 차라리 그녀의 턱에 수염이 났다고 말하지그래."

이런 종류의 고정관념이 만들어주는 안락한 세상에서, 불편하지만 더 나은 미래를 꿈꿀 수 있게 해주는 새롭고 낯선 울타리 바깥으로 나가보려 하지 않았기 때문이다.

아마도 그런 주장은 '프랑스의 뉴턴'이라고 불리는 피에르 라플라스 Pierre Simon Laplace(1749~1827) 덕분에 가능했을 것이다. 라플라스의 걸작인 『천체역학』(전 5권, 1799~1825)은 뉴턴에서 시작된 고전역학이 적어도 개념적으로는 정점에 도달한 것이었다. 게다가 이 책은 『프린키피아』와 달리 명료하고 쉬우면서도 대단히 높은 차원의 내용을 담아내고 있다. "모호한 기하학적 도안들로 가득한 뉴턴의 『프린키피아』는 온전히 미적분학의 언어로 쓰인 라플라스의 걸작 『천체역학』에 비교하면 기괴하고 낡아"(『과학과 기술로 본 세계사 강의』, 448쪽) 보일 정도였다. 오늘날에도 나사NASA의 과학자들은 우주선을 쏘아 올릴 때 라플라스의 이론으로 필요한 계산을 해낸다.

뉴턴은 『프린키피아』라는 위대한 걸작을 쓴 영국인의 영웅이었지만, 너무나 어렵게 쓰는 바람에 오랜 경쟁 상대였던 프랑스에 좋은 일을 해준 꼴이 되고 말았다. 역사의 아이러니다.

—— 오류와 데이터 조작이 많은 걸작?

『프린키피아』에 오류는 없었을까? 하나 마나 한 말이지만 초판에는 오류가 많았다. 그것은 재판second edition을 준비하는 과정에서 분명히 드러났다. 출판을 맡았던 젊은 수학자 로저 코츠Roger Cotes(1682~1716)는 초판의 원고를 그대로 낼 생각이 없었다. 하나

Laplace.

라플라스는 프랑스의 뉴턴으로도 불리며, 역사를 통틀어 위대한 과학자 가운데 한 사람으로 평가받기도 한다. 그는 "뉴턴이 확립하고 그의 후계자들이 정교화한 근본적인 역학법칙들에 기초하여 우주를 수학적으로 완벽하게 공식화할 수 있었다."(『과학과 기술로 본 세계사 강의』 449쪽) 그리고 수학적 능력이 타의 추종을 불허할 정도로 대단했으며 수리물리학 발전에 엄청난 공헌을 했다.

정치적으로도 계산이 대단히 빨랐는데, 그다지 보기 좋은 모습은 아니었다. 라플라스는 파리군관학교에서 강의를 했으며, 그때 나폴레옹 보나파르트를 가르쳤다. 나폴레옹이 정권을 잡았을 때 내무부장관이 되었는데 6주 만에 해임된다. 그렇다고 두 사람의 관계가 나빴던 것은 아니다. 라플라스는 백작이 되었고, 『천체역학』 제3권을 나폴레옹에게 헌정했다. 그러나 라플라스는 나폴레옹이 몰락하는 낌새를 알아차리자마자 재빨리 부르봉 왕가의 지지자가 되었고, 왕정복고와 함께 후작이 되었다. 빈농의 아들로 태어났지만 계산이 엄청나게 빨랐던 덕분에 언제나 승승장구했다.

하나 검증하고 확인한 다음에 오류라고 판단되는 것을 뉴턴에게 알리고 고쳐달라고 요구했다. 뉴턴은 처음에 이런 상황을 어처구니없어했다. 어차피 약간의 오류도 없이 인쇄하는 것은 불가능하니 "내가 그동안 봐둔 초판 교정이나 잘 고쳐서 내면 될 것"이라고 퉁명스럽게 대답했다. 그러나 편집자로서 코츠의 실력은 대단한 수준이었고, 결국 뉴턴은 코츠에게 고마움을 표현하기에 이른다.

심각한 오류 가운데 하나는 독자가 발견했다. 그 오류는 뉴턴을 싫어했던 니콜라우스 베르누이 Johann Bernoulli(1667~1748)의 삼촌이 '제2권 열 번째 명제 안의 문제 3'에서 찾아냈다. 베르누이가 이것을 뉴턴에게 직접 알렸고, 뉴턴은 3개월에 걸쳐 그 문제를 해결해야 했다. 그렇게 해서 그 부분만 다시 인쇄해 풀로 붙인 흔적이 책에 남았다. 역시 제대로 된 걸작을 만들어내는 데는 좋은 편집자와 좋은 독자의 역할이 대단히 중요하다!

당시에 그렇게 많은 오류를 찾아냈다면, 그 뒤 300년이 넘는 세월 동안 더 많은 오류가 발견되지 않았을까? 그랬다. 그 내용은 웨스트폴의 또 다른 저작물과 다른 몇몇 저작물에서 확인할 수 있다. 그에 따르면 뉴턴은 자신의 계산이 매우 정확한 것처럼 보이기 위해 "섬세한 숫자 조작 기술"을 자주 발휘했고 그것을 수치스럽게 여기지도 않았다.

그럼에도 『프린키피아』는 여전히 위대한 걸작이다. 흠이 없어서가 아니라 그 흠을 상쇄할 수 있을 만큼 강한 설득력을 가졌기 때문이다. 물론, 그렇다고 뉴턴처럼 해도 좋다는 말은 아니다. 글은 누구나 이해할 수 있도록 쉽게 쓰는 것이 좋다. 그 점에서는 리처드 파인만Richard Phillips Feynman(1918~1988)을 본받을 필요가 있다. 그는 물리학을 문외한에게도 이해할 수 있게 설명할 수 있어야 한다고 말했다. 그러지 못하면 자기도 잘 모른다고 봐야 한다는 것이다. 그의 말은 '잘 아는 사람'이라고 해도 누구든 이해할 수 있도록 '표현할 줄 모르는 사람'이라면 '잘 안다는 것'을 확인할 실체가 없으므로 '잘 모르는 사람'이라는 뜻이 아닐까 싶다. 파인만의 명제가 옳다면, 뉴턴은 자기가 알고 있던 그것들을 잘 몰랐던 셈이다.

── 노이즈가 걸작을 만든다

사실 만유인력을 '직접' 느끼기는 어렵다. 신비롭기까지 하다. 그래서 이 이론을 발표했을 당시 허공을 가로지르는 힘의 존재를 당대 최고의 과학자들도 받아들일 수 없었다. 하느님이 존재하지 않는 허공도 받아들일 수 없는데, 하물며 그 허공을 가로지르는 마법적인 힘까지 어떻게 받아들이겠는가. 그래서 당시 과학자들은 만유인력의 존재 이유를 물었고, 뉴턴은 "그것은 그저 존재하는 것일 뿐"이라고 응수했다. 결코 알 수 없는 이유 같은 것은 묻지 말라는 것이었다. 바로 그런 사고방식이 적당히 뭉뚱그려져 있던 과학과 철학을 분리시키는 분수령이 되었다.

　과학사가들은 뉴턴이 '신비로운' 만유인력을 받아들일 수 있었던 이유에 대해 흥미로운 설명을 내놓았다. 그가 마법적인 힘을 인정하는 연금술에 빠져 있었기 때문이라는 것이다. 비과학적인 연금술이 아니었더라면 과학적인 만유인력의 발견도 없었을 것이란 주장이다. 공개적으로 그 말을 꺼낸 사람은 우리에게도 잘 알려진 경제학자인 존 메이너드 케인스John Maynard Keynes(1883~1946)였다. 그는 뉴턴이 남긴 엄청나게 많은 양의 유고를 사들여 검토한 뒤에 이렇게 말했다.

　　"(…) 뉴턴은 이성의 문을 처음으로 열어젖힌 사람이 아닙니다. 오히려 그는 마지막 주술사였고, 마지막 바빌로니아와 수메르 사람이었습니다. 그는 1만 년 전 우리의 지적 유산을 만들기 시작했던 사람들과 똑같은 눈을 통해 가시적으로 지적인 세계를 바라본 위대한 지성이었습니다."

_『생각의 역사 1』, 19쪽

　사실 뉴턴의 유고는 전기 작가들을 오랫동안 괴롭히던 문제였다. 그 유고에 따르면 뉴턴은 이성적이고 합리적인 과학자가 아니었기 때문이다. 뉴턴은 신비로운 현자의 돌을 찾기 위해 연금술의 세계에 몰두했고,『성경』의 계시가 실현될 시기를 알아내기 위해『성경』연

윌리엄 블레이크가 그린 뉴턴(1795). 블레이크는 영국의 낭만파 시인
이자 화가였다. 그는 직관적이고 영적인 눈으로 세상을 바라보았기
때문에 뉴턴의 과학적 유물론은 참을 수 없는 것이었다.

그가 보기에 뉴턴은 과학적 유물론에 빠진 미치광이였다(물론 거꾸로
보면 블레이크가 종교적 환상에 빠져 있던 미치광이가 될 것이다). 그래서
조물주가 만든 아름다운 세상을 외면한 채 바닷가에서 진리의 조약돌
을 모으며 행복해하는 대신, 깊고 깊은 바닷속에서 천체의 비밀을 다
알고 있다는 듯이 컴퍼스를 들고 두루마리에 무엇인가를 그리고 있는
모습을 그렸다. 윌리엄 블레이크의 유명한 작품 〈태고의 날들〉을 보
면 세상을 창조하는 창조주의 커다란 컴퍼스가 나온다. 그것에 비하
면 뉴턴의 컴퍼스는 장난감처럼 느껴진다. 이 그림은 인간의 타락을
보여주는 3부작 〈헤카테〉, 〈뉴턴〉, 〈느부갓네살 왕〉 가운데 하나다.
이것들은 블레이크가 평생 비난하던 미신, 자연적 유물론, 이성의 결
과를 상징한다.

그는 "한 겹의 눈과 뉴턴의 몽매함에서 벗어나게 해주소서!"라고 노래
했으며, "예술은 삶의 나무고, 과학은 죽음의 나무다"라고 했다. 그가
현대예술에 영향을 주었다는 평가는 '그림으로 보여준 메시지'보다는
규범과 이성, 질서를 강조하던 당시 분위기와는 달리 인체 비례의 왜
곡이나 몽환적이고 신비주의적인 이미지를 추구했던 것 때문이라고
보아야 하지 않을까.

대기를 연구했다. 또 장미십자회, 점성학, 수비학數秘學에도 매료되었다. 그는 『프린키피아』가 출간되고 한 세대가 지난 뒤에도 여전히 모세가 태양중심설이나 만유인력을 알고 있었다고 믿었으며, 솔로몬의 성전에서 우주의 구조를 발견할 수 있다고 믿고 그 설계도를 찾으려 했다.

여기에서 다시 니체의 말에 귀를 기울일 필요가 있다.

비밀스럽고 금지된 힘을 갈구하고 열망했던 마법사와 연금술사, 점성가와 요술쟁이들이 없었다면, 과연 과학이 생겨나서 위대해졌을 것이라고 믿는가?

_『아이작 뉴턴』 120쪽

현대식 어법으로 고치면 "노이즈가 더 중요할지 모른다" 또는 "노이즈 없이 되는 게 있는 줄 아느냐" 정도가 아닐까 싶다.

고전을
리모델링해드립니다

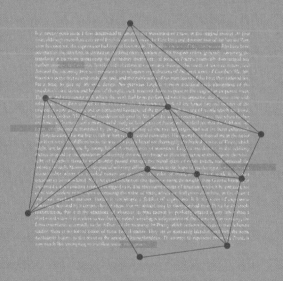

소크라테스의
문제

'소크라테스의 문제'라는 말이 있다. 소크라테스가 글 한 줄 남기지 않았기 때문에 생긴 문제다. 소크라테스라는 인물에 대한 이해는 대개 플라톤이 남긴 글에서 비롯된다. 물론 비슷한 시기에 살았던 크세노폰도 소크라테스에 대해 많은 글을 남겼다. 그런데 크세노폰의 소크라테스는 플라톤의 소크라테스와 비교하면 꽤나 다른 사람이다.

── 플라톤의 소크라테스와 크세노폰의 소크라테스

　이상하게도 우리에게 전해진 소크라테스의 이미지는 거의 플라톤의 소크라테스다. 플라톤이나 크세노폰이나 둘 다 소크라테스의 애제자였는데 크세노폰의 소크라테스는 우리에게 잘 알려져 있지 않다. 그렇다고 플라톤의 소크라테스가 크세노폰의 소크라테스보다 훨씬 더 믿을 만한 실재라는 증거는 어디에도 없다.

　그런데 학자들은 늘 플라톤의 소크라테스만을 이야기한다. 플라톤의 『대화편』들은 소크라테스가 죽은 뒤에 쓴 것이다. 플라톤의 소크라테스는 오래된 기억을 바탕으로 조각된 인물일 확률이 높다. 그리고 소크라테스는 철인 독재국가를 꿈꾸었고 민주주의를 바보들衆愚의 정치체제라고 생각했다. 아, 사실은 잘 모른다. 플라톤이 책에서 소크라테스가 그랬다고 하니까 그랬다고 믿는 것이다.

　실제로 소크라테스는 당시 나치와 비슷한 전체주의 국가였던 스파르타를 최고의 정치체제라고 생각했던 것 같다. 소크라테스의 젊은 연인이었던 아테네의 장군 알키비아데스는 스파르타와 전쟁이 벌어졌을 때 적국인 스파르타를 돕는다. 마침내 스파르타가 승리했을 때, 이번에는 또 소크라테스의 제자였던 크리티아스가 아테네의 민주주의를 억압하는 30인 과두체제의 괴수로 등장해 민주주의자들을 살육하고 해외로 추방하고 재산을 몰수했다. 그는 플라톤의 숙부이다.

그러나 독재정권은 오래지 않아 민주주의자들에 의해 전복되고 아테네는 다시 민주정으로 복귀했다. 그리고 해외로 망명해 독재정권과 싸웠던 '반독재 민주 인사' 아니토스에 의해 소크라테스가 고발당한다. 그렇게 소크라테스가 독약을 먹고 죽은 뒤(사형이라고 하지만 자살에 가깝다. 크세노폰이 쓴 글에 그런 느낌을 주는 내용이 나온다) 플라톤은 『소크라테스의 변명』(이후 『변명』)이라는 글을 썼다.

사람들은 이 작품이 대단하다고 칭찬 일색인데 필자는 그 칭찬을 이해하기 어렵다. 무엇보다 상식적이지 않기 때문이다. 칭찬 일색인 사람들의 글에는 소크라테스의 재판이 이루어진 역사적 맥락에 대한 설명이 없다. 게다가 그 작품은 등장인물을 다루는 데 불공평하기 짝이 없다. 다툼에 대해 공평하게 판단하려면 쌍방의 이야기를 다 들어보아야 한다. 그런데 『변명』은 소크라테스 독무대다. 정말 소크라테스가 억울한 죽음을 당했다면 기소자가 등장해서 얼마나 잘못된 이유로 고발했는지를 보여주고, 그것을 독자가 판단하게 해주어야 한다. 그러나 그렇지 않다. 그래서 설득력이 떨어지는 것이다.

—— 독해와 곡해

『변명』을 읽기 전에 그 글이 지금으로부터 2,500년 전의 이야기임을 잊지 말자. 당시의 역사적인 맥락을 이해하지 못한 채 그 글을 읽는다면 '독해'가 아니라 '곡해'를 할 확률이 높다.

　'소크라테스의 문제'란 소크라테스의 말이라는 것이 플라톤의 생각인 것 같기도 하다는 뜻이다. 예를 들어 "너 자신을 알라"라는 말이 소크라테스의 말인지 아니면 플라톤의 말인지 그 누가 알겠느냐는 것이다.

　그런데 "너 자신을 알라γνῶθι σεαυτόν(그노티 세아우톤)"는 고대 그리스의 유명한 격언으로, 그리스의 여행담 작가인 파우사니아스에 따르면 델포이 아폴론신전의 프로나오스(앞마당)에 새겨져 있던 것이라 한다. 그리고 이 경구를 처음 만든 사람이 누군지는 아무도 모른다. 최근 조사에 따르면 그 '저작자' 후보는 적어도 열 명이 넘는다. 물론 그 가운데는 소크라테스보다 훨씬 이전 사람인 아테네의 솔론Solon(BC 630~560 무렵)이나 밀레투스의 탈레스Thalēs(BC 624~545 무렵)도 포함된다. 그러고 보면 소크라테스의 문제는 한두 개가 아니다. 그 문제는 도대체 누가 만들었을까?

소크라테스보다 150년 정도 이전 사람인 아테네의 솔론이 이슬람 제자들과 대화를 나누는 모습. 13세기경 이슬람 지역에서 그려진 것으로 화가는 알 수 없다. 솔론은 빚 때문에 노예가 된 사람들의 신분을 되돌리려 했고, 빚으로 노예가 되지 못하게 하는 법을 만들기도 했다. 또 가진 자와 못 가진 자의 신분 차별을 없애려는 개혁 조치들을 단행했다. 사실상 아테네 민주주의의 기초를 닦은 놀라운 인물이다. 그런데 이상하게도 학교에서는 이런 솔론이라는 사람과, 그 뒤 아테네를 민주정으로 만들어 부강한 국가가 되었던 과정에 대해서는 가르치지 않으면서 스파르타를 최고의 정치체제라고 주장했던 플라톤(소크라테스인가?)만 열심히 가르치고 있다. 도대체 어디서부터 잘못된 것일까?

Chapter

2

시대의 지배 구조와 타협하며
살아남은 고전들

　세 번째 이야기에서는 '고전 중의 고전'이라 할 만한 상징적인 책들의 문제를 다룬다. 구체적으로는 소크라테스(BC 469~399)와 공자(BC 551~479)가 주인공으로 등장하는 『변명』과 『논어』에 대한 이야기다. 그리고 가끔 『성경』 이야기도 나온다. 이 책도 앞의 두 권이 가진 문제점을 고스란히 안고 있기 때문이다.

──── 어느 것이 진짜인가?

　『변명』과 『논어』, 필자 역시 존경할 만한 선생님들에게서 이 고전들을 읽어보라는 권유를 여러 차례 받았다. 꼭 읽어봐야 할 중요한 책이려니 했다. 그럼에도 나이가 꽤 들 때까지 읽지 못했다. 그런데 막상 읽어보려고 하니 난감한 문제에 부딪쳤다. 인터넷서점에서 『변명』이나 『논어』를 검색해봤더니, 『변명』은 백 수십 타이틀, 『논어』는 수백 타이틀이 나왔다. 소크라테스나 플라톤, 공자로 검색해봐도 비슷한 숫자였다.

　지금도 잘 알지 못하지만(그것들에 대해 '잘 알려면' 학문을 연구하듯 해야 한다), 그 당시에는 아예 몰랐기 때문에 어떤 것을 사야 할지 선택하는 일부터 어려웠다. 도대체 어떤 『변명』이, 어떤 『논어』가 '진짜'란 말인가. 어쩔 수 없이 그럴듯해 보이는 책들을 선택해서 소개하는 글을 읽어보았다. 그러고는 평소 습관대로 각각 네댓 권씩을 샀다. 비슷한 주제를 다룬 책은 여러 권을 비교하면서 읽어야 비판적인 독서가 가능하기 때문이다.

　검토해보니 대개의 경우 원래 저작물의 텍스트는 얼마 되지 않는데, 그 텍스트를 이해시키기 위해 달아놓은 주석의 양 때문에 두꺼웠다. 그렇지 않은 책들은 텍스트의 의미를 제대로 파악하기 어려웠다. 대략 2,500년 전에 쓰인 텍스트이니 당시 상황을 모르고는 제대로 이해하기 어려운 것이 당연하다. 다른 한편으로 그 텍스트의 의미를 하나하나 해설한 책도 있었는데, 그런 경우에는 저자의 해석을 강요하는 것처럼 느껴졌다. 그리고 찬양하려고 작정한 것처럼 보였다. 그런 방식으로 쓰인 책은 독자가 텍스트를 읽고 자유롭게 해석할 권리를 빼앗는다. 그런 식이라면 분명히 같은 텍스트를 다르게 해석하는 경우도 있기 마련이다. 찾아보니 당연히 있었다.

예를 들면 『변명』의 경우, 소크라테스가 진리를 지키려다가 사형선고를 받았다는 해석이 있다. 반면에 이미 일흔 살이나 된(현대의 나이로 보면 100세도 더 됐다고 볼 수 있는) 소크라테스가 아예 죽음을 작정하고 배심원들을 자극해서 사형선고를 내리게 했다는 해석이 있다. 그렇다면 "소크라테스는 진리를 위해 죽었다"라는 식의 설명은 지나친 과장이다.

더구나 '좋은 쪽'으로만 쓰는 저자들의 책을 보면 숨기는 내용이 더러 있었다. 이를테면, 소크라테스는 민주주의를 혐오했고, 나치만큼이나 끔찍한 전체주의 국가였던 스파르타를 선망했다. 실제로 그의 제자 가운데 하나는 역사 이래 최고의, 최초의 민주주의 국가였던 아테네에 독재정권을 세우고 민주주의자들을 살육했다. 그리고 소크라테스를 고발한 실질적인 주인공은 바로 그 독재정권 치하에서 핍박받던 민주투사였다.

『논어』의 경우, 그런 해석의 차이가 나타나는 예로 〈자한子罕〉 편에 있는 자공子貢과 공자의 대화를 들 수 있다. 자공은 스승인 공자가 벼슬길에 나서고 싶어 하는 것을 잘 알고 있었다. 그러나 제자가 스승에게 "제가 자리를 알아볼까요?"라고 대놓고 물어보기 어려우니까 은유법을 쓴다.

자공이 말했다. "여기에 아름다운 옥이 있다면 잘 싸서 상자에 보관하시겠습니까? 값을 잘 쳐주는 사람을 찾아 파시겠습니까?" 공자가 대답했다. "팔아야지, 팔아야지. 나는 제값을 쳐줄 사람을 기다리고 있다."

子貢曰, 有美玉於斯, 韞匵而藏諸, 求善賈而沽諸, 子曰, 沽之哉, 沽之哉, 我待賈者也.

『논어』 9. 13.

이 부분에 대한 번역은 어느 책이나 비슷하다. 그러나 공자의 대답에 대한 해석은 극단적으로 엇갈린다. '좋은 쪽'으로 해석하려는 저자는 공자가 지식인의 현실 참여를 강조한 것이라고 설명한다(『한글 세대가 본 논어』). '나쁜 쪽'으로 해석하는 저자는 공자가 너무 벼슬을 하고 싶었던 나머지, 제자 앞에서 체면도 돌보지 못했다고 비웃는다. 경망스럽게 "팔아야지"를 두 번이나 되풀이하고, 그것도 모자라 '나는 그러기를 기다리고 있다'고까지 했다는 것이다(『공자신화』).

이렇게 극단적으로 해석이 다른 것은 그 텍스트가 만들어진 맥락에 대한 판단이 저마다 다르기 때문이다. 그렇다면 누구의 해석이 진실에 가까울까? 사실 그 누구도 알 수 없다. 그 말을 주고받던 2,500년 전의 상황을 정확하게 알 길이 없기 때문이다. 그러니 이건 진실이냐 아니냐의 문제가 아니라 입장의 차이에 따른 '필요'의 문제다. 다들 알다시피 중국이나 일본에서도 오랫동안 유교를 떠받들었다. 그 당시의 해석은 앞의 경우처럼 '좋은 쪽'이었을 것이다. 그러나 유교를 배척하기 시작한 대략 100년 전부터는 '나쁜 쪽'의 해석이 점점 설득력을 얻지 않았을까 싶다.

—— 공자에게서도 발견되는 심각한 '소크라테스의 문제'

서양철학사를 들여다보면 '소크라테스의 문제Socratic problem'라는 말이 종종 등장한다. 우리가 알고 있는 소크라테스의 철학은 대부분 플라톤(BC 427~347)의 작품들을 통해 전해진 것이다. 플라톤은 소크라테스가 사람들을 만나 대화한 것을 생중계하듯 썼지만, 사실은 논픽션이 아니라 철학적 픽션이다. 쓴 시기로 봐도 논픽션으로 보기는 어렵다. 플라톤은 스무 살 한창나이에 예순세 살의 소크라테스를 만났고, 스승인 소크라테스가 재판을 받고 사형당한 뒤, 그러고도 얼마간의 세월이 흐른 뒤에야 『대화편』들을 쓰기 시작했다. 백 보 양보해서 논픽션이라고 해도 픽션이 아주 많이 가미된 논픽션이라고 봐야 한다. 소크라테스가 등장하는 모든 『대화편』이 기억에만 의존해서 쓰였기 때문이다. 비디오도 녹음기도, 심지어 메모해둘 종이도 없던 시절에 무슨 수로 '있었던 그대로'를 쓴단 말인가.

소크라테스의 철학은 플라톤의 작품을 통해 우리에게 알려졌고, 플라톤 역시 그 작품들을 통해 자신의 철학을 세상 사람들에게 알렸다. 그러니 어디까지가 소크라테스의 철학이고 어디까지가 플라톤의 철학인지 판단할 길이 없다. 그런 사정을 두고 소크라테스의 문제라고 하는 것이다.

『논어』에도 똑같은 문제가 있다.『논어』역시 공자가 쓴 글이 아니다. 언제 누가 쓴 것인지도 알 수 없다. 오늘날 우리에게 전하는 『논어』는 춘추전국시대(BC 770~221) 어느 시점부터 쓰인 것이다.

여기에서 짚어야 할 문제가 하나 있다. 왜 공자가 죽은 뒤가 아니라 태어나기 전까지도 포함시키는 것일까?『고고학 증거로 본 공자 시대 중국사회』라는 책을 보면『논어』의 핵심 키워드인 '극기복례克己復禮'란 주나라의 정치·사회적인 계획의 연장선에 있었다. 주나라 왕실이 쇠락하던 시기에 의례의 재편을 통해 사회질서를 안정시키려는 시도가 두 번 있었는데 그 두 번째 시도가 공자의 생존 시기보다 약 반세기 전에 일어났고,『논어』는 그런 내용에 철학적인 표현을 부여한 저작물이라고 짐작하는 것이다. 이렇게 보면『논어』가 공자 사후에 쓰였을지는 모르지만, 그 내용은 공자 이전의 시기까지 거슬러 올라가야 한다. 공자가 말한 '술이부작述而不作'이란 겸손한 어법이 아니라 사실이었던 것이다(술이부작에 대한 설명은 176~177쪽을 보기 바란다).

그랬으니 진秦나라가 중국을 통일하고 나서는 이전 왕조의 이데올로기였던 유가의 경전들이 다른 제자백가의 논저와 함께 분서갱유의 대상이 될 수밖에 없었을 것이다. 그 과정에서 그나마 많지 않던 기록도 훼손되었다. 그 뒤 한漢나라의 장우張禹가 공자의 고향인 노魯나라에서 만들어진 『노론魯論』 스무 편과 제齊나라의 『제론齊論』 스물두 편을 편집해서 『장후론張侯論』 스무 편을 만들었다(후대에 전하지는 않고 기록으로만 존재한다). 그러다가 후한後漢의 정현鄭玄(127~200)이 『장후론』에 더해 공자의 옛집 벽에서 나온 『고론古論』 스물한 편을 묶어 『정현본鄭玄本』을 만들었다(이 역시 기록으로만 존재한다). 훗날 한나라가 망하고 삼국시대가 시작되었는데, 삼국의 하나인 위魏나라의 하안何晏(193?~249)이 『정현본』을 바탕으로 해설을 붙여 다시 편집해낸 것이 『논어집해論語集解』다. 이것이 지금까지 전해진 최초의 『논어』다. 공자가 죽은 뒤 700년쯤 지난 뒤의 일이다. 독자 여러분은 필자가 고려 말 누군가의 어록을 마음대로 편집해서 내놓는다면 얼마나 믿겠는가. 더욱이 공자는 기원전 6세기의 인물이다. 최초의 『논어』는 사회적 커뮤니케이션 수단이 상상하기 힘들 만큼 원시적이었던 세월이 700년이나 흐른 뒤에 만들어진 것이다. 그게 정말 공자의 어록일까?

고려시대에 들어온 『논어』는 그것도 아니었다. 12세기 송나라 때 사람인 주희朱熹(1130~1200)가 주를 달고 다시 엮어낸 『논어집주論語集註』였다. 소위 주자학이다. 그리고 조선이 건국된 뒤에는 15세기 초 명나라 때 만들어진 것이 들어와 자리 잡는다. 그 역시 주자학이었지만 맹자의 역성혁명처럼 정권이 거북해할 만한 내용은 삭제된 것이었다. 조선에서 유통된 것은 '공자님 말씀'도 아닌 세탁된 '주희의 해석'이었던 것이다. 그러고 보면 소크라테스의 문제만큼이나, 아니 그보다 훨씬 더 '공자의 문제'는 심각해 보인다.

『신약』에도 그런 점이 있다. 오늘날 기독교를 바울의 종교라고 말하는 학자가 있을 정도다. 예수가 살아 있었을 때는 기독교를 탄압하고 배척했던 바울이 개종한 다음 오늘날 『신약』의 반에 가까운 분량을 썼다. 『신약』 스물일곱 편 가운데 열세 편이 바울이 쓴 것이다. 더욱이 누가가 쓴 복음의 내용은 예수의 가르침과 "조금도 닮지 않았"으며, 누가는 〈사도행전〉에서 열두 제자나 사도들을 제쳐둔 채 바울만을 '사도'로 지칭한다. 바로 그 바울이 기독교라는 새로운 종파의 기초를 세우고 이 종파가 살아남는 데에 주도적인 역할을 한 사람이다. 그리고 기독교를 창안한 인물로 평가받기도 한다(『2천 년 동안의 정신 1』, 100~107쪽 참조).

이런 사정을 보면 『성경』에도 '소크라테스의 문제'가 꽤 심각해 보인다. 더욱이 『성경』 역시 오랫동안 필사본으로 이어져왔으며 원본은 없다. 필사되는 과정에서 당연히 첨삭되거나 왜곡된 사례가 많았는데, 그런 점에 대해서는 원전 비평을 통해 상당 부분 밝혀진 상태다(자세한 것은 바트 어만의 『성경 왜곡의 역사』를 참고하시라).

그러니까 이 오래된 고전들은 모두가 '편집된' 저작물이다. 편집의 원래 의미는 자료를 모아 좋은 것을 추려내어 재구성하는 것이다. 그러나 편집자의 의도를 관철시키기 위해 임의로 내용을 '추가'하거나 원래 문장을 '조금' 고치는 경우가 훨씬 더 일반적이었다. 게다가

『성경』을 다시 쓰고 있는 에즈라. 에즈라Ezra는 기원전 5세기에 살았
던 사람이고, 이 그림은 기원후 7세기경에 그려진 것으로 아마도 7세
기의 필사 장면이 아닌가 싶다.

필기도구의 발달 속도는 아주 느렸다. 에즈라가 『구약』을 쓰고 다시
500년 정도가 지난 뒤 『신약』이 쓰인 것만 봐도 '글을 쓰는 일'이 얼마
나 힘들었는지 알 수 있다. 『신약』의 반 정도를 바울이 썼다고 하는데,
바울이 직접 쓰지 않은 글도 많다. 말로 하고 그 말을 받아쓴 '조수'가
있었다는 이야기다. 필기도구가 좋지 않았기 때문에 받아쓰는 속도가
말의 속도에 비해 대단히 느렸다. 그래서 기록된 것이 바울의 말 그대
로는 아닐 것이라고 보는 학자들도 있다.

플라톤이 살았던 시절에는 파피루스나 양피지에 글을 썼는데, 경우에
따라서는 석공을 시켜서 돌에 새기기도 했다. 글을 쓴다는 것은 대단
히 힘든 일이었고, 글을 쓰거나 읽는 노예를 따로 두기도 했다. 오죽하
면 중세에 이르기까지 '필경'이 고행의 한 방법으로 자리 잡았겠는가.

17세기 초에 그려진 〈공동서한을 쓰고 있는 바울〉(발랑탱 드 불로뉴 Valentin deBoulogne 작作 추정). 이 그림은 바울이 실제로 글을 쓰던 모습일 수가 없다. 유리로 된 테이블과 얇은 종이로 만들어진『성경』, 작은 기도서, 그리고 편지지로 쓰기에 좋도록 잘 잘린 종이 뭉치가 있다. 이 모든 것들은 아마 그림이 그려지던 당시의 대단히 호화스러운 모습일 것이다. 유럽에 이런 종이가 등장한 것은 13세기가 넘어서면서부터다. 그리고 탁자 위에 있는 책은 필사본이 아닌 인쇄물로 보이는『성경』인데, 그것도 상당히 세련된 기술로 만들어진 인쇄물이다. 바울이 살았던 당시에는 필기구들이 좋지 않아 직접 글을 쓰지 않았을 확률도 높다.

바울은 기독교 운동이 활발하던 당시 오늘날 남아 있는 것보다 훨씬 더 많은 편지를 썼던 것으로 알려져 있다. 그것은 바울만이 아니라 베드로, 유다, 요한도 그랬다. 편지를 받은 공동체에서는 그것을 매우 소중하게 여겼는데, 모든 사람을 모아놓고 낭독을 했으며 그 내용은 매우 큰 영향력을 발휘했다. 이런 상황에서 바울이 직접 쓰지 않았지만 바울의 이름으로 쓰인 편지들이 만들어지기도 했다. 영향력을 기대하고 바울이 한 말처럼 꾸몄던 것이다. 오늘날 『신약』에 포함되어 있는 바울의 편지 가운데 일부는 바울의 편지가 아니라고 판단하는 학자들도 많다.

이런 사실로 볼 때 우리는 플라톤이 왜 소크라테스의 입을 빌려 글을 쓰는 것을 즐겼는지, 『논어』를 쓴 누군지 모르는 저자들이 왜 공자와 제자들의 입을 통해 자기가 하고 싶은 말을 했는지 짐작할 수 있다. 궁극적으로 그것이 바로 '소크라테스의 문제'다.

인쇄술이 시작되기 전에는 베껴 쓰는 방식으로 책이 만들어졌다. 이른바 필사본이 그런 것이다. 필기도구가 원시적이었던 고대에 많은 글자를 정확하게 베껴 쓰는 일은 대단히 힘든 노동이었다(오죽했으면 필사를 고행과 수도의 한 방편으로 삼았겠는가). 그 과정에서 글자가 몇 자 빠지거나, 다른 글자를 써넣거나, 마음에 안 드는 구절을 슬쩍 고치는 일은 자주 일어났다. 때로는 내용을 뭉텅이로 빼거나 넣기도 했다.

물론 소크라테스에 대해 쓴 플라톤 저작물들의 경우 그런 게 좀 덜할 수 있다. 원본 없는 고전으로 알려진 『논어』나 『성경』과 달리 원본이 있다고 하기 때문이다. 그러나 그것도 진짜 원본인지는 의심스럽다. 필자가 아는 한 가장 오래된 플라톤 저작물의 판본은 기원후 36년에 죽은 것으로 알려진 로마 사람 트라실루스Tiberius Claudius Thrasyllus가 '편집'한 것이다. 플라톤이 죽은 지 대략 350년이 지난 때였다. 게다가 그것들 가운데 상당한 양이 위작이라는 것도 밝혀진 상태다. 그런 정황을 보면 필자가 위에서 설명한 것처럼 플라톤의 작품들 역시 필사되면서 '편집될 운명'을 그리 잘 비켜 간 것 같지 않다.

게다가 한국어로 번역된 플라톤의 작품들은 대개 영어판을 중역한 것이다. 최근에는 트라실루스 판본을 바탕으로 만들어진 대본으로 번역된 것들도 나오고 있기는 하다. 필자가 본 것 가운데는 2003년에 출간된 박종현의 번역서가 그랬다. 박종현은 30년 전에 자신이 번역해 출간한 박영사의 문고본을 "거의 폐기하다시피 했다"

세 번째 이야기 · 고전을 리모델링해드립니다
—
145

고 밝혔다. 거의 다시 번역했다는 것이다. 그 이유 가운데 하나가 번역 대본을 바꾸었기 때문이라고 했다. 대본에 따라 내용 차이가 그만큼 크다는 고백 아니겠는가.

―― 편집자의 의도에 맞게 만들어진 고전들

오래된 고전들은 원래의 것이 아닐 확률이 매우 높다. 어쩌면 그것들은 오랜 세월 동안 시련을 견디고 살아남은 것이 아니라, 새로운 시대를 맞이할 때마다 주류 이데올로기를 가진 편집자의 의도에 맞게 필요한 만큼 적당히 변형되어 오늘에 이른 것일지 모른다. 그것들을 변형시켜 살려낸 이들은 그 주인공들을 성인의 반열에 올리고, 그 성인의 입을 빌려 민중들에게 자신들의 도덕을 강요했던 것이다.

극단적인 예가 소크라테스다. "악법도 법이다"라고 말하고 사형당하는 것조차 감수했다는 이야기 말이다. 한국의 군사독재정권에서는 이 이야기를 인용하며 학교에서 준법정신을 가르쳤다. 성인聖人도 그러할진대, 누가 감히 '악법'을 지키지 않겠다는 것이냐고 윽박질렀던 셈이다.

소크라테스의 이 말이 신문에서 특히 많이 인용되었던 시기가 1980년대라는 사실은 매우 의미심장하다. 그런데 소크라테스는 그런 말을 한 적이 없다. 그 사실을 밝힌 강정인과 권창은의 논문 두 편이 1993년에 발표되었고 언론에서도 크게 다뤘지만, 교과서에서 그 내용을 삭제하라는 헌법재판소의 권고는 2004년 11월에야 내려졌다.

이런 일이 고전과 상관없는 것처럼 보일 수도 있다. 그러나 두 가지를 생각해보라. 첫째, 소크라테스나 공자의 이름을 모르거나 그들이 '성인의 반열'에 올라 있다는 것을 모르는 사람은 거의 없다. 하지만 그들이 주인공으로 등장하는 바로 그 고전을 읽은 사람의 숫자는 형편없이 적다. 그러니까 사람들이 그 책을 읽든 읽지 않든 소크라테스와 공자라는 이름의 가치는 여전히 대단하다. 둘째, 실제로 해당 도서를 읽는다고 해도 매우 비판적으로 독서하는 일반인은 아주 적다. 그러려면 꽤 많은 시간을 들여 학문을 연구하듯 해야 하기 때문이다. 그러니 적당히 합리화시킨 해설서를 양산하는 것만으로도 성인의 입을 빌려 자기네들의 정치적인 이득을 쉽게 얻을 수 있다.

그런 것을 어떻게 의도적으로 양산하게 만드느냐고 의문을 가질 수도 있다. 그건 어려운 일이 아니다. 일류대학의 입학시험에 필요한 것으로 지정하면 된다(지금 한국에서는 진보적인 신문조차 그 의심스러운 고전 읽기에 힘을 보태고 있다). 물론 그 시험에서 요구하는 답은 주류 이데올로기를 바탕으로 한 고전 해설서에 담겨 있다. 그렇게 해서 다른 데로 눈을 돌리지 못하게 만드는 효과는 대단하다. 시간의 사용은 기회비용과 비슷하기 때문이다. 전체주의자인 소크라테스를 읽

자크 루이 다비드가 그린 〈소크라테스의 죽음〉(1787). 화가는 진리를 위해 죽은 영웅적인 모습으로 소크라테스를 그리고 싶었던 것 같다. 침상에서 의연한 모습으로 무슨 말인가 하고 있는 저 사람은 다들 알고 있는 그 못생긴 소크라테스가 아니다. 지나치게 미화한 모습이다. 이 그림의 해설을 읽어보면 대개 소크라테스는 "악법도 법이다"라고 말하며 장렬하게 죽음을 맞이했다고들 한다. 그러나 소크라테스는 "악법도 법이다"라고 말한 적이 없다. 그런데 2012년 10월 6일 자 한국 뉴스에서도 일제히 그 말을 사용하고 있다. 당시 이명박 대통령은 자신과 관련된 내곡동 사저 사건을 조사하기 위한 특별검사로 이광범 변호사를 임명하면서 "악법도 지켜야 한다"고 말했다. 이 일을 두고 일부 신문에서는 그러다가 "소크라테스처럼 되는 것 아니냐"고 비웃기도 했다.

그뿐이 아니다. 삼성과 애플의 디자인 소송에 대한 기사에서도 이 말이 쓰였다. 디자인 특허와 관련된 법에 대해 이야기할 때도 "악법도 법이다"라는 말을 인용한 것이다. 심지어 나주 초등학생 성폭행범인 고종석도 미니홈피에 "악법도 법이다"라는 말을 써놓았다고 한다. 이처럼 이 말은 오늘날까지도 무차별적으로 쓰이고 있다.

게 만들면 민주주의자인 페리클레스나 솔론을 읽을 시간과 여유가 줄어들고, 엘리트주의자인 공자를 읽게 하면 평화주의자이며 하층민의 대변자였던 묵자를 읽을 시간과 여유가 없다.

그것은 곧 좋은 저작물의 생산에도 영향을 미친다. 설사 솔론이나 페리클레스, 묵자에 대해서 읽고 싶어도 재미있게 읽을 만한 책을 찾기 어렵다. 수요가 적어서 출판을 하지 않기 때문이다. 출판되더라도 독자의 수는 아주 적다. 당장 '써먹을 데'가 없기 때문이다. 자본주의 작동 방식이 그런 것 아니겠는가. 이렇게 보면 오늘날 국가에서 금서를 지정하지 않는다고 해도 금서가 없는 것이 아니다. 조금 과장해서 표현하면 '보이지 않는 손'에 의해 쥐도 새도 모르게 사라지는 책들이 대단히 많다. 5000만 인구가 사는 나라에서 몇백 권도 팔리지 않는 상황을 만들어내고 있다면, 그건 대단히 세련된 금서정책이 아니겠는가.

페리클레스의 흉상이다. 아테네의 지도자였던 페리클레스는 펠레폰네소스 전사자들을 추도하는 자리에서 이렇게 연설했다.

"우리는 자유의 기풍 속에서 자라면서도 위기가 닥쳤을 때는 물러나는 일이 없다. 우리는 시련을 대할 때에도 그들처럼 비인간적인 엄격한 훈련을 받은 뒤의 예정된 결과로써 대하지는 않는다. 우리 개개인이 가진 능력을 바탕으로 한 결단력으로 시련을 대한다. 우리가 발휘하는 용기는 관습에 얽매이고 법률에 규정되었기 때문에 생겨나는 것이 아니라, 아테네 시민 개인이 일상생활을 할 때 갖고 있는 각자의 행동 원칙에서 생겨난다."(연설문 일부)

Chapter

3

소크라테스는
왜 변명을 했을까?

『변명』은 소크라테스가 재판을 받으면서 세 시간 동안 스스로를 변론한 내용이다. 그런데 왜 변론이라고 하지 않고 '변명'이라고 했을까? 변명이라면 "어떤 잘못이나 실수에 대해 구실을 대며 그 까닭을 말"한다는 의미가 아닌가.

어쩌면 이 제목 역시 일본 번역을 그대로 받아쓴 것일 수 있다. 조사해보니 해방 이후에 한국의 출판계에서는 일본에서 나온 책들을 통째로 번역해서 내놓는 경우가 많았다. 아마 1990년대 초까지 세계문학전집 역시 마찬가지였을 것이다. 일본어투 한글에다 제목이고 뭐고 일어판 그대로였다, 심지어 오역까지도…. 그것이 지금까지 그대로 죽 이어지는 경우도 더러 있다.

국립중앙도서관에서 검색해보니 1942년에 일본에서 나온 『플라톤 전집』이 있다. 그 목록을 보니 〈ソクラテスの辨明_{소크라테스의 변명}〉이 있다. 그리고 해방 뒤에는 『쏘크라테스의 辨明』이란 제목으로 책이 나오기 시작했다. 제목은 그렇게 시작된 것이라고 봐도 좋을 것 같다. 재미있는 것은 소크라테스가 했다는 말인 "악법도 법이다" 역시 일제강점기에 '발명'되어 2004년까지 죽 이어져왔다는 사실이다. 경성제국대학교(오늘날의 서울대학교)에 오다카 도모오^{尾高朝雄}라는 법학자가 있었다. 그는 1937년에 출간된 『개정 법철학』에서 악법도 법이라는 말과 소크라테스를 연결 지으면서 실정법을 지켜야 한다고 강조했다. 그에게서 배운 한국인 제자들이 해방 뒤에 그 말을 그대로 퍼뜨렸던 것이다. 쿠데타로 정권을 잡은 정통성 없는 정권에게는 대단히 매력적인 '법철학'이었을 것이다.

그런데 아마존닷컴에 들어가서 검색해봤더니 그곳에도 '변명_{The Apology}'이라고 되어 있었다. 영어사전을 아무리 뒤져봐도 'apology'는 사과나 변명이다. 변론이라는 뜻은 어디에서도 찾을 수 없다. 그렇다면 정말로 이 책의 내용은 '변명'일 수도 있겠다는 생각이 들었다.

한국에 번역된 『변명』은 당연하게도 처음에는 일어판 중역이었고, 엘리트들이 주로 유학하는 나라가 미국으로 바뀌면서 영어판 중역으로 넘어갔다. 지금은 영어판 중역이 압도적으로 많다. 이런 문제를 두고 영남대학교 법학과 교수인 박홍규는 철학과 교수들을 나무란 적이 있다. 해방이 되고도 벌써 60년이 지났는데 원전으로 제대로 번역하지 않고 뭣들 하느냐는 것이었다(플라톤의 원전에 대해서는 앞 장에서 설명했다). 번역만의 문제라면 그가 그렇게 목소리를 높이지 않았을지 모른다. 그런데 박홍규는 바로 그 철학과 교수들이 "친일과 변절, 쿠데타와 독재, 정보와 협잡의 정치로 '민족의 암흑'을 초래한 박정희에 대한 찬가"(『소크라테스 두 번 죽이기』, 45~46쪽)를 쓰면서 플라톤을 팔아먹고 있었기 때문에 더 분노했던 것 같다. "1970년대 초의 유신시대에 당대의 내로라하는 교수 아홉 명이 집필해 대량으로 배포한 책『민족의 등불』"(앞의 책, 45쪽)에는 이런 구절이 있다.

플라톤은 그 옛날 철인정치를 제창했거니와 우리 대통령이야말로 철인정치의 표본이다. 일찍이 역사상 보기 드문 철학자요 예언가임을 우리는 그의 탁월한 리더십에서 역력히 찾아볼 수 있다.

박정희가 플라톤을 알기는 했는지 모르겠다. 플라톤이 독재정치가 최고의 정치체제라고 주장했던 사실을 알았다면 대단히 반겼을 것이다. 박정희 곁에서 〈국민교육헌장〉을 기초한 것으로 알려진 당시 청와대 특보였던 서울대학교 철학과 교수 박종홍이 이렇게 설명해주었을지도 모른다.

"서양철학의 아버지라고 불리는 소크라테스도 질서를 유지하기 위해서는 사상을 통제하고, 그러기 위해서는 언론을 검열해야 한다고 말했습니다. 그러니 각하의 강력한 리더십은 후세의 역사가들에게서도 찬양받을 것입니다."

"소크라테스가 그랬단 말인가? 플라톤이라면서?"

"플라톤이나 소크라테스나 그 사람이 그 사람입니다."

이런 생각을 하는 순간 기시감이 들었다. 당시 독재자인 박정희에게 플라톤의 독재정치 철학을 팔아먹은 철학자라면 유신정권이 끝난 뒤에 제대로 비판받아야 하지 않았을까. 그러나 박종홍은 일찍 죽었고, 그 이후에도 많은 철학자가 독재정권에 빌붙었지만 그들이 공개적으로 비판받았다는 이야기를 들어본 적은 없다. 그러나 아테네 시민들은 그렇지 않았다.

소크라테스가 재판정에 불려 나가 '변명'을 해야 했던 당시는 공포정치를 펼쳤던 30인 독재정권을 무너뜨리고 민주정권이 들어섰던 때다. 공포정치의 주역이었던 크리티아스Critias(BC 460~403)는 소크라테스의 제자였고 플라톤의 숙부였다. 더욱이 그는 소크라테스가 찬양해 마지않던 전체주의국가 스파르타의 후원을 받고 있었다. 비록 민주정이 들어서면서 30인 독재정권 관련자를 처벌하지 않겠다고 스파르타와 약속했지만, 아테네 시민들의 분노는 쉽게 사그라들지 않았다. 크리티아스가 정권을 잡자마자 민주파 인사들을 살육하고, 해외로 추방하고, 전 재산을 몰수했기 때문이다.

플라톤의 『변명』에는 이 이야기가 제대로 나오지 않지만 같은 재판에 대한 또 다른 기록인 크세노폰의 『소크라테스의 회상』(이후 『회상』)에는 재판의 배경에 그런 문제가 있었다는 것을 자세히 설명한다. 크세노폰은 소크라테스가 30인 독재정권과 관련이 있다는 것이 오해라고 설명하지만, 크세노폰은 플라톤과 동연배(한 살 차이라고 한다)로 역시 소크라테스의 애제자였다. 그리고 플라톤과 마찬가지로 소크라테스 재판을 다룬 『변명』과 이 책을 썼다.

버트런드 러셀이 쓴 『서양철학사』를 보면, 플라톤과 크세노폰에 대한 설명이 나온다. 플라톤은 너무 영리한 사람이라 그의 글이 역사적인 사실 그대로이기 어렵고, 크세노폰은 소박한 사람이라 소크라테스의 '어려운 철학'을 제대로 소개하지 못할 가능성이 크다. 이 말은 플라톤은 뛰어난 글솜씨로 불리한 내용을 숨기면서 자랑할 만한 내용을 잘 드러낼 줄 안다는 뜻일 것이다. 그러나 『회상』을 보면 크세노폰은 어리숙해 보이기까지 한다. 그래서 오히려 '사실'에 관한 한 크세노폰의 설명이 더 설득력 있어 보인다.

실제로 플라톤이 『변명』에서 자세히 설명하지 않은, '기소당한 이유'를 크세노폰은 하나하나 언급한다. 그 내용은 고대 아테네 역사와 일치한다. 그런데도 소크라테스 재판을 설명하는 많은 책에서는 왜 크세노폰이 이 책에 쓴 내용을 무시하는지 이해할 수 없다.

그렇다고 크세노폰이 존재감이 없는 사람도 아니다. 라파엘로의 〈아테네 학당〉에도 나올 정도고, 그가 쓴 『페르시아 원정기(아나바시스)』에 대한 역대 철학자들의 찬사도 대단하다. 오스트리아 의회 앞에는 크세노폰의 조각이 세워져 있을 정도다.

장 아드리앵 기네(1818~1854)의 작품으로 크세노폰이 쓴 『아나바시스Anabasis』의 한 장면을 그린 것이다. 『아나바시스』는 『페르시아 원정기』 또는 『1만 인의 퇴각』이라고도 한다.

기원전 401년, 페르시아 왕 아르타크세르크세스의 아우 퀴로스는 형을 몰아내기 위해 군사를 일으킨다. 이때 아테네 용병들이 많이 참가했는데 크세노폰도 그중의 한 사람이었다. 그런데 바빌론 근처에서 일어난 전투에서 퀴로스가 전사하고, 1만 인의 아테네 용병들이 졸지에 페르시아의 심장부에서 고립무원의 상태로 죽음만을 기다리게 되었다. 바로 그때 공포에 떨고 있는 아테네 용병들에게 크세노폰이 외친다.

"다 함께 힘을 합쳐 아테네로 돌아가자." 이때 "돌아가자"라는 말이 바로 "아나바시스"다. 아나바시스를 의역하면 퇴각이라고 할 수 있겠지만 글자 그대로 번역하면 "올라간다(Ascend 또는 Going up)" 정도의 뜻인데, 이때 용례는 지리적인 이동을 표현하는 '올라간다'이다. 그러니까 당시 상황으로 보면 아나바시스는 퇴각이라는 의역이 가능하고 실제로 그 내용은 '1만 인의 퇴각'이다.

이 책의 내용은 그 퇴각의 과정을 절절하게 그리고 있다. 크세노폰은

'선출된 지도자'로서 아테네의 민주주의적인 훈련 성과를 그대로 보여준다. 비록 군대이긴 하지만 자신을 지도자로 선출해준 용병들을 설득하기 위해 멋진 연설이 필요했고, 그것은 모두가 힘을 합해 살아남을 수 있게 해주었다. 어쩌면 그 과정이 고단했을지 모른다. 크세노폰은 퇴각을 성공적으로 이끌었지만, 그는 나치와 비슷한 정치체제를 가지고 있던 전체주의국가 스파르타를 동경했던 사람이다(연대적인 순서를 확인할 수 없어서 전후 관계는 정확하지 않다).

윌 듀란트는 이 책이 인류 역사상 가장 위대한 모험 이야기 가운데 하나라고 절찬했다. 그런데 우리에게는 그리 잘 알려진 이야기가 아니다. 크세노폰은 또 기원전 399년 소크라테스가 재판을 받고 사형된 뒤, 코로네아 전투에서 스파르타군의 일원으로 참가했다. 이 때문에 그는 아테네에서 추방당했다. 그가 쓴 『그리스 역사Hellenica』는 스파르타 편에서 쓴 부분이 많다는 평가를 받는다.

그가 쓴 『변명』과 『회상』은 구텐베르크 프로젝트 홈페이지에서 영어로 번역된 것을 볼 수 있다. 필자는 현재 한국의 꽤 알려진 저자가 크세노폰의 저작물에서 '인용'했다는 글을 구텐베르크 프로젝트의 영어판과 대조해본 적이 있는데, 인용이 아니라 거의 '창작'한 것이었다. 특히 '청소년'이나 '학생'들을 위한 해설판이 그런 경우가 많았다.

플라톤의 『변명』이라면 2003년에 출간된 박종현 번역판이나 2020년에 출간된 강철웅 번역판을 읽길 권한다. 둘 다 가장 권위 있는 옥스퍼드 고전 텍스트OCT, 1995년 최신판을 번역한 것이다. 미주와 각주, 참고자료를 통해 역사적인 맥락과 함께 당대의 미묘한 말느낌까지 이해할 수 있게 해준다. 현대 한국인 학자가 현대 한국의 일상어로 번역한 것이다. 특히 강철웅 번역판의 해설은 매우 잘 훈련된 학문적 태도를 바탕으로 신뢰할 만한 균형 감각을 보여준다.

—— 무엇에 대한 변명이었을까?

소크라테스가 독재자를 옹호하고 민주주의를 파괴하는 데 앞장섰다면 독재자가 물러간 뒤 민주주의 정국에서 당연히 재판을 받아야 했을 것이다. 그렇다면 이 작품의 제목은 정말로 '사과'나 '변명'이어야 한다. 그런 생각이 드는 이유는 『변명』의 서술 방식 때문이기도 하다. 정의롭고 통쾌한 변론을 제대로 보여주려면 기소한 사람을 등장시켜서 긴장감 넘치는 갈등구조를 보여주는 것이 훨씬 효과적이다. 그래서 기소자들의 기소 이유가 얼마나 어처구니없는 것인지 독자가 판단하게 해주어야 한다. 그런데 그렇게 글솜씨가 뛰어나다고 칭찬받는 플라톤이 기소한 사람을 등장시켜 주도적으로 발언할 기회를 주지 않는다. 『변명』만으로는 기소 이유가 무엇인지 정확하게 알 수가 없다. 맥 빠진 이야기가 되고 만 것이다. 기소와 관련해서 플라톤은 무엇이 그리 켕겼던 것일까?

플라톤은 전혀 공평하지 않은 방식으로 이야기를 끌고 간다. 기소자 가운데 한 사람인 멜레토스가 되레 '변명'하는 소크라테스에게 심문당하는 모습을 보인다. 원고와 피고가 뒤바뀐 듯한 느낌마저 드는 것이다. 그러면서 기소된 이유를 '변명'하는 소크라테스의 입을 통해 간단하게 정리한다. "젊은이들을 타락시키고, 나라가 믿는 신들을 믿지 않고 다른 새로운 영적인 것들diamonia을 믿음으로써 죄를 범하고 있다."(『플라톤의 네 대화 편』, 127쪽) 플라톤이 제시한 이 기소 이유는 그가 기억하기에 '대체로' 이런 내용이었다는 것이다.

그러나 소크라테스가 요약한 고발 이유는 좀 이상하다. 아테네는 종교적으로 대단히 관대했을 뿐만 아니라 역사적으로 보더라도 기독교라는 일신교가 시작되면서 종교적 비관용이 시작되었는데, 그러려면 아직 500년 정도는 더 지나야 했다. 그런 이유로 사형이 선고된다는 것은 상상도 할 수 없다. 더 많은 다른 이유가 있다고 봐야 한다.

플라톤이 쓴 『변명』에도 그런 짐작을 가능케 하는 실마리가 있다. 엉겁결의 말실수였을까? 이런 말이 나온다. "제(소크라테스)가 멜레토스에 의해 그처럼 많은 죄목으로 피고가 되는 일은 없었으면 합니다만…"(『플라톤의 네 대화 편』, 107쪽) 오늘날 우리는 그 많은 죄목이 무엇인지 알 길이 없지만, 다행히 크세노폰이 『회상』에 정리해놓은 것이 있다.

첫째, 소크라테스는 공직에서 일할 사람을 추첨으로 정하는 것이 어리석기 짝이 없다고 청년들에게 가르침으로써 기존의 국법을 멸시하게 만들었으며 압제자가 되게 했다. 여기에서 추첨제도란 시민들의 평등권 보장에 초점이 맞춰진 것이다. 그러니까 이 제도를 비난한다는 것은 평등권에 대한 부정이다.

둘째, 소크라테스는 독재정권 시절에 공포정치를 주도한 크리티아스와 아테네의 장군으로서 조국을 배신하고 스파르타를 도왔던 알키비아데스에게 큰 영향을 미쳤다. 알키비아데스는 소크라테스의 제자였을 뿐 아니라 연인이기도 했다. 그 당시 아테네에서 나이 많은 남자와 젊고 아름다운 청년이 사귀는 것은 일반적인 일이었다.

셋째, 소크라테스는 젊은이들에게 부친이나 가까운 친지를 모독하게 했고, 친구들에게 조금도 친절할 필요가 없다고 가르쳤다.

넷째, 소크라테스는 시를 왜곡하여 사람들의 악행을 부추기고 독재자로 만들었다.

실제로 소크라테스는 민주주의를 무척이나 싫어했고, 그런 말을

장 레온 제롬Jean Léon Gérôme(1824~1904)의 〈아스파시아 집으로 알키
비아데스를 찾아온 소크라테스〉. 알키비아데스는 소크라테스의 동성
애 상대였던 젊고 잘생긴 청년이었다. 그 당시 아테네에서는 동성애
가 오히려 이성애보다 일반적이었고, 나이 많은 남자의 후원을 받는
젊은 남자 애인의 관계가 그리 이상한 것도 아니었다. 알키비아데스
와 소크라테스의 나이 차이는 스무 살 정도였다.

플라톤이 쓴 『프로타고라스』를 보면 이런 구절이 나온다. 한 친구가
소크라테스에게 묻는다. "어디서 오는 길인가, 소크라테스? 하긴 물
어볼 필요도 없겠지. 아름다운 알키비아데스를 쫓아다녔을 테지. 나
도 엊그제 보았네. 이제 턱수염이 나기 시작하더군. 남자가 되어가고
있다고 말해도 좋을 만큼이었어. 그러나 여전히 무척이나 매력적이
더군." 그에 대해 소크라테스는 이렇게 대답한다. "턱수염이 어떻다고
그러나? 호머가 한 말도 있잖나. 턱수염이 나기 시작하는 젊은이가 가
장 매력적이라고. 지금 알키비아데스가 딱 그런 모습이네."

아테네 사람이라면 모두가 알고 있던 소크라테스의 제자이자 연인이
었던 알키비아데스는 스파르타와의 전쟁에 장군으로 출전하지만 아
테네를 배신하고 스파르타로 가서 아테네의 군사비밀을 넘겨주었다.

많이 하고 다녔다. 또한 그는 스파르타를 이상적인 국가로 생각했다. 이 때문에 민주정을 회복한 아테네 시민들에게 소크라테스는 대단히 위험한 인물로 보였을 것이다. 더구나 소크라테스는 민중을 경멸했다. 크세노폰의 『회상』을 보면 민중 앞에서 연설하기를 두려워하는 제자인 카르미데스에게 이렇게 말한다.

> 자네는 가장 두뇌가 뛰어난 사람들에게는 부끄러워하지 않으면서 가장 생각의 깊이가 없고, 가장 비천한 사람들 앞에서 연설하는 것을 부끄러워하고 있는 것일세.

소크라테스는 민중들을 목자가 필요한 양 떼라고 생각했다. 그 목자는 "다스리는 방법을 아는" 철학자여야 하며, 사회를 안정시키기 위해서는 사상을 철저하게 통제해야 한다고 했다.

그의 생각은 이처럼 끔찍했다.

> 무엇보다 가장 으뜸가는 원칙은 여자든 남자든 아무도 지도자 없이는 안 된다는 것이다. 어느 누구의 마음도 전적으로 자기 스스로 무언가를 하게끔 습관화되어서는 안 된다. 그것은 열성적으로 하는 것이든 장난삼아 하는 것이든 마찬가지다. 오히려 사람들은 전쟁 때나 한창 평화로운 때에 그의 지도자에게 눈을 돌려 그를 따라야 한다. 그리고 사소한 일까지도 지휘를 받아야 할 것이다. 예컨대 그렇게 하라

는 명령이 떨어졌을 때만 잠자리에서 일어나거나, 움직이거나, 씻거나, 먹거나 해야 할 것이다. 한마디로 말하면 사람들은 오랜 습관에 의해 결코 독립적 행동을 꿈꾸지 않고 전혀 그런 짓을 할 수 없게 되도록 자신의 영혼을 길들여야만 한다.

_『열린사회와 그 적들 1』, 6쪽

이런 정도였으니 아테네 시민들의 입장에서 보면, 소크라테스가 살아 있는 한 또다시 새로운 공포정치의 가능성이 크다고 생각했을 것이다. 더욱이 소크라테스를 고발한 실제 주인공은 민주투사였던 아니토스Anitos 아닌가. 그는 30인 독재정권 기간 동안 해외에 피신했다가 민주정이 회복되어 아테네로 돌아와 거물 정치인이 되었다. 아테네의 시민들은 민주투사의 기소에 공감했을 것이다.

재판 결과는 유죄였고, 사형이 선고되었다. 물론 '사형' 그 자체는 찬성할 만한 것이 못 된다. 그러나 플라톤의 『변명』을 읽어보면 그 사형선고는 소크라테스가 자청했다고 봐야 한다. 소크라테스는 자신의 변명을 삐딱하게 시작했고, 줄곧 재판관을 재판관이라 부르지 않았다. 그리고 280 대 220으로 유죄판결이 나고 형량에 대해 이야기할 때도 재판관들을 비웃으며 저주를 퍼붓기만 했다. 그 결과 형량을 확정하기 위한 투표를 했을 때는 360 대 140으로 압도적인 표 차이가 났다.

게다가 소크라테스가 감옥으로 이송되고 처형되기까지 30일의 여유가 있었는데, 그때도 친구들의 도움으로 얼마든지 탈옥할 수 있었다. 그러나 소크라테스는 그런 친구들의 권유도 거절하고 자청해서 독약을 마셨다. 그런데 이런 소크라테스의 죽음을 '진리를 위한 순교'라고 해설하는 책들이 많다. 당시 그 재판의 배경이 되는 역사와 구체적인 맥락을 안다면 도무지 이해할 수 없는 해설이다.

—— 그 오래된 『변명』을 이해하기 위하여

플라톤의 책을 읽어야겠다고 마음먹은 것은 칼 포퍼Karl Popper(1902~1994)의 『열린사회와 그 적들 1』(1945) 때문이었다. 칼 포퍼는 책에서 플라톤을 '열린사회의 적'으로 규정하고 강하게 비판한다. 그 외에 스티븐 제이 굴드나 매트 리들리와 같은 현대의 진보적인 과학자들도 플라톤의 『국가』에 나타나는 전체주의적인 철학에 대단히 비판적이었다.

처음에 보려고 했던 책은 플라톤의 저작 중에서도 『국가』였다. 그러나 그때만 해도 제대로 된 한국어판 완역본을 구하기 어려웠다. 그래서 『변명』을 먼저 읽기로 했다.

2,500년 전에 쓰인 차가운 글에 생명을 불어넣는 일은 무척이나 어려웠다. 잘 해설된 책을 읽는 것으로 충분하다면 좋겠지만 텍스트에 대한 해석을 송두리째 남에게 맡긴다는 것은 아무래도 좋은 방법

이 아니다.

고전은 작품 그 자체보다 맥락과 관련된 역사적 의미가 더 중요한 경우가 많다. 텍스트보다 그 해석을 바탕으로 한 새로운 저작물이 끊임없이 만들어지기 때문이다. 그러니 고전과 관련한 현대의 저작물들을 비판적으로 수용하기 위해서라도 자신의 의견을 가질 필요가 있다. 그러려면 먼저 그 텍스트가 어떤 역사적 배경에서 쓰인 것인지를 알아야 한다.

그런 역사적 지식을 바탕으로 텍스트를 읽을 때 비로소 그것들은 생명을 가지고 다시 태어난다. 그래서 『변명』을 본격적으로 읽기 전에 다음과 같은 책을 먼저 읽었다.

아래 세 책은 소크라테스를 새로운 관점에서 접근하게 해주는 중요한 실마리를 제공한다.

· 『소크라테스의 비밀』(I. F. 스톤 지음, 편상범·손병석 옮김)
· 『소크라테스 두 번 죽이기』(박홍규 지음)
· 『소크라테스의 회상』(크세노폰 지음, 최혁순 옮김)

일반론적으로 말한다 해도 이런 경우에는 '해설'을 먼저 읽는 것이 작품을 제대로 읽어내는 데 도움이 된다. 왜 그런지 이런 상황을 생각해보면 쉽게 이해할 수 있을 것이다.

친구들과 만나기로 했다. 교통 사정으로 꽤 늦게 도착했다. 무슨 일이 생겼는가 보다. 친구들은 무슨 이야기인가에 열중해 있다. 조용히 앉아 들어보았지만 무슨 내용인지 알 수가 없다. 틈을 봐서 물어본다. "지금 무슨 이야기를 하는 거야? 나는 무슨 말인지 하나도 못 알아듣겠네." "아, 그래, 앞뒤 사정을 알아야 이해할 수 있겠지. 너도 알 거야, 노재수라는 친구 기억하지?" "그럼." "걔가 죽었다는데 자살인지 타살인지 분명치 않다는 거야. 그런데 파란이가 얼마 전에 걔를 변호한 적이 있었거든. 그러고는 가끔 연락을 주고받았나 봐." "아, 그러니까 파란이와 재수에 대한 이야기를 하고 있었던 거구나. 이제 무슨 말인지 좀 알겠어."

이런 상황은 『레 미제라블』 같은 문학작품을 읽을 때도 마찬가지다. 19세기 초반의 프랑스 시골에서 일어난 사건인데 시공간의 배경과 맥락을 모르면 이야기를 이해하기 힘들고 그러면 재미가 없어 읽어내지도 못한다. 그래서 한국에 영화와 뮤지컬로 소개되기 전에는 제대로 읽어내는 사람이 드물었다. 그런데 공연이 성공하고 나서는 소설 판매량이 폭발적으로 늘어났다.

『변명』은 2,500년 전 지중해 동쪽 작은 도시에서 일어난 재판과 관련된 내용이다. 소크라테스에 대해서도 웬만큼은 알아야 하고, 그가 했다는 변명을 기록했다는 플라톤에 대해서도, 그리고 글쓴이의 입장과 의도에 대해서도 알아야 그가 하는 말을 이해할 수 있고 재미도 느낄 수 있어서 완독할 가능성도 높아진다.

아래 책들은 고대 그리스의 저자들이 쓴 것이다. 당시의 시대적인 상황과 맥락을 이해할 수 있게 해준다. 그러니 현대인의 관점에서 쓴 것과는 다른 매우 중요한 의미가 있다. 굳이 처음부터 끝까지 다 읽어볼 필요는 없다. 필요한 만큼 관련된 부분만 발췌해서 읽어도 좋을 것이다.

- ·『플루타르코스 영웅전 1~5』(플루타르코스 지음, 이다희 옮김, 이윤기 감수)
- ·『펠로폰네소스 전쟁사』(투퀴디데스 지음, 천병희 옮김)
- ·『그리스 철학자 열전』(디오게네스 라에르티오스 지음, 전양범 옮김)

그리고 그리스의 역사와 철학에 대한 일반적인 이해를 위해서 다음과 같은 책을 읽었다.

- ·『그리스인 이야기 1~3』(앙드레 보나르 지음, 김희균·양영란 옮김, 강대진 감수)
- ·『세계 철학사』(한스 요아힘 슈퇴리히 지음, 박민수 옮김)
- ·『그리스 전쟁』(필립 드 수자 외 2인 지음, 오태경 옮김)
- ·『러셀 서양철학사』(버트런드 러셀 지음, 서상복 옮김)
- ·『철학의 탄생』(콘스탄틴 J. 밤바카스 지음, 이재영 옮김)
- ·『그리스 비극 걸작선』(아이스퀼로스·소포클레스·에우리피데스 지

음, 천병희 옮김)

이렇게 역사를 이해하고 준비가 되었으면 이제 텍스트를 읽어야 한다. 옛 그리스어로 된 텍스트를 읽을 수만 있다면 그것이 최선이겠지만, 일반인에게 그런 요구를 하는 것은 읽지 말라는 말과 다를 바가 없다. 그렇다면 그 당시의 언어를 느낄 수 있도록 역주가 자세히 달린 텍스트가 최선일 것이다. 또한 의역보다는 직역에 가까운 번역이 좋은 면이 있다. 그래야 번역자의 주관을 최소화할 수 있을 테니까.

그렇게 볼 때 최고의 한국어판 『변명』은 박종현이 자세하게 역주를 단 책 『플라톤의 네 대화 편: 에우티프론, 소크라테스의 변론, 크리톤, 파이돈』에 실린 것이다. 이 책에 실린 해설은 공감하기 어려운 점이 없지 않다. 그렇지만 다른 관점의 저자 해설과 역사에 대한 이해가 되어 있다면 그 해설도 비판적으로 읽을 수 있을 것이다.

오래된 고전을 제대로 읽어내기 위해서는 학문을 연구하듯 읽어야 한다. 그래야 책에 먹히지 않고 책을 잘 먹고 소화시킬 수 있다. 향기로운 커피 한 잔을 마시듯 읽을 수 있는 동시대 소설과는 매우 다른 종류의 책이 오래된 책들, 고전이다.

그런데 왜 이렇게 힘들게 고전을 '먹어야만' 하는 것일까? 어떤 독자들은 가운데는 위에 들먹인 책들 한 권 한 권의 쪽수를 듣는 것만으로도 체해버릴 수 있다.

Chapter
4

너무 싱거운
『논어』

중국인 학자 리링은 자신을 유명하게 만들어준 『논어』 주석서인 『집 잃은 개喪家狗』에서 이렇게 말한다. 서양인에게 『논어』는 "멀건 맹탕 같다는 인상이 있었다". 만일 『논어』에 '동양의 지혜'가 담겨 있다면 서양인에게 맹탕 같을 수가 없다. 그 맹탕이라는 말은 '너무나 상식적'이라는 표현으로 대체될 수 있다. 우리에게 잘 알려진 철학자로는 헤겔이 그렇게 말했다.

헤겔은 『논어』가 너무나 상식적이라며 실망을 감추지 않았다. 그 내용은 어느 민족에게서든 찾아볼 수 있는 것이며, 어쩌면 다른 민족에게서 더 잘 정리된 상식을 찾아볼 수 있을 것이라고 말했다. 뻔한 말만 나열되어 있어서 뛰어난 점이라고는 도무지 찾아볼 수가 없다는 것이다. 그러면서 키케로(BC 106~43)의 『의무론De Officiis』에 비교한다. 그것이 『논어』보다 내용이 더 풍부하고 좋다는 것이다. 그러고는 마지막으로 대못을 박는다. 차라리 『논어』가 번역되지 않았더라면 공자의 명성을 유지하는 데 더 좋았을 뻔했다는 것이다.

헤겔이 보기에는 『논어』보다 『노자』나 『손자』가 훨씬 더 뛰어난 책이다. 실제로 서양에서 『노자』나 『손자』, 그리고 『역경』의 인기는 대단히 높다. 새로운 번역이 계속 나올 뿐 아니라 그 하나하나가 높은 판매량을 기록하고 있다.

사실 중국에서도 춘추전국시대에나 한나라 초기까지 『논어』는 다른 책에 비해 높은 평가를 받지 못했다. 역사가 그랬음을 말해주고 있을 뿐 아니라, 사마천의 『사기』 서문에도 그렇게 쓰여 있다.

유가는 학설이 너무 방대하여 요점을 파악하기 힘들다. 애는 쓰지만 얻는 것은 적기 때문에 학설을 다 추종하기 어렵다 (…) (도가는) 음양가의 사계절의 큰 운행이라는 순서를 흡수하고, 유가와 묵가의 좋은 점을 취하고, 명가와 법가의 요점을 모으니 시대의 변화에 맞추어 변화하고, 사물의 변화에 따라 변하고, 풍속을 세워 일을 시행하니 적절하지 않은 것이 없다. 따라서 그 이치는 간명하면서 파악하기 쉽고, 힘은 적게 들지만 효과는 크다.

_『완역 사기 본기 1』 111쪽

이 서문에 따르면 당시의 유력한 육가六家였던 음양가, 유가, 묵가, 법가, 명가, 도가 가운데 도가가 당대 최고의 위치를 차지하고 있다. 『손자』는 병법이었으니 전쟁이 일상적이었던 춘추전국시대에 굳이 말할 필요도 없을 만큼(한가하게 학파家를 만들고 있을 필요가 없을 만큼) 중요한 내용이었을 것이다. 그리고 『역경』은 공자 역시 죽간의 끈이 몇 번이나 끊어질 만큼 많이 읽었던 책으로, 당시 지식인이라면 대부분이 통달했을 정도로 중요한 저작물이었다. 자연의 변화를 읽어내는 지식인의 해석이 다 비슷했기 때문에 『역경』의 정확성은 높을 수밖에 없었다.

그러나 유가는 '집 잃은 개(상가구喪家狗)'라고 불릴 만큼 쳐주지도 않았고, 팔리지도 않았다. 그리고 가끔 공자의 제자들이 벼슬을 한 나라가 있긴 하지만 어디서도 성공담은 들려오지 않았다. 유가의 명맥은 맹자에 이어 순자에게로 내려가지만, 순자의 제자인 상앙과 이사는 공자의 '예'를 버리고 '법'을 택한다. 그러면서 자신들의 이론은 유가와 상극이며 공존할 수 없는 것이라고 선언했다. 흥미롭게도 그들은 대단히 큰 성공을 거둔다. 그들을 객경客卿(다른 나라에서와 고위 관료가 된 사람)으로 받아들인 진나라는 점점 더 부강해졌고 마침내 중국 최초의 통일국가가 되었다. 결국 유가의 이론은 『사기』 서문에서 지적한 것처럼 '노력에 비해 효과는 없다'는 것이 증명되었던 셈이다.

이후 유가는 한무제가 중앙집권적 국가체제를 확립하려고 마음

먹으면서 국교로 채택되었다. 이로써 공자의 제자였던 자공에서 맹자로 이어졌던 공자의 성인화 작업이 결실을 맺었다.

『사기』에서도 그런 변화를 읽을 수 있다. 사마천은『사기』를 다 쓴 뒤 서문 격인 글을 쓰면서 아버지인 사마담이 써두었던 〈논육가요지〉(육가에 대한 핵심 정리)를 실었는데, 앞에서 인용한 부분이 그 내용이다. 그 글을 보면 유가에 대한 평가는 형편없지만 도가에 대한 평가는 드높다. 그러나 사마천은 유교를 국교화하는 데 결정적인 이론가 역할을 했던 동중서의 제자이기도 했으며, 유교가 국교화되었던 시대적인 영향도 받았던 것 같다.『사기』가 완성된 뒤의 모습을 보면 이미 공자는 특별대우를 받고 있다. 제자백가 인물들이 개인의 전기인 〈열전列傳〉에 들어 있는 반면, 공자만은 제후의 전기인 〈세가世家〉에 들어가 있다.

사마담이 〈논육가요지〉를 쓴 것은 기원전 139년이었고,『사기』가 완성된 것은 그로부터 48년 뒤인 기원전 91년이었다. 그러니까 공자가 죽고 대략 400년이 지난 뒤에야'갑자기' 유학이 국가의 주류 이데올로기로 등극한 셈이다. 그렇게 보면『논어』는 중앙집권체제를 원했던 국가의 강력한 지원이 아니었다면 그대로 사그라졌을지 모른다.

그러나 여기에도 묘한 아이러니가 있다. 한무제는 부드럽고 따뜻하며 베푸는 방법으로 통치하라는 공자의 '말씀'을 국교로 지정했지만, 이를 명분으로만 썼을 뿐이다. 한무제는 무리한 정복전쟁과 대규모 건축 사업을 끝도 없이 벌였으며 사치스럽고 방탕한 생활을 즐겼다. 그리고 엄청나게 많은 사람을 처형했는데, 한꺼번에 2만 명이 넘는 경우도 있었다. 처형장의 피가 10리를 흘렀을 정도라고 한다.

한국의 철학자 강신주가 공자를 순진한 사상가로 규정한 것도 이런 이유에서였을 것이다. 공자의 유학은 기득권층의 윤리적 솔선수범을 강조한다. 공자 역시 플라톤이 그랬던 것처럼 '이상적인 지도자'라면 그에게 정치를 맡김으로써 모든 것이 해결된다는 식이다. 그러나 그들이 반윤리적인 행동을 선택했을 때 그것을 통제하는 철학적 논리는 없다. 그런 허점을 지닌 공자 사상의 쓰임새를 정확하게 파악했던 이들은 계급 질서를 유지함으로써 이익을 얻는 귀족들이었다. 그들은 대문간에 공자를 내걸고 안에서는 무슨 짓이든 할 수 있는 특권을 누렸다. 중국의 역대 왕조 내내 성인으로서 공자의 얼굴은 점점 더 커져만 갔지만, 착취당하고 핍박받던 민중들은 끊임없이 민란을 일으킬 수밖에 없었고 참혹하게 살육당하는 일이 되풀이되었다(조선시대에는 그렇지 않았던가!). 그래서 강신주는 이렇게 말한다.

공자는 자신이 평생 무슨 이야기를 하고 있는지도 모른 채 떠들고 있었던 순진한 사상가였던 셈이다.

_『관중과 공자』 269쪽

보충해서 설명하자면, 유교에 대한 이런 근본적인 회의와 비판은 중국의 전제왕조 시절에도 없었던 것은 아니다. 명나라(1368~1644) 말기였던 16세기 후반부터 거세게 일기 시작했고, 그 파도는 조선에까지 밀어닥쳤다. 가장 과격했던 양명좌파인 이탁오李卓吾(1527~1602)는 이렇게까지 말했다.

『육경』이나 『논어』, 『맹자』는 사관들이 지나치게 추켜세워 숭상한 말이 아니면, 그 신하와 자식들이 극도로 찬양하고 미화시킨 언어일 뿐이다. 또 그런 것이 아니라면 세상물정 어두운 문도와 멍청한 제자들이 스승의 말씀을 기억해낼 때 앞뒤는 잘라먹거나 빠뜨린 채 제멋대로 자신의 견해를 책에다 기록한 것에 불과하다. 후학들은 이를 자세히 살피지도 않고 성인의 입에서 나온 말씀이라고 지껄이며 경전으로 지목해버렸는데, 그 대부분은 성인의 말씀이 아닌 줄 누가 알리오? 설사 성인께서 하신 말씀일지라도 요컨대 목적이 있으셨으니, 병세에 따라 그때그때 적당한 약을 처방하여 이들 멍청한 제자와 물정 어두운 문도들을 일깨우려 하셨을 따름인 것이다. 거짓된 병을 치료하는 데 드는 처방은 고정불변인 것이 되기 어려우니, 이것들이 어떻게 만세의 지론이 될 수 있단 말인가? 그렇다면 『육경』이나 『논어』, 『맹자』 따위는 도학자가 내세우는 구실이고 거짓된 무리들의 소굴일 뿐이니, 그것들이 결코 동심에서 나온 말이 아님은 너무나 자명해진다.

『분서 1』 351~352쪽

어쩌면 너무나 혁명적인 생각이어서 그랬을 것이다. 이런 생각들은 민중들에게 전달되기 전에 강력한 중앙정부에 의해 소멸되고 말았다. 이탁오의 생각이 민중들에게 전달되고, 프랑스대혁명처럼 자유, 평등의 깃발을 세울 수 있었다면 동양의 발달된 기술과 사상을 바탕으로 한 문화가 전 세계로 퍼져나갈 수도 있지 않았을까. 적어도 지금처럼 지나치게 서양 중심적인 삶을 살고 있지는 않을 것이다.

사족 같은 이야기지만 위에서 언급한 책에 대해 잠깐 다루지 않을 수 없다. 그간 읽어본 『논어』는 예닐곱 종류가 된다. 그 가운데 리링의 『집 잃은 개』에 실린 '해설'이 최고였다(당연한 말이지만 최선의 방법은 여러 권의 해설을 서로 참조하면서 읽는 것이다). 그러나 번역과 편집에는 문제를 제기하지 않을 수 없다. 가장 심각한 것은 『집 잃은 개』에 실린 『논어』 원문에 대한 한글 번역이 '리링의 번역'이 아니라 '번역자의 번역'이라는 점이다. 그것을 알게 된 것은 그 부분에 대한 해설과 번역의 내용이 정확하게 일치하지 않는다는 느낌 때문이었다. 그래서 출판사에 전화해서 그것이 리링의 번역이 아님을 확인했다. 결국 『논어』 원문에 대한 번역은 리링의 해설과 다른 여러 권의 번역을 참고하면서 읽어야 했다.

—— 『논어』 맛보기

　　이제 『논어』를 조금 읽어보자. 『논어』는 스무 편으로 나뉘어 있지만 한 편 한 편에 특정한 주제가 있는 것도 아니다. 등장하는 사람의 수는 156명, 이들이 언제 어디서 등장할지는 아무도 모른다. 누군가가 불쑥 등장해서 밑도 끝도 없는 질문을 하고 대답은 주로 공자가 한다. 그래서 전체를 한꺼번에 읽기가 어렵고 그럴 필요도 없다. 스토리도 없고 내용이 연결되는 것도 아니기 때문이다. 아무 데나 펼쳐서 읽어도 상관없다.

　　문제는 싱겁다는 것이다. 또 하나의 중요한 문제는 무조건 감탄할 준비가 되어 있는 해설자들의 지나친 창작이다. 그들은 '좀 이상한 말'이 나오면 변명하거나 '좀 괜찮은 말'이 나오면 지나치게 감탄할 준비가 되어 있다. 이들의 해설은 경계하는 것이 좋겠다.

　　먼저 이 장의 앞(139쪽)에서 언급한 '술이부작'을 보자. 글자 그대로의 의미로 보면, 조금도 창작하지 않고(부작) 들은 대로 말한다(술)는 것이다. 그러나 어떤 종류의 진술이든 '전해 들은 그대로' 말하는 것은 불가능하다. 어떤 식으로든 말하는 사람의 생각이 '포함된다'. 그럼에도 불구하고 그 진술에 담긴 지혜를 선인들의 공으로 돌리는 것이므로 겸손해 보일 수도 있다. 실제로 술이부작은 공자가 겸손하게 말하는 것이라고 해설하는 저자들이 많다.

　　그러나 관점에 따라서는 조금 비겁한 어법이 될 수도 있다. 공자가 살아 있을 때는 아직 성인으로서의 권위를 가지지 못했을 뿐만 아니라 '집 잃은 개' 취급을 당하기도 했다. 그런 상황에서 설득력을 높이기 위해 지혜롭다고 알려진 선인의 권위를 이용하는 것은 자연스러워 보인다. 플라톤이 소크라테스의 권위를 빌렸던 것처럼 공자 역시 옛 선인의 권위를 빌려야 했던 것이다.

공자는 이 말을 하면서 다음과 같이 덧붙인다. "나는 옛것을 좋아하고 신뢰한다. 노팽이 그러했듯이信而好古, 竊比於我老彭"(『논어』, 7. 1). 여기서 노팽은 전국시대에 유명했던 은나라 시절의 현인이자 대부였다. 그런데 좀 의아하다. 노팽은 신선의 경지에 오른 사람으로 알려져 있기는 하지만, 특히 방중술房中術 경전인 『팽조경彭祖經』으로 잘 알려져 있었다. 공자가 왜 '술이부작'을 말했는지, 그 말을 하면서 하필 노팽을 끌어들였는지 알 길이 없다.

다음은 『논어』〈학이〉 편에 나오는 내용이다.

공자께서 말씀하셨다. "군자가 신중하지 않으면 위엄도 없고, 배워도 여물지 못하다. 진심과 믿음으로 친구를 사귀되 자기만 못한 사람을 친구로 삼지 말아야 하며, [자신에게] 잘못이 있으면 거리낌 없이 고쳐 나가야 한다".

子曰, 君子不重則不威, 學則不固, 主忠信, 無友不如己者, 過則勿憚改.

여기에서 공감이 가는 말은 한 군데밖에 없다. "잘못이 있으면 거리낌 없이 고쳐 나가야 한다"는 부분이다. 그렇다고 그 말이 대단히 감탄스럽거나 감동적인 것은 아니다. 어릴 때부터 자주 듣던 말이 아닌가. 그래서 헤겔도 『논어』가 싱겁다고 했을 것이다.

그런데 그 앞 문장은 공감하기 어렵다. 심각할 정도로 이상한 부분이 있다. 바로 이 부분, "자기만 못한 사람을 친구로 삼지 말아야 하며"라니! 어처구니가 없다. 도대체 이게 무슨 말인가. 이 말을 논리적으로 해석하면 정말 끔찍하다. 이 세상에 친구라는 것이 없어져버릴지 모른다. 생각해보라. 이 말을 내 입장에서만 보면 '나보다 나은 사람'을 친구로 사귀면 되겠지만, 상대방의 입장에서 보면 그 사람은 '자기보다 못한 나'를 친구로 사귈 리가 없다. 그리고 그 역시 자기보다 나은 사람을 친구로 사귀려고 하겠지만, 그보다 나은 사람은 그를 친구로 사귈 리가 없지 않은가.

하지만 '무조건 감탄형 해설자'들은 이렇게 어처구니없는 말과 맞닥뜨리고 나서도 그 말을 옹호하기에 바쁘다. 글자의 뜻은 그렇지만 속뜻은 그게 아니라고 강변한다. 그렇다면 그들이 머리를 싸매고 발명해서 내놓은 속뜻이란 무엇일까? "어떤 친구도 너만 못한 사람은 없고, 각각의 사람은 모두 장점을 가지고 있으며, 그들 모두에게는 제가 배울 점이 있으니, 조금도 교만함을 갖지 말아야 할 뿐 아니라

뼛속 깊이 겸손함을 가지라"는 것을 말한다고 주장한다(『집 잃은 개』, 65쪽).

너무 궁색하다. 아니나 다를까, 이 말이 이상하다고 생각한 사람이 많았던 모양이다. 〈적벽부〉로 우리에게도 잘 알려진 시인 소동파蘇東坡(1036~1101)도 똑같은 문제를 제기했다. 리링은 『집 잃은 개』에서 이 문제 때문에 일어났던 논란에 대해 자세히 소개하고 있다.

결론부터 보자면 다른 속뜻은 없다. 그리고 그 점을 분명히 하기 위해 같은 글자로 쓰인 다른 경우들을 조사한 내용을 소개한다. 딱히 공자만 "자기보다 못한 사람을 친구로 삼지 말라"는 말을 했던 게 아니었던 것이다. 『여씨춘추』(진秦나라 시절에 쓰인 백과사전적인 저작물)를 비롯한 고서에 그런 말이 많이 나온다. 말하자면 이 내용은 고대의 '현명한 처세술' 가운데 하나였던 것이다. 실제로 『논어』를 읽어보면 공자는 말을 빙빙 돌리는 사람이 아니라는 것을 알 수 있지 않은가. 그러니 공자의 말뜻은 분명하다.

그러고 보면 『논어』는 출세를 위한 '자기계발서의 원조'라고 봐야 할지 모른다. 꽤 오래전 일이지만 시간 관리를 다룬 자기계발서에서 이런 구절을 본 적이 있다. "시간을 아끼기 위해서 길거리를 나다닐 때 고개를 숙이고 다니거나 아는 사람을 만나도 못 본 척하라." 물론 나도 『논어』가 그렇게까지 얄팍하지는 않으리라 믿는다. 그래도 공자는 자기 수양을 통해서 얻은 자기계발만이 값진 것이라고 말하지 않는가. 그 대표적인 내용이 '극기복례克己復禮'라고 알려진 부분이다.

그런데 이 부분도 이해하기 쉽지 않다. 그 부분을 읽어보자.

　　안연이 인仁에 대해 여쭈었다. 공자께서 대답하셨다. 자기를 이겨내고 예禮로 돌아가는 것이 인이다. 일단 자기를 이겨내고 예로 돌아가면, 세상이 인으로 돌아가게 될 것이다. 그 실천은 자신으로부터 말미암는 것이지 다른 사람으로 말미암는 것이겠느냐?" 안연이 다시 여쭈었다. "구체적인 방법은 무엇입니까?" 공자께서 대답하셨다. "예가 아니면 보지 말고, 예가 아니면 듣지 말고, 예가 아니면 말하지 말고, 예가 아니면 행동하지 말라." 안연이 대답했다. "제가 비록 명민하지 못하지만 그 말씀을 받들어 보겠습니다."

　　顔淵問仁, 子曰, 克己復禮爲仁, 一日克己復禮, 天下歸仁焉, 爲仁由己, 而由人乎哉, 顔淵曰, 請問其目, 子曰, 非禮勿視, 非禮勿聽, 非禮勿言, 非禮勿動, 顔淵曰, 回雖不敏, 請事斯語矣.

_『논어』 12. 1.

　　이 질문과 대답이 무슨 말을 하는 것인지 알겠는가? 이런 식의 문답이 쉽고 간단하게 손에 잡히지 않는 이유는 내용이 추상적이기도 하지만, 추상적인 질문에 또 다른 추상적인 낱말로 대답하기 때문이기도 하다. 인이 무엇이냐는 질문에 예로 돌아가는 것이라고 하니, 이번에는 예로 돌아간다는 것은 무슨 뜻이냐고 물어볼 수밖에 없다. 그런데 예가 무엇인지, 어디에 있는 것인지 알아야 돌아갈 텐데, 그것에 대한 설명은 없다. 다만 '예가 아니면 뭐든 하지 말라'는 대답만 돌아온다. 도대체 어쩌란 말인가.

　재미있는 것은 안연의 반응이었다. 평소처럼 "알겠습니다. 시키는 대로 하겠습니다"라고 말하지 않았다. "제가 비록 명민하지 못하지만"이라고 토를 단다. 그것은 무슨 말인지 잘 모르겠다는 의미 아니겠는가. 그러고는 집으로 돌아가 며칠 동안 나오지 않았다. 그래서 왜 그러냐고 물었더니, 안연은 공자가 말하는 대로 하고 싶어도 안 되고 그 말에서 벗어나고 싶어도 안 되더라고 토로했다는 것 아닌가 (사실 『논어』의 많은 부분이 그렇다. 사마담이 지적한 내용, 애는 쓰지만 얻는 것은 적다고 한 말을 떠올리게 한다). 안연은 공자에게 말대꾸도 하지 않을 뿐 아니라 가장 고분고분했던 제자다. 게다가 공자가 듣고 싶어 하는 말만 골라서 하는 재주도 가지고 있었다. 그래서 공자는 안연을 가장 사랑했다. 그런 안연조차 지키지 못해 집으로 도망가야 했던 것이 공자의 이론이다.

　공자가 말했던 예란 무엇인가? 공자가 말한 '예'라는 것은 우리가 보통 말하는 원론적인 의미의 예가 아니다. 봉건시대의 예를 뜻한다. 분명한 계급 질서 아래에서 계급을 긍정하고 타고난 신분에 걸맞은 태도를 취함을 말하는 것이다. 그러니까 봉건주의시대의 질서를 되살리는 태도가 예라고 생각했다. 공자는 만인이 평등하고 어떤 이에게든 인간다운 대접을 하는 것이 예라고 생각했던 사람이 아니다. 이런 생각에 가까운 사람은 묵자(BC 480~390)였고, 강신주에 따르면 "국가는 억압"이라고 생각했던 아나키스트에 가까운 사람은 장자(BC 365~270년경)였다.

—— 공자보다 묵자

묵자는 누구인가? 춘추전국시대에 유가만큼이나 또는 유가보다 더 조직적이고 사상적인 힘을 발휘하던 묵가를 연 사람이다. 묵자는 방어무기를 발명하고 제작한 과학자요 기술자다. 그의 저작물에는 놀라운 과학이 포함되어 있다. 지레의 원리를 설명하는 역학力學론만이 아니라, 핀홀 카메라pinhole camera(렌즈 대신 바늘구멍, 핀홀로 사진을 찍는 카메라)의 원리 그리고 평면거울, 오목거울, 볼록거울에서 거울과 거울에 비친 상像의 관계를 논한 것도 있다. 묵자는 이런 지식들을 활용해서 투석기와 연노차連弩車(차에 장착된 연발식 대형 활, 화살은 2미터 정도이고 열 명이 작동시켰다) 같은 무기를 발명해서 방어용으로 썼다.

당연히 이런 묵자에게 봉토를 주겠다며 초빙하는 나라가 많았다. 그러나 그는 귀족 신분이 되는 것을 거절하고 노동자의 검은 옷을 입고 전쟁 반대 운동에 목숨을 걸었으며 평등사회 건설을 위한 사회운동에 평생을 바쳤다. 그의 제자들은 대부분이 노동자, 농민, 종묘지기 등 천민 출신이었다. 그들은 사해평등을 주장하며 수고로운 노동자의 길을 왕의 부귀와도 바꾸려 하지 않았던 노동 숭배자들이었고, 전쟁과 착취로 피폐해질 대로 피폐해진 삶을 이어가야 했던 민중 편에 서서 평생을 바쳐 투쟁한 평화주의자였다.

묵자는 민중의 삶이 피폐해지는 이유는 "굶주린 자가 먹지 못하고, 추운 자가 입지 못하고, 피곤한 자가 쉬지 못하기 때문"이라고 보았다. 그런 생각을 가진 묵자에게 인仁과 예禮를 강조하는 공자의 탁상공론은 한심해 보였을 것이다. 묵자는 공자가 봉건귀족 계급을 편들고 입신출세하려 한다며 "어린애만도 못한 지혜를 뽐내는 자", "남의 창고로 배부르고 남의 밭으로 술 취하는 자" 또는 "희대의 간악하고 간사한 위선자"라고 비난했다(『묵자』, 9쪽). 그런 묵자는 실제로 춘추전국시대의 가장 영향력 있는 진보주의자였다.

한비자(BC 280~233년경)는 당대에 가장 이름 높은 학파가 묵가와 유가라고 했고, 당송팔대가의 첫 번째 인물로 당대의 현실 개혁에 온 힘을 기울였던 한유韓愈(768~824) 역시 공자를 제대로 이해하려면 묵자를 알아야 한다고 말하지 않았던가. 묵자가 비판한 공자의 뒷모습이 어떤 것인지를 알아야 공자의 온전한 모습을 볼 수 있다는 생각 때문이었을 것이다. 그것은 대놓고 좋다는 식의 『논어』 찬양과는 아주 다른 관점에서 『논어』와 공자를 이해하게 해줄 것이 틀림없다.

이 글의 목적은 묵자를 제대로 이해하기 위한 해설이 아니다(그러려면 또다시 아주 긴 글이 필요하다). 우리가 왜 지배층의 이익을 대변하는 보수적인 『논어』와 공자를 읽어야 하는가에 대한 문제 제기다.

묵자墨子(BC 470~391)는 춘추전국시대 제자백가 가운데 유가의 공자
와 함께 최고의 철학자였다. 공자의 유가는 한나라 지배계급의 이데
올로기로 선택된 뒤 통치자에게 영합하며 2,000년 동안 중국의 주류
이데올로기가 되었지만, 유가를 비판했던 묵가는 역대의 전제 정권에
도전함으로써 금지되거나 인멸되는 운명을 피하기 어려웠다. 그러나
끝없이 되풀이되던 농민반란의 이념이나 비밀결사에는 묵가의 정신
이 스며들어 있었다. 청나라 말기에 가서야 순이랑孫詒讓(1848~1908)
이『묵자간고墨子閒詁』라는 저작물을 통해 공식적으로 되살려냈다. 이
후 지식인들이 그에게서 놀라운 과학과 기술, 근대적인 정신을 발견
하며 연구가 활발해졌다.

그러니 묵자에 대해 좀 더 알고 싶다는 생각이 들게 되었다면 그것으로 충분하다.

오래전 일이다. 『논어』는 벼슬길에 나서고 싶은 엘리트[士] 계급을 위한 자기계발서라는 내용으로 글을 써서 발표한 적이 있다. 그런데 "왜 『논어』를 위해 그런 노력을 하느냐"며 비난하는 사람이 있었다. 그의 생각은 『논어』에 대해서 칭찬을 하든 비판을 하든 『논어』에 대해서 쓰는 것 자체가 사람들이 『논어』에 관심을 가지게 만든다는 것이었다. 그러면서 무작정 묵자에 대한 글을 써보라고 충고했다.

보수적인 내용을 담은 『논어』나 공자에 대한 이야기가 줄어야 진보적인 묵자에 대한 관심이 생겨날 가능성이 커진다. 책 읽기는 시간이라는 기회비용을 지불하고 이루어지기 때문이다. 묵자를 우리 삶속에서 살려내려면 묵자에 대해 말하기 시작해야 한다. 그런 관심이 묵자에 대한 연구를 부추기고 묵자에 대한 저작물을 풍부하게 만드는 사회적인 동력이 될 것이다. 보수에 대한 거부와 진보에 대한 관심만으로도 세상이 조금씩 바뀔 수 있다는 믿음이 생겼으면 한다.

이런 내용으로 강의를 시작한 것이 벌써 20년 가까이 된다. 『책의 정신』 초판이 출간되었을 때만 해도 '묵자'에 대한 관심은 아주 적었다. 저작물 자체가 몇 종 없었다. 그러나 이제 분위기가 상당히 바뀌었다. 필자가 이 글을 쓰기 위해 조사해보니, 놀랍게도 30종 이상 출간되어 있었다. 청소년이나 어린이를 위한 해설서까지 나와 있다. 뿐만 아니라 『장자』나 『순자』, 『한비자』와 같은 고전의 하나로 격식을 갖추어 자리매김한 저작물도 출간되었다. 이는 중국 고전에 대한 인식이 꽤 크게 변화했음을 보여주는 증거이다. 특히 『묵자가 필요한 시간』을 읽어보면 묵자가 왜 2,000년 동안이나 금지된 저작물이었는지를 아주 잘 이해할 수 있다. 묵자가 살았던 시대와 함께 그의 삶과 사상이 아주 잘 정리되어 있다. 왜 묵자인가에 대한 답도 얻을 수 있을 것이다.

네 번째 이야기

객관성의 칼날에 상처 입은
인간에 대한 오해

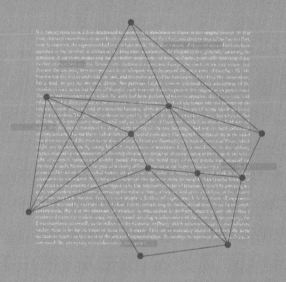

너무나 정치적인
'본성과 양육'의 과학

'본성과 양육'이라는 주제는 주로 육아 문제와 관련된 것으로 생각하는 경향이 있는데 꼭 그렇지만은 않다. 본성과 양육에 대한 이론은 심리학만이 아니라 사회학과도 깊은 관련이 있다. 예를 들면 인간이 생물학적으로 결정된다는 본성론자의 극단에는 우생학을 지지했던 나치즘이 있었고, 양육을 통해 사람을 얼마든지 개조할 수 있다는 양육론자의 극단에는 공산주의 사회가 있었다. 그래서 본성을 긍정하면 보수 우익의 입장을 대변하는 것처럼 보이고, 양육을 통한 변화를 강조하면 진보 좌파, 또는 실패한 공산주의(가치나 철학이 아니라 시스템)를 지지하는 것처럼 보인다. 본성과 양육에 대한 과학은 나치나 스탈린 시절에 그런 양극단에 서 있었기 때문에 객관적이고 합리적인 것이 될 수 없었다.

레닌(1870~1924)은 공산주의 사회를 건설하기 위해서 인간 본성을 변화시켜야 한다고 생각했던 모양이다. 그는 "인간은 교정될 수 있다. 인간은 우리가 원하는 대로 개조될 수 있다"고 말한 적이 있다. 트로츠키(1879~1940)도 비슷한 말을 했다. "새롭게 개선된 인간형을 만드는 것, 그것이 미래 공산주의의 과제다." 마르크스주의자들은 '새로운 인간'을 만들어내는 데 얼마나 오랜 시간이 걸릴 것인가를 놓고 많은 논쟁을 벌였다(『본성과 양육』, 261쪽).

그렇다고 20세기 초 전 세계 지식인의 '과학 상식'이었던 우생학 광풍이 소련을 피해갔던 것은 아니었다. 다만 두 가지 문제가 있었다. 우선 '새로운 인간형'을 번식시킨다는 것은 결론적으로 지식인 계층을 보호한다는 의미가 되었는데, 그것은 당시 서기장 동지였던 스탈린(1879~1953)의 정치적 성향과 반대되었다. 두 번째는 독일에서 정권을 잡은 나치가 우생학에 광적인 집착을 보였다. 그러자 적어도 소련에서는 우생학이란 파시즘 이데올로기라는 딱지를 붙여버렸다.

그러니까 당시의 과학은 객관적이고 합리적인 이유 때문이 아니라, 정치적 입장에 따라 사회적 지지를 받았던 셈이다. 사실 그런 역사는 과거의 일만은 아니다. 오늘날에도 상당히 그럴 뿐 아니라, 권위 있는 저자의 책에도 그런 흔적이 아무렇지도 않은 얼굴을 하고 뻔뻔스럽게 남아 있다.

1920년 국제공산당대회2nd Congress of the Communist International의 리
더 레닌. 아이삭 브로드스키Isaak Brodsky가 그렸다.

레닌은 1917년 10월혁명이 성공하고 2년이 지난 뒤 파블로프의 생리
학 공장을 비밀리에 방문했다. 인간의 본성을 설계하는 것이 가능한
지 묻기 위해서였다. 파블로프는 혁명에 대해 비판적이었지만 공산당
에서 호의를 보이자 곧바로 꼬리를 내렸다.

그들이 무슨 이야기를 나누었는지 기록은 남아 있지 않다. 레닌은 마
르크스의 이론이 『자본론』에 이르러서야 과학이 되었다고 하지 않았
던가. 그 과학을 실천할 과학이 필요했을 것이다.

오늘날 레닌은 아주 먼 옛날 사람처럼 느껴진다. 1980년대에는 레닌을 우리 삶 속으로 끌어들여야 하는 혁명의 롤모델로 여겼다. 그와 관련한 책은 불온서적이었지만 베스트셀러였고, 종수도 많았다. 아이러니하게도 합법적이 된 오늘날에는 그와 관련한 책이 많지 않다. 1,400쪽쯤 되는 『레닌 평전』(전 3권)이 있고, 『무엇을 할 것인가』처럼 역사적으로 중요한 저작물 정도는 물론 서점에서 찾을 수 있다. 이 두 권과 함께 러시아혁명기의 실제 테러리스트가 쓴 소설 『검은 말』과 『창백한 말』을 읽어보길 권한다. 암살과 테러가 횡행했던 혁명기에 한때 좌파였으나 무정부주의자로 돌아선 저자 사빈코프의 이야기에서 당시 혁명기의 삶을 좀 더 생생하게 그려볼 수 있다.

—— 비판적으로 검증해가며 읽어야 한다

본성과 양육을 다루는 책들은 조심스럽게, 비판적으로 읽어야 한다. 스티븐 제이 굴드(1941~2002)의 말대로 과학에 대한 지식 역시 이데올로기의 영향을 강하게 받기 때문이다. 심각한 경우 "이 논쟁에 참여한 사람들이 상대방에 대해 어떤 주장을 전개했는지를 자세히 따라가 보면 잘못된 인용, 왜곡된 인용, 의도적인 엉터리 해석, 잘못된 해석 등이 너무 많"(앞의 책, 142쪽)이 발견될 가능성이 있다.

게다가 본성과 양육에 관한 책들은 대개 여러 분야를 아울러낸, 종합적일 뿐 아니라 전문적인 지식을 다룬다. 그래서 박식하지 않은 독자가 비판적으로 읽어내는 것이 쉽지 않다. 커피 한 잔을 앞에 놓고 가벼운 마음으로 상식과 교양을 넓힐 수 있는 종류가 아니다. 백과사전을 뒤져가며 정확한 의미를 새겨보아야 하고, 의심스러운 구절을 맞닥뜨리면 읽던 책을 잠깐 덮고 다른 자료를 통해 검증해보기도 해야 한다.

그래서 메타북부터 조심스럽게 읽어야 한다. 이때 메타북의 권위를 우산처럼 받쳐 들 생각은 하지 않는 것이 좋다. 그것이 얼마나 튼실한 근거를 가지고 있는지, 관점을 달리해서 보면 다른 해석이 가능하지 않은지, 다른 의견을 가진 저자는 없는지, 있다면 그 저자의 생각은 어떤지 비교해보아야 한다.

더 좋은 방법은 메타북을 읽기 전에 '하룻밤의 지식여행'과 같은 시리즈에서 진화론, 인류학, 진화심리학, 유전학 등을 다룬 얇은 책을 통해 일반적으로 통용되는 개념을 알아둘 필요가 있다. 그런 책들은 폭넓은 독자를 대상으로 쓰인 것이어서 지나치게 편향되는 경우가 적기 때문이다.

그리고 해당 분야의 다큐멘터리를 봐두는 것도 필요하다. 잘 만들어진 다큐멘터리는 다양한 관점을 함께 보여줄 뿐 아니라, 어떤 내용에 대한 중요도나 느낌, 그리고 무엇에 초점을 맞춰야 할 것인지에 대한 감각까지 익힐 수 있다. 물질적이고 냉정한 텍스트와 달리 영상에는 어느 정도 따뜻하고 인간적인 감각이 담겨 있기 때문이다. 추천할 만한 것으로는 〈탄생의 신비: 쌍둥이〉(3부작)나 〈인간 게놈〉(6부작), 〈유전자 혁명, 신의 축복인가 재앙인가〉, 〈일부일처, 인간 짝짓기의 진화〉(2부작), 〈인간에 대한 오해 1부 IQ〉 등이 있다.

이 가운데 〈인간 게놈〉은 제작연도가 오래된 것이다. 그래서 오히려 유전자와 관련된 기본적인 개념을 좀 더 쉽게 이해하는 데 도움이 된다. 게다가 5부에는 떨어져 자란 일란성 세쌍둥이의 사례가 나오는데 특이한 경우다. 일란성 세쌍둥이가 태어나는 것도 그렇지만 그 셋 가운데 둘이 입양되어서 다른 하나와 헤어져 자란 경우는 더욱더 찾아보기 어려울 것이다.

이 밖에도 쌍둥이와 관련된 다큐멘터리가 있으면 구해 보는 것이 크게 도움이 된다. 쌍둥이와 관련된 자료는 인간의 어떤 모습에 본성의 영향력이 크고, 어떤 모습에 양육의 영향력이 큰가를 밝히는 데 아주 중요한 증거가 되기 때문이다. 유전자가 꼭 같은(타고난 본성이 꼭 같은) 일란성쌍둥이가 어릴 때 헤어져서 다른 가정에서 자란 뒤(다른 양육 환경에서 자란 뒤) 어른이 되어 만났을 때 서로 다른 사람이 되어 있다면 환경의 영향이 큰 것이고, 비슷하다면 본성의 영향이 크다고 볼 수 있을 것이다. 나중에 다시 자세히 다루겠지만 예를 들면, 성격이나 지능은 본성에 따른 영향력이 크다. 지독하게 극단적인 환경이어서 타고난 성격이나 지능이 제대로 성장하는 데 방해가 될 정도가 아니라면 그렇다는 말이다.

—— 양육을 통해 드러나는 본성

이 주제와 관련한 메타북으로는 매트 리들리의 『본성과 양육Nature via Nurture』이 있다. 이 책의 제목을 원제 그대로 번역하면 '양육을 통한 본성' 정도가 될 것이다. 그것이 이 책의 중요한 메시지이기도 하다. 이 책에는 본성과 양육과 관련된 과학과 그 역사적인 흐름이 잘 정리되어 있다.

비슷한 시기인 2002년에 나온 유사한 콘셉트의 책으로는 스티븐 핑커의 『빈 서판The Blank Slate』이 있다. 좀 다른 방식으로 쓰였지만 비슷한 사례나 의견을 자주 볼 수 있다. 두께가 두 배쯤 되니 그만큼 사례도 풍부하다. 이해가 잘 안 되는 부분이 있다면 이 두 권을 서로 참조하며 읽으면 좋다. 한국어판의 번역자가 같기 때문에 사용하는 용어도 비슷하다.

두 권 가운데 『본성과 양육』의 문장이 간결하고 잘 정리되어 읽기에도 편했다. 물론 어떤 것이 더 좋은 번역인가, 하는 것을 두고 공평하게 말하려면 원문도 보아야 한다. 원판 불변의 법칙은 번역에서도 적용되기 때문이다.

당연한 이야기겠지만 본문은 천천히 새겨가며 읽어야 하고 그 속에서 다뤄지는 책이나 이론에 대해서도 필요한 경우 검증해봐야 한다. 예를 들면 지능과 관련해서는 스티븐 제이 굴드의 『인간에 대한 오해The Mismeasure of Man』를 참고해볼 필요가 있다. 이 책은 한국어로 '지능지수'라고 번역되는 IQ라는 것이 어떤 이유로 어떻게 만들어지고, 인종차별 정책을 위해 어떻게 오용되었는지에 대한 역사를 보여준다. 그러나 스티븐 제이 굴드의 책들 역시 조심스럽게 읽어야 한다. 한국에 소개된 것들은 대개가 쓰인 지 꽤 오래된 것이기 때문이다. 이 저작물은 1981년에 초판이, 1996년에 개정판이 나왔지만 "제6장 일란성쌍둥이와 관련된 버트의 사기극"의 시작 부분을 읽어보면 '옛날 냄새'가 좀 난다.

예를 들면 "20쌍 이상의 쌍둥이를 모았던 연구자는 거의 없었다"(『인간에 대한 오해』, 385쪽)와 같은 구절이다. 그 구절은 1966년에 발표된 시릴 버트의 조사 결과에 대한 공격의 포문을 열기 위한 것으로 이해된다. 버트는 떨어져 자란 일란성쌍둥이를 런던에서만 53쌍이나 발견했다고 주장했던 것이다. 그러나 그것은 거짓임이 밝혀졌고, 이후 쌍둥이 연구가 목적을 위해 지저분하게 조작된 과학의 대명사인 것처럼 만들어버렸다.

현대적인 의미에서 쌍둥이 연구는 1979년 미국 한 신문기사에서 시작되었다. 어릴 때 헤어졌던 일란성쌍둥이가 마흔이 되어서 다시 만난 이야기였다. 그 기사에 흥미를 느낀 심리학자 토머스 부처드Thomas J. Bouchard(1937~)는 두 사람의 유사성과 차이를 기록하기 위해 면담을 요청했고, 그 내용을 다시 인터뷰를 통해 세상에 공개했다. 그 뒤 자니 카슨의 〈투나이트 쇼〉에 이들 쌍둥이가 출연하면서 전국 각지의 쌍둥이들을 자극했다. 그들은 전화를 걸어왔고 부처드는 1979년에 12쌍, 1980년에 21쌍, 1981년에 39쌍을 만났다. 1981년까지 만난 '헤어졌던 일란성쌍둥이'만 해도 72쌍이었다. 독자들도 쉽게 짐작하겠지만 매스미디어와 인터넷이 엄청나게 발달한 오늘날, 여전히 드물긴 하지만 '헤어졌던 일란성쌍둥이'의 사례를 찾지 못해서 연구가 안 되는 일은 없다.

스티븐 제이 굴드의 결론에 따르면 IQ뿐만 아니라 일반지능 g라는 것도 전혀 과학적이지 못한 것이다. 인간의 지능을 수치화(물화)하려는 시도 자체가 잘못된 일이 아닌가 싶다. 그렇다고 '머리 좋은 사람'과 '머리 나쁜 사람'이 없다고 말할 수는 없다. 어떤 것을 규정하고 수치화하기 어렵다고 해서 없는 것은 아니기 때문이다. 굴드는

『인간에 대한 오해』를 통해 인간이 누군가 다른 인간의 손에서 재단되고 수치화되고 규정될 때 그것이 얼마나 위험한 일인지를 똑똑히 보여준다.

—— 남자와 여자의 성 차이에 대한 문제

본성과 양육의 과학 이론 가운데 정치적 올바름과 관련해서 예민한 주제가 바로 성gender과 관련된 문제다. 과학도 신념에 따라 흔들릴 수밖에 없다는 사실 때문이다. 예를 들면, 이런 식의 이야기는 조심스러울 수밖에 없다.

심리학자들의 조사 결과에 따르면 남자는 예쁘고 젊고 정숙한 여자를 좋아하는 반면, 여자는 부유하고 야심에 찬 연상의 남자를 좋아한다. 그런 경우가 그렇지 않은 경우보다 두 배쯤 되었다. 이런 앙케트 조사는 1930년대 미국에서 시작되었던 것 같다. 그 당시에는 남자가 돈을 벌고 여자는 집에서 살림하는 경우가 대부분이었으니 어쩌면 당연해 보인다. 그러면 1980년대나 그 이후에는 결과가 달라졌을까? 그렇지 않다. 오히려 오늘날에는 더 심해진 것 같다. 파트너를 찾는 구인광고를 보면 미국 여성들은 바람직한 파트너의 조건으로 경제적인 조건을 열한 배나 높게 치는 것으로 나타난다.

이런 결과를 '무시'하고 싶은 학자들은 다음과 같이 반론했다. "그것은 보편적인 성의 차이가 아니라 미국 문화를 반영한 것이다." 하지만 네덜란드와 독일에서의 조사 결과 역시 거의 같았다. 그렇다면 서구 문화권의 공통된 경향은 아닐까? 학자들은 이어 알래스카와 줄루 섬을 포함해서 여섯 개 대륙과 다섯 개 섬에 걸친 37개국 1만 47명을 대상으로 같은 조사를 했다. 그래도 결과는 별 차이가 없었다(『본성과 양육』, 86~88쪽 참조).

이 이야기는 1994년에 출간된 데이비드 버스David Buss(1953~)의 『욕망의 진화Evolution of Desire』를 근거로 한 것이다. 벌써 20년이 지났으니 지금은 달라졌을까? 글쎄, 진화심리학적인 관점에서 보면 20년이라는 시간은 진화를 통해 마음을 변화시키기에는 너무나 짧은 세월이다.

이와 비슷한 취지의 글을 페이스북에 올린 적이 있다. "문화는 본성에 영향을 미치기도 하지만 본성을 반영하기도 한다"는 취지의 글도 조금 덧붙였다. 그런데 그 첫 번째 댓글이 이 내용은 "위험하고 교묘한 주제"라는 것이었다. 그렇게 규정하는 이유를 알고 싶어서 구체적으로 반박해주기를 요청했다. 그러나 논리적인 토론으로 이어지지는 않았다.

이런 예민한 반응은 남녀가 평등하지 않았던 사회가 너무 오래 지속되었고, 그러면서 만들어진 상처에서 비롯된 것이 아닐까 싶다. 차이가 차별로 이어진 경험이 차이를 인정하기 어렵게 만들고, 그럴 가능성이 보이는 이야기는 아예 차단하고 싶은 것인지 모른다. 그러나 이제는 남녀평등이 아니라 여성이 유리한 고지에 오르기 쉬운 사회 시스템으로 변하고 있다. 거칠게 말해서 남성성보다 여성성이 이 사회를 유지하고 이끌어가는 데 더 소중한 자산이 되었기 때문이다. 그런데도 여전히 여성이나 남성으로 태어나는 것이 아니라 키워진다는 해묵은 논쟁은 쉽게 정리되는 것 같지 않다.

여성이 여성으로 태어나는 것이 아니라 문화가 여성으로 키워낸다는 이론의 핵심에는 마거릿 미드Margaret Mead(1901~1978)의 인류학 고전인 『세 부족사회에서의 성과 기질Sex and Temperament in Three Primitive Societies』이 있다.

이 책은 1935년에 처음 출판되었고, 한국에서는 조한혜정이 1963년 판으로 번역해서 1988년에 한국어판이 나왔다. 그 책에는 1950년 판의 서문도 실려 있는데, 거기에서 미드는 이 저작물이 가장 많은 오해를 받은 작품이라고 썼다. 그녀는 단지 성의 차이가 문화적으로 결정된다는 이야기를 하려 했던 것이 아니라고 했다. 그러나 이 책에 대한 대개의 소개말은 그런 내용이 주를 이룬다. 그리고 본문을 보면 그런 '오해'를 할 만한 구석도 있다. 그리고 미드는 그런 입장에 서 있는 학자이기도 하다. 게다가 마거릿 미드를 비판하는 쪽에서는 미드가 사모아 섬에서 제대로 깊이 있게 취재하고 쓴 것이 아니라 통찰력으로 쓴 픽션이라고 비웃는다. 다음은 『빈 서판』에서 인용한 내용이다.

우선 폭력이란 말을 들어보지도 못했다는 부족들에 관한 이야기는 결국 도시의 전설에 불과했다. 평화를 사랑하는 뉴기니인들과 성적으로 개방된 사모아인들에 대한 마거릿 미드의 묘사는 형식적인 조사의 결과였으며, 거의 일방적으로 왜곡된 것이었음이 판명되었다. 인류학자 데릭 프리먼이 후에 기록했듯이, 사모아인들은 딸이 결혼 당일 밤까지 순결을 지키지 못하면 그를 때리거나 죽일 수 있고, 처녀 신부를 얻지 못한 젊은 남자는 처녀를 강간하고 탈취해서 도망칠 수 있고, 아내가 부정한 짓을 저지른 남편의 가족은 그 간부를 습격하거나 죽이곤 한다.

- 『빈 서판』, 113쪽

이 비판은 주로 미드의 첫 번째 베스트셀러인 『사모아의 청소년』에 관한 것이다. 그 저작물에 대한 현장 연구가 비판받는다면 그 뒤에 나온 저작물 역시 비판에서 그리 자유롭지는 못할 것이다.

마거릿 미드의 사모아 연구는 "문화가 행동에 영향을 미치기 때문에 선천성은 행동에 영향을 미칠 수 없었다"(『본성과 양육』, 287쪽)는 내용을 담았다. 그렇다면 그 내용은 옳은가? 그리고 이 저작물에 대한 비판적 평가는 어떻게 받아들여야 할까?

Chapter

2

여성으로 태어나는가,
만들어지는가?

—— 여성은 만들어진다?

마거릿 미드를 처음 알게 된 것은 페미니즘을 공부하던 때였다. 시몬 드 보부아르(1908~1986)는 자신의 대표작이며 대단한 베스트셀러였던 『제2의 성』에서 "여자로 태어나는 것이 아니라 여자로 만들어지는 것"이라고 말했고, 마거릿 미드는 사모아에서 발견한 인류학적 증거를 통해 여성성은 '본성'이 아니라 '환경'의 산물임을 증명했다.

그럼에도 미드는 보부아르가 쓴 『제2의 성』에 전적으로 찬성하지 않았다. 그녀는 "이 책의 핵심 주장—사회가 여성의 재능을 낭비하고 있다는—을 건전한 것으로 보면서도 드 보부아르가 자료를 당파적으로 취사해 **과학의 규범**(인용자 강조)을 위반했다는 평가를 덧붙였다"(『생각의 역사 2』, 655쪽). 말하자면 사실을 바탕으로 이끌어낸 귀납적 결론이 아니라 미리 내려놓은 결론에 따라 자료를 끼워 맞췄다는 뜻이다. 그런데 앞서 인용에서 보았던 것처럼 미드 자신에 대해서도 그 비슷한 평가를 받았다.

—— 사모아 전문가와 최초 정보제공자의 폭로

미드의 저작물을 공개적으로 강하게 비판하기 시작한 사람은 '자타가 공인하는 사모아 전문가'인 데릭 프리먼Derek Freeman (1916~2001)이다. 프리먼에 따르면 "젊은 여학생 미드는 사모아 언어를 제대로 구사하지 못했고, 자기 자신을 기만했으며, 사모아인한테서 자기가 보고 싶은 것만 보려 했다"(『사랑, 그 혼란스러운』, 150쪽)고 비판했다. 그 때문에 취재원들의 거짓말을 제대로 알아채지 못하고 어처구니없는 결론에 이르렀다고 했다.

1925년 8월 31일, 미드는 스승인 프란츠 보아스의 제안에 따라 미국령 사모아에 도착했다. 6개월 동안 현장조사를 할 작정이었다. 그런데 미드는 보아스 몰래 또 다른 비밀 연구 프로젝트에 빠져 있었고, 사모아에 머무는 동안 주로 그 일을 했다. 겨우 한 달을 남겨두고 미드는 급히 조사를 시작했는데 그러기 위해서 인터뷰할 대상을 찾았고, 가까이 사는 젊은 여성 둘을 만났다. 두 여자의 이름은 파푸아 파무와 포포아 푸멜레였다.

그렇게 인터뷰를 시작한 날이 1926년 3월 13일이었다. 미드는 이 두 여자에게 남녀가 어떻게 데이트하는지를 물었다. 그런데 이 질문을 받은 당사자들이 농담을 시작했다. 사모아의 소년은 수줍음이 많고 소녀가 소년을 적극적으로 따라다닌다고 한 것이다. 그들은 어차피 말도 안 되는 이야기이기 때문에 미드가 곧이곧대로 받아들일 리 없다고 믿었다. 그러나 미드는 그 말을 믿었다. 어쩌면 그것이 미드가 찾고자 하는 이야기였기 때문인지도 몰랐다. 청소년기의 성적인 행동이 서구와 정반대에 가깝다는 이야기는 결국 인간의 행동을 결정하는 것은 환경이라는 의미가 되기 때문이다.

한 달 뒤 미드는 사모아를 떠났고, 1928년에 『사모아의 청소년』이 출간되었다. 이 책은 곧바로 세계적으로 엄청난 베스트셀러가 되어 미드를 유명하게 만들었다. 그리고 문화인류학의 고전이 되었으며 현대 페미니즘의 이론적 배경이 되었다.

그런데 마거릿 미드가 죽고 10년이 더 지난 뒤인 1988년 5월 2일, 여든여섯 살이 된 파푸아 파무가 사모아의 정부 관료에게 미드와 인터뷰한 내용을 털어놓았다. 그 정부 관료는 함께 농담을 했던 포포아 푸멜레(그녀는 1936년에 죽었다)의 아들이었다. 내용의 핵심은 당시 사모아의 청소년들 역시 다른 문화권의 청소년들과 그리 다르지 않았다는 것이었다.

이 설명은『처음 읽는 진화심리학』에 나온다. 이 책의 저자들은 위 내용의 출처를 명확히 밝히지 않았지만 틀림없이 데릭 프리먼의 저작물을 참고했을 것이다(참고문헌 목록에 데릭 프리먼의 책들이 있다). 데릭 프리먼 역시 진화론과 보편적인 심리분석을 따르는 인류학자였고, 저자들은 자기네들과 비슷한 신념을 공유하고 있던 데릭 프리먼의 폭로를 즐기는 듯하다.

『처음 읽는 진화심리학』에 따르면, 마거릿 미드는 그의 스승인 프란츠 보아스가 내린 "지령"(이렇게 감정적인 언어의 사용이 되풀이되면 책 전체의 내용에 대한 신뢰도 떨어질 수밖에 없다)을 안고 사모아에 갔다. 그 지령의 내용은 우생학 열풍을 잠재울 수 있는 증거를 찾는 것이었다. 다른 말로 하면 문화와 사회가 인간의 행동을 결정한다는 증거를 찾는 일이었다. 말하자면 결론을 내린 상태에서 그것을 증명해 줄 자료를 찾아 나섰다는 뜻이다. 다음은 정말 그랬다는 것을 말해주는 미드의 메모다.

> 우리는 인간의 본성이 비상한 적응력을 지녔으며, 문화의 리듬이 생리학적 리듬보다 한층 더 강력하다는 사실을 보여주어야 한다. (…) 우리는 인성의 생물학적 토대가 상이한 사회적 조건 아래서 달라질 수 있다는 증거를 내놓아야 한다.
>
> 『사랑, 그 혼란스러운』 150쪽

그러나 미드가 자신의 신념에 맞는 자료만 골라 썼다는 증거는 없다. 설사 미드가 자신의 신념에 맞는 자료를 구하러 갔다고 해도, 사실이 그렇지 않았다면 그렇게 쓰지 않았을 수 있다. 이런 문제에서 진실을 확인하기란 불가능에 가깝다. 실제로 프리먼의 비판 이후에 수많은 학자가 이 논쟁에 휘말렸지만 본성론자와 양육론자라는 서로의 입장 차이만 확인하고 끝난 것으로 보인다.

프리먼을 비판하는 쪽에서는 두 가지를 든다. 하나는 연구 시기의 문제다. 프리먼이 사모아에서 연구하던 시기는 1940년대로 미드가 연구했던 시기보다 20년 뒤였다. 그 20년 동안 사모아는 심각한 사회적 변화를 거쳤다. 그랬으니 프리먼과 미드의 관찰 결과는 당연히 다를 수 있다는 것이다. 그러나 이 비판은 그다지 설득력이 강해 보이지 않는다. 미드가 갔던 곳이 '미국령 사모아'라는 것을 떠올릴 필요가 있다. 사모아로 갔던 시기는 이미 서구의 기독교가 전파되기 시작한 지 80년 정도가 지난 뒤였다. 그러니까 기독교적 가치가 이식되고 한참 뒤였다. 그런데 겨우 20년 정도 더 지났다고 해서 한 사회의 문화가 그렇게나 심각하게 바뀐다는 것이 가능할까. 더군다나 성과 관련된 관습이 그렇게 빨리 바뀐다고 믿기는 어렵다.

또 하나는 정보제공자였던 사모아인의 증언에 대한 해석이다. 위에서 자신이 농담을 했다고 폭로한 사모아인은 60년이 지난 뒤에야 자신의 말을 번복한 셈이다(적어도 미드에게 그런 말을 했다는 사실은 인정한 셈이다). 그런데 왜 그녀는 폭로를 '감행'한 것일까? 그 이유를 그녀의 사회적 지위에서 찾는다. 그녀는 당시 처녀성을 가장 엄격하게 지켜야 했던 높은 지위에 있었다. 게다가 미드의 책이 출간된 이후 기독교화가 급속도로 진행되었고 그녀를 포함한 정보제공자들은 스스로를 부끄럽게 여기게 되었다. 그래서 자신들을 변호하기 위해 그렇게 나섰다는 것이다. 그러나 이 문제에 대해서도 짐작만 할 수 있을 뿐 그 누구도 진실이 무엇인지 알 수 없다.

이런 사정에 대해 매트 리들리는 『본성과 양육』에서, 스티븐 핑커는 『빈 서판』에서 프리먼의 손을 들어준다. 그들은 본성이 환경을 통해서 발현한다고 생각하는 과학자들이다. 그러니까 여성성이든 남성성이든 단지 환경만으로 만들어지는 것은 아니다. 본성으로서 여성성과 남성성이 있다. 그것은 진화심리학자들의 의견과 같다. 그러나 그것만으로 충분하지 않다. 유전자는 씨앗과 같은 것이다. 같은 씨앗이라고 해도 환경에 따라 조금씩 다른 식물로 자라듯이 같은 유전자가 같은 사람을 만드는 것은 아니기 때문이다. 사람들은 모두 대략 99.9퍼센트 같은 유전자를 가지고 있지만 99.9퍼센트 다르게 느껴지는 경우도 많다. 심지어 유전자가 정확하게 일치하는 일란성쌍둥이의 경우에도 외모는 비슷할지 모르지만 성격이나 지향하는 바는 전혀 다를 수 있다. 그러니까 환경은 본성을 피어나게 만드는 것일 뿐, 본성을 바꾸지는 못한다.

『생각의 역사』를 쓴 피터 왓슨은 어중간한 태도를 취한다. "이 문제는 만족스러울 정도로 해결이 나지" 않았다는 것이다. 그리고 미드를 프로이트에 비교한다. 오늘날 프로이트에 비판적인 학자들은 그의 저작물은 모두 픽션이라면서 노벨문학상을 받았어야 한다고 비꼰다. 그의 이론은 과학이라고 보기에는 흠이 너무 많기 때문이다. 마찬가지로 미드의 '대작'들도 오늘날의 과학적 기준에서 보면 "이해가 잘 가지 않는 부분도 있다"면서 "물론 사실인 부분이 많다는 것은 누구도 의심하지 않는다"고 결론을 내린다(『생각의 역사 2』, 1020쪽).

그렇다면 이를 어떻게 받아들여야 할까? 우선 완전히 객관적인 것은 없다는 점을 인정하자. 어떤 논픽션에도(과학이라는 것에도) 일정 정도의 픽션이(저자의 주관이) 더해진다고 봐야 한다. 객관성이란 주관성의 페르소나이기도 하다. 아무리 발버둥 쳐도 인간의 감각은 사실이 아니라 해석을 인지할 뿐이기 때문이다. 결국 좋은 책이란 명확한 답을 주는 것이 아니라 새로운 질문을 던짐으로써 생각하게 만드는 것이 아니겠는가.

── 남자로 태어나 여자로 길러진 경우

다시 원점에 섰다. 여성은 태어나는 것인가, 만들어지는 것인가? 이 문제에 대해서는 아이를 여럿 낳아서 키워본 사람은 어느 정도 답을 가지고 있지 싶다. 진화심리학자들의 논증을 빌리지 않더라도 여자로 또는 남자로 태어난다는 증거는 수도 없이 많다. 다만 종의 다양성으로 20퍼센트 정도가 남자 같은 여자, 여자 같은 남자로 태어날 뿐이다. 좀 더 명확한 사례는 없을까?

사건은 이제 겨우 8개월 된 브루스Bruce라는 이름의 남자 아기가 포경수술을 받다가 성기를 잃는 사고를 당하면서부터 시작된다. 의사들도 마땅한 해결책을 제시하지 못했기 때문에 브루스의 부모는 난감한 나날을 보내고 있었다. 그러던 어느 날 그들은 성性과학 전문가sexologist이자 심리학자인 존 머니John Money(1921~2006)를 텔레비전에서 보고는 찾아간다.

존 머니는 대략 2,000명에 한 명꼴로 태어나는 양성적인 성기를 가진 사람 131명을 연구했다. 그에 따르면 인간의 성 심리는 태어날 때 중립적이고, 두 살 이후에 성 정체성이 발달한다. 그러니 그 이전에 성을 지정하고, 지정된 성의 정체성에 맞게 아기를 키우기만 하면 된다는 것이었다. 존 머니의 이론에 설득된 의사들은 비정상적인 성기를 가지고 태어난 남자아이를 여자아이로 바꾸는 수술을 정당화했다. 그런 아이들은 대개 여성으로 '재지정'을 받았는데 그것은 남자 성기보다 여자 성기를 만드는 것이 더 쉬웠기 때문이다.

쉽게 짐작할 수 있겠지만 머니의 이론은 양육론자(예를 들면 페미니스트)들에게 대대적인 환영을 받았다. 이는 여성으로 태어나는 것이 아니라 만들어진다는 것을 '생물학적'으로 설명하는 이론이었기 때문이다. 머니는 승승장구하면서 명성을 구가했고, 대중에게 어필

하는 능력도 대단해 여러 매체에 초청을 받았다. 그런 자신만만한 머니를 브루스의 부모가 텔레비전 토크쇼에서 보았던 것이다.

1967년 브루스의 부모를 만난 머니는 자신에게 일생일대의 기회가 왔다고 판단했다. 그동안에는 남자로 태어난 아기가 아니라 양성인으로 보이는 애매한 성기를 가진 아기를 여자로 지정해서 양육하게 했기 때문이다. 만일 남자의 성기를 분명히 가지고 있는 아기를 여자로 지정하고 아무 문제 없이 키울 수 있다면 자신의 이론은 난공불락일 것이라고 생각했다. 이런 천재일우의 기회가 아니면 무슨 수로 실험을 할 수 있겠는가.

브루스의 부모는 스스로 머니를 찾아가 상담했고, 머니의 자신만만한 태도에 감명을 받긴 했지만 그 자리에서 결정을 내리지는 못했다. 엄청난 일이라고 생각했기 때문이다. 부모는 생각할 시간을 달라고 했고, 그 대답을 들은 머니는 초조한 빛을 감추지 않고 하루빨리 결정해야 한다고 재촉했다. 그 이유는 성 정체성이 30개월에서 36개월 사이에 찾아오기 때문이라는 것이었다. 브루스는 이제 19개월 된 상태였으니 아직 여유는 있었다. 브루스의 부모는 집으로 돌아간 뒤에도 머니에게서 결정을 재촉하는 편지를 받았다.

석 달 뒤, 브루스의 부모가 마침내 결정했다. 아기의 이름을 브렌다로 바꾸고 머니가 근무하는 존스홉킨스병원에서 성전환수술을 받았다.

머니와
다이아몬드

머니는 결국 브루스를 브렌다로 바꾸는 성전환수술을 하게 만들었다. 그는 당시 최고의 권위를 가지고 있던 성 심리 전문가로 인간의 모습은 본성이 아니라 양육의 결과임을 증명하려 했다. 이에 반기를 든 학자가 바로 다이아몬드로, 그는 본성을 뒤바꿀 정도의 양육은 불가능하다는 주장을 펼쳤다. 오랜 세월 동안 세상은 머니의 편이었지만 결국 밀턴 다이아몬드Milton Diamond(1934~)가 승리했다.

—— 극단적인 양육론자 존 머니

　　존 머니는 뉴질랜드 출신의 성 심리학자로 하버드대학교에서 처음 양성인(남녀추니)을 접하고 미개척지였던 이 분야에 발을 내디뎠다. 그가 쓴 박사학위 청구논문은 대단히 합리적이고 놀라운 내용이었다. 〈양성: 인간의 패러독스에 대한 연구〉라는 제목의 이 논문은 양성으로 태어난 사람들을 '굳이 환자로 보아야 하는가'에 대한 질문과 답으로 읽을 수도 있는 것이었다.

　　그는 양성 모두를 가지고 태어난 250명을 연구했다. 사실 이는 믿기 어려울 정도로 큰 숫자다. 앞서 말했듯 대략 2,000명에 한 명꼴로 양성을 가진 신생아가 태어난다면, 250이란 숫자는 한 해 한국의 신생아 가운데 발생할 수 있는 남녀추니 전부보다 훨씬 더 많은 숫자다(2019년 이후 통계를 보면 한 해 한국의 신생아 숫자는 30만 명 정도다). 1950년대 초에 대학원생이 그 정도 규모로 연구했다는 것은 좀 의심스럽다. 그러나 그 숫자에 대해 아무도 의문을 제기하지 않았다. 사람들의 관심을 받지 못해서 그랬을 수도 있지만, 아무튼 이 논문에서 머니의 문제 제기와 답은 대략 다음과 같다.

　　이들은 성생활에 문제를 보이거나 정신의학계의 추측대로 긴장감 때문에 신경쇠약증에 걸렸을까? 아니면 인생이 던진 도전장에 적절하게 대처했을까? 결론부터 이야기하자면, 관찰 대상자의 대부분은

———

남녀추니(어지자지 또는 양성인)라고 부르는 헤르마프로디터스Herma-
phroditus. 이 조각은 가슴은 여자지만 성기는 남자다. 이처럼 양성을
다 가지고 있는 경우도 있다. 고대로마시대의 그리스 조각 복제품이
다. 헬레니즘시대의 조각으로 추정된다.

조선시대의 유명한 남녀추니는 사방지術知다. 1988년에 영화〈사방
지〉가 만들어지기도 했는데, 사방지는 양반 집안의 마님들에게 대단
한 인기가 있었다. 겉모습은 여자지만 남자의 성기를 가지고 있었기
때문이다.

신생아 2,000명 가운데 한 사람 정도가 이런 상태로 태어난다는 통계
로 미루어볼 때 조선시대 남녀추니들의 활약상은 알려지지 않았을 뿐
대단하지 않았을까 싶다. 세조 때 실존 인물이었던 사방지에 대한 기
록으로만 미뤄 봐도 충분히 짐작이 간다.

현대 한국에서는 이렇게 양성을 가지고 태어난 아이를 '어른들이 마
음대로' 아기일 때 성을 결정지어버리는 경우가 꽤 있는 모양이다. 그
러나 이 문제는 심사숙고해보아야 할 일이다.

정신적인 질환을 겪기는커녕 생식기상의 핸디캡에 적절하게 대처한
정도가 아니라 일반인들과 별반 다를 바 없는 삶을 살았다.

『타고난 성, 만들어진 성』 248쪽

그러니까 군이 남성이나 여성으로 '지정'해주지 않아도 성 정체성
을 다지거나 자신감을 가지는 데 별문제가 없었다는 것이다.

현대 한국에서는 이렇게 양성을 가지고 태어난 아이가 아기일 때
'어른들이 마음대로' 성을 결정지어버리는 경우가 꽤 있는 모양이다.
그러나 데이비드 라이머의 이야기를 다룬 『타고난 성, 만들어진 성』
을 읽어보면 다시 한번 심사숙고해야 할 것 같다.

머니는 이 논문 덕분에 존스홉킨스병원에 스카우트되어 '양성 환
자의 정신적·심리적 상태'를 연구하는 팀을 맡게 되었다.

그런데 3년 뒤, 그는 새로 발표한 논문에서 완전히 다른 태도를 보
인다. 131명의 양성 환자를 연구했는데, 그 결과 남성과 여성 어느
쪽으로 길러지든 95퍼센트 이상이 정신적으로 만족하는 모습을 보
였다고 주장한다. 말하자면 성 정체성은 선천적이 아니라 후천적으
로 결정된다는 것이었다. 그러므로 양성인 신생아는 수술과 호르몬
요법을 통해 그들이 원하는 성으로 만들어주어야 한다고 역설했다.

머니는 자신의 결론이 왜 그렇게 빨리, 엄청나게 바뀌었는지 설명
한 적이 없으니 그 이유를 알 수는 없다. 그런데 존스홉킨스대학에
서 발표한 논문을 쓰기 위해 관찰 연구한 대상의 숫자는 박사학위 논

문에 비하면 반 정도밖에 안 된다. 그것만으로 보면 박사학위 논문의 신뢰도가 더 높다고 봐야 하지 않을까? 그러나 대개의 학자들은 머니의 박사학위 논문의 존재 자체를 잘 알지 못한다. 그것은 출간된 적이 없으며, 하버드대학교의 와이드너도서관Widener Library에서 열람신청을 해야만 볼 수 있다. 반면 존스홉킨스대학에서 발표한 논문은 그해에 미국 정신의학회가 수여하는 호프마이어 상을 수상했으며 곧바로 고전의 반열에 올랐다. 그리고 1년 뒤 머니는 존스홉킨스병원에 성전환 클리닉을 열면서 일반인에게도 유명해졌다.

오늘날 성 정체성이 백지나 다름없이 태어난다고 말하면 제정신이 아니라는 핀잔을 들을 것이다. 하지만 당시만 해도 머니의 이론은 대대적으로 환영받았다. 1928년에 발표된 『사모아의 청소년』를 비롯한 마거릿 미드의 베스트셀러들이 성 정체성이 후천적으로 결정된다는 이론을 퍼뜨렸고, 제2차 세계대전을 겪으면서 나치의 우생학이 엄청난 학살의 원흉으로 지목되면서 '본성론자'들의 이론은 인기가 없었다. 더욱이 대표적인 남성호르몬인 테스토스테론과 여성호르몬인 에스트로겐 이론이 힘을 잃었던 때다. 이는 동성애자들의 호르몬을 분석해보았더니 이성애자의 그것과 거의 차이가 없었기 때문이다. 그것은 성적인 지향이 호르몬 때문이 아니라는 의미이다.

머니의 이론은 당시에 유행하던 "행동주의 이론의 노예나 다름없었던 당시 지식인층의 입맛에 딱 들어맞았"(『타고난 성, 만들어진 성』, 49쪽)다. 행동주의 심리학은 정체를 파악할 수 없는 마음(또는 의식)

이 아니라 외면으로 드러나는 행동을 관찰함으로써 누구나 확인할
수 있는 과학적인 방법을 채택해야 한다는 존 브로더스 왓슨의 논문
에서 비롯된다. 여기서 외면적으로 드러나는 행동이란 '파블로프의
반사작용'으로 알려진 조건화를 말한다. 왓슨은 인간의 학습을 모두
조건화로 설명할 수 있다고 보았다. 극단적인 양육론자였던 왓슨은
이렇게까지 말했다.

> 나에게 열두 명의 건강한 아기를 달라. 그 아기들을 내가 꾸민 세계
> 에서 키우도록 해준다면, 장담컨대 어떤 아이라도 내가 계획한 어떤
> 종류의 전문가로도 키워낼 수 있다. 그의 재능, 기호, 성향, 능력, 소
> 명, 인종과 상관없이 의사, 변호사, 예술가, 상인, 심지어 거지나 도둑
> 으로도 만들 수 있다.
>
> 『Behaviorism』 p.82

머니의 이론은 왓슨의 행동주의 이론과 꽤 닮아 있다. 어떤 아이가
어떤 성으로 태어났든 상관없이 남성이나 여성으로 키워낼 수 있다
는 것이니 말이다. 왓슨 역시 존스홉킨스대학교의 심리학자였다는
사실은 단순히 우연의 일치였을까.

머니에게 브렌다 케이스가 더욱더 "완벽하고 완벽했던" 이유는 브
렌다가 남자로 태어났을 뿐 아니라 일란성쌍둥이였기 때문이다. 브
루스의 성을 재지정해서 여성으로 키워낸다면 유전자가 꼭 같은 쌍

© Vibha C Kashyap

———

아기 앨버트에게 고전적 조건화 실험을 하는 장면에 대한 이미지컷으로 보인다. 왓슨은 앨버트에게 털이 달린 동물(흰쥐, 개, 토끼 등)에 가까이 가게 하고 그때마다 해머로 쇠막대기를 두드려 크게 소리를 내게 했다. 앨버트는 큰 소리에 놀라 울면서 공포 반응을 보였는데, 나중에는 털이 달린 모든 것에 대해 두려움을 느꼈다(고 보고하고 있다).

왓슨은 이런 실험을 통해서 인간은 경험을 통해 학습하고 그 학습의 결과로 만들어지는 것이라는 극단적인 양육론을 펼쳤다. 당시에 그의 이론은 대단히 인기가 있었고, 그가 쓴 양육서는 최고의 베스트셀러였다. 그러나 그의 이론은 과학적인 것이라고 받아들이기 어려울 정도로 흠이 너무 많았다.

둥이 남자 형제와 비교됨으로써 성 정체성이 후천적으로 만들어진다는 것을 완벽하게 증명하는 셈이었다.

겉으로 보기에 이 실험은 대단히 성공적이었다. 머니의 설명에 따르면 브렌다는 남동생 브라이언과 놀라울 정도로 대조적이었다. 브라이언은 자동차나 덤프트럭, 공구 같은 것에 관심을 보인 반면 브렌다는 인형과 인형집과 인형유모차에 관심을 보였다. 위생관념이 거의 없는 브라이언과는 대조적으로 브렌다는 깔끔했다. 이 쌍둥이는 기호나 성격, 행동 면에서 극단적인 대조를 보였고, 남자와 여자는 타고나는 게 아니라 길러진다는 '결정적인 증거'가 되었다. 이런 내용이 발표되자 "신생아 시기에는 성 정체성이 모호하다"는 머니의 주장은 당시 페미니즘의 이론적 근거가 되었다.

1970년에 발표되어 페미니스트들의 바이블이다시피 했던 『성의 정치학Sexual Politics』에서 저자인 케이트 밀레트Kate Millet(1934~2017)는 머니의 논문을 인용하며 남녀 간의 차이는 사회의 기대와 편견에서 발생한다는 주장을 펼쳤다. 이 책은 한국에서도 오래전에 번역된 적이 있고 아직 소장하고 있는 도서관도 좀 있다. 뿐만 아니라 여성학 교과서였던 앨리스 G. 사전트의 『성 역할을 넘어서』(1977)나 로버트 콜로드니와 매스터스와 존슨이 공저한 『성 의학 교과서』(1979), 그리고 이언 로버트슨이 내놓은 『사회학』(1977)에도 영향을 미쳤다. 그 당시 관련 분야에서는 거의 모두 머니의 이론에 영향을 받았을 것이다.

그러나 반대하는 학자가 없었던 것은 아니다. 머니의 권위와 대중적 인기를 바탕으로 한 영향력 때문에 제 역할을 하지 못했을 뿐이다.

──── 양육의 한계를 지적한 다이아몬드

앞서 잠시 언급했듯이 머니에게 처음으로 반기를 든 사람은 밀턴 다이아몬드였다. 소설가가 일부러 그렇게 이름을 지은 것처럼 느껴지는 '주인공다운' 이름이다. 밀턴은 1960년대 중반에 처음으로 머니의 이론을 정면으로 반박했다.

그는 문화·교육·환경이 인간의 성 정체성에 미치는 영향은 유전적인 요소 때문에 한계가 있을 수밖에 없다고 주장했다. 그러니 인간이 "유전적인 영향에서 완벽하게 벗어날 수 있다"는 것은 "겉만 번지르르한" 엉터리 이론이라는 것이다. 그리고 생식기의 구성이 양성이라면 신경계와 뇌의 구성도 양성으로 이루어져 있을지 모른다고 반박했다. 말하자면 이들은 일반적인 신생아와 달리 신경학적으로 남녀 양쪽 모두가 될 수 있는 능력(다이아몬드는 '능력'이라는 단어를 특히 강조했다)을 타고났다는 것이다. 그리고 87명의 환자를 대상으로 조사한 결과 47명이 "남들과 다를 바 없는 어린 시절을 보냈다"는 해리 벤저민Harry Benjamin(1885~1986) 박사의 발표를 증거로 제시했다. 그런데 그것 말고 캐나다 정신의학협회지에도 머니의 양성 환자 치료법에 의문을 제기하는 논문이 발표된 적이 있었다. 그러나 그 모든 반박은 머니의 권위 앞에 한없이 무기력했다.

이런 와중에 1979년 BBC 제작팀이 브렌다 케이스를 조사하기 시작했다. 여자아이로 성을 재지정받은 소년이 머니가 보고하는 내용처럼 성공적이지 않을뿐더러 심각한 성 정체성 장애를 겪고 있다는 소문을 들은 것이다. 그들은 브렌다 케이스가 그동안 알려진 것과 달리 실패라는 것을 알리기 위해 브렌다의 초등학생 시절에 정신 상담을 맡았던 의사들과 브렌다의 부모를 만나 인터뷰했고, 머니의 이론에 반대하는 학자로 다이아몬드를 출연시켜 프로그램을 만들었다.

그러나 이 프로그램이 발표된 뒤에도 이상하리만큼 학계의 반응은 없었다. 다이아몬드는 이 프로그램이 북미지역에는 방영되지 못한다는 것을 알고 BBC 프로그램을 바탕으로 논문을 써서 학술잡지인 〈성 행태 자료집Sexual Behavior Archives〉에 투고했다. 그러나 논문에 대한 반응 역시 마찬가지였다. 아마도 머니의 권위와 영향력 아래 오랫동안 너무 많은 일이 벌어졌고, 머니의 제자들이 중요한 자리를 차지하고 있었기 때문일 것이다. 다이아몬드는 '그들'이 원치 않는 결과였으니 무시한 것이라고 생각했다. 그는 포기하지 않았고, 브렌다의 어린 시절을 담당했던 정신과 의사를 찾아다녔다. 마침내 당시의 정신과 의사를 만나서 "우리가 나서야 한다"고 설득했다. 브렌다와 같은 희생자가 계속 나와서는 안 되기 때문이었다.

사실 브렌다는 처음부터 성공할 가능성이 없어 보였다. 브렌다는 두 번째 생일에 받은 레이스 달린 예쁜 드레스를 잡아 뜯으려 했고, 인형에는 조금도 관심을 보이지 않았으며 쌍둥이 동생인 브라이언의 총이나 덤프트럭 같은 '남자아이 장난감'을 가지고 놀았다. 줄넘기를 사주면 아이들을 묶거나 때리는 데만 썼고 장난감 재봉틀은 스크루 드라이버로 분해하면서 가지고 놀았다. 게다가 유치원을 다닐 때까지도 서서 오줌 누기를 고집했으며, 그런 모습 때문에 늘 친구들에게 따돌림을 당했다.

그런데도 머니는 브렌다가 여성으로 잘 자라고 있다고 발표하곤 했다. 그것은 어쩌면 완전한 거짓은 아니었을지 모른다. 무엇보다 브렌다의 엄마인 재닛이 머니에게 편지를 쓰면서 가끔 여성스러운 브렌다의 모습만을 이야기했기 때문이다. 브렌다가 여성으로 자라는 데는 부모의 역할이 중요하다고 강조했던 탓이다. 재닛은 자신이 머니가 시키는 대로 얼마나 잘하고 있는지를 보여주고 싶었다고 한다. 게다가 브렌다 역시 부모가 원하는 것이 무엇인지 잘 알고 있었다. 그래서 가끔 부모님을 위해 여자처럼 보이려고 애쓰기도 했던 것이다.

그러나 사춘기가 되면서 더 이상 꾸미는 것도 불가능해졌다. 브렌다의 목소리가 점점 허스키하게 변해갔다. 브렌다에게는 이미 남성호르몬 분비에 가장 중요한 역할을 하는 고환이 없는 데다 여성호르몬인 에스트로겐 치료까지 받고 있었지만, 남성의 2차 성징이 나타나기 시작했다. 그런 상황에서도 브렌다를 도우려 했던 많은 의사는 머니의 명성과 권위를 거부하지 못했다.

하지만 이들에게 결정적인 순간이 왔다. 머니는 브렌다가 여성으로 '완성'되려면 생식기 수술을 끝내야 한다고 생각했다. 브렌다가 생후 22개월에 고환절제수술을 받은 것은 시작에 불과했다. 좀 더 성장한 뒤에 마무리해야 할 두 가지 수술이 남아 있었다. 하나는 여성 생식기의 위치에 맞게 요도를 아래로 내리는 수술이었고, 또 하나는 질관을 완벽하게 형성하는 수술이었다. 문제는 브렌다가 끝까지 그 수술을 받지 않겠다고 버텼던 것이다. 결국 브렌다를 담당했던 모든 의사는 두 손을 들었고, 마침내 브렌다에게 모든 사실을 털어놓기에 이르렀다.

다이아몬드가 브렌다를 만나러 갔던 때는 다시 남성이 된 지 10년도 더 된 시점이었고, 이름도 데이비드로 바꾼 뒤였다. 데이비드는 그때 처음으로 자신이 의학계에서 얼마나 유명한 존재인지 알게 되었고, 머니가 세상에 알린 자신의 성공담 때문에 수천 명이 성전환수술을 받았다는 이야기를 전해 들었다. 데이비드는 자신과 똑같은 고통을 겪고 있는 사람이 그처럼 많다는 데 놀랐다. 그래서 더 이상의 희생자가 나오지 않도록 해야 한다는 다이아몬드의 말에 설득되어 논문을 쓰는 데 전적으로 협조하게 되었다. 그리고 그 논문이 발표되면서 〈뉴욕 타임스〉와 〈타임〉이 브렌다 케이스가 거짓임을 세상에 알렸다. 1997년 여름과 가을 내내 데이비드의 이야기가 언론을 장식했다. 이후 신생아의 성전환수술에 대한 비판의 목소리가 본격적으로 터져 나오기 시작했다.

브렌다 케이스는 마침내 한 기자에 의해 한 권의 책으로 출간되었다. 『타고난 성, 만들어진 성As Nature Made Him』이 그것이다. 이 책을 읽어보면 브렌다는 과학이 아니라 이데올로기와 탐욕, 권위의 희생자임을 알 수 있다. 그리고 본성과 양육이라는 과학에서는 이데올로기에 봉사하려는 저자들의 자료 조작이 드문 일이 아니라는 것을 확인할 수 있다. 또 잘못된 인용, 왜곡된 인용, 의도적인 엉터리 해석, 잘못된 해석도 자주 발견된다. 그런 지뢰밭을 피해 가기 위해서는 과학책 역시 신중하게 논거를 검증하며 비판적으로 읽어야 한다.

거꾸로 읽는 '본성과 양육'의 역사 1

진화생물학에 대한
비판적 이해

어떤 주제를 공부하든 그 역사를 이해하는 일은 매우 중요하다. 거쳐온 과정을 이해함으로써 현재의 상황을 좀 더 넓고 깊게 파악할 수 있고 미래를 그려볼 수 있기 때문이다. 그리고 그런 통찰력은 메타북을 위해 쓰인 이 글의 목적을 위해서도 꼭 필요하다. 한 분야에서 쓰이는 용어, 주요 개념, 중요 저자를 알고 있다면 표지만 보고도 검토할 만한 책인지 금방 알 수 있기 때문이다.

―― 진화심리학에서 거슬러 올라가기

　　본성과 양육에 대한 역사는 간단하게 뭉뚱그리기가 쉽지 않다. 그 역사는 짧지만 뿌리는 고대에까지 닿아 있고 현재에도 진행 중이기 때문이다. 오늘날 새로운 이론들은 주로 진화심리학에서 나온다. 진화생물학의 발달에 기대어 본성에 대한 새로운 통찰을 내놓는 현대의 진화심리학은 1992년에 시작되었다. 1992년은 진화심리학의 성전으로 일컬어지곤 하는 『적응된 마음The Adapted Mind』(제롬 바코Jerome H. Barkow, 존 투비John Tooby, 레다 코스미데스Leda Cosmides)이 출간된 연도다(『처음 읽는 진화심리학』, 25쪽). 그러나 대개의 학문이 그렇듯 이렇게 확정된 연도는 그때부터 '출발!'이라는 신호와 함께 시작되었다기보다는 그 이전의 학문적 성과를 바탕으로 어느 정도 모양을 갖추고 깃발을 올린 시점이라는 의미로 받아들여야 한다. 게다가 이 책은 개인의 저작물이 아니라 여러 학자의 글을 모은, 편집된 저작물이다.

　　진화심리학의 논리적 근거는 진화생물학에서 시작된다. 인간의 몸은 40억 년 동안 진화해온 결과물이고 마음 역시 그 진화에 적응했다는 것이다. 그런데 인류의 조상은 대략 500만 년 전에 침팬지와 헤어져서 갈려 나왔다. 그때부터 대략 10만 년 전까지 '진화'하면서 아프리카 사바나 지역에서 살았다. 그러고는 신체적인 변화가 없었다(또는 미미했다). 그래서 오늘날의 우리 마음은 여전히 10만 년 전

사바나 지역에서 살던 그대로라는 것이다.

그런 예로 동물성 지방과 단것을 좋아하는 입맛(욕구 또는 마음)을 든다. 당시에 동물성 지방을 섭취하려면 동물을 잡거나 죽은 동물을 먹어야 했고, 단것을 먹으려면 잘 익은 과일이 열린 나무를 찾아야 했다. 두 가지 모두 위험이 따를 뿐 아니라 쉽지 않은 일이었다. 그러나 이 두 가지를 섭취하려는 욕구를 가지게 함으로써 그럴 수 있는 기회를 늘렸을 것이다. 그렇게 단것과 동물성 지방을 좋아하는 입맛을 발전시키고 그 입맛을 가진 조상이 살아남아 자신의 유전자를 자손에게 넘겨주었다. 그 자손인 우리는 오늘날 그런 영양가 높은 음식을 쉽게 구할 수 있지만 입맛은 여전하다. 그런 부조화가 현대인을 뚱보로 만든다는 것이다. 여기에서 혹시 단맛이나 동물성 지방을 그다지 좋아하지 않는 입맛을 가진 사람이 있다면 자신은 평균적이지 않다고 생각해야 한다. 진화심리학은 개인의 차이보다는 평균적인 본성이 무엇인가에 관심을 가진 학문이다. 어쩌면 그것이 진화심리학의 가장 큰 맹점일 것이다.

그러나 이런 입맛과 같은 문제일 경우에는 그리 큰 논쟁을 부르지 않는다. 보다 예민한 것은 사회적인 현 상태를 '고착시키려는 의도'로 읽힐 수도 있는 문제에 대한 것이다.

예를 들면 남녀의 차이에 대한 설명이다. 진화심리학에서는 분명히 남자와 여자로 '태어난다'고 말한다. 그리고 성적인 특징의 사회화는 성차의 원인이 아니라 결과라고 강조한다. 그 성차에 대한 설명은

———

진화심리학의 역사를 거슬러 올라가면 찰스 다윈에 이르고, 진화론이라는 개념도 찰스 다윈 이전에 있었던 것을 생각하면 다시 그 이전으로 거슬러 올라가야 한다.

그러나 하나의 학문에 뿌리를 두고 새롭게 분화한 것을 시작이라고 보면 진화심리학은 투비와 코스미데스가 편집한 저작물인 『적응된 마음』에서 시작된다.

사진은 1973년 노벨상을 수상했던 니콜라스 틴버겐(왼쪽)과 콘라트 로렌츠(오른쪽)다. 본능적인 '각인' 개념으로 잘 알려진 콘라트 로렌츠는 열성적인 나치당원이었고, 생물 길들이기에 관심을 가졌던 과학자다. 전후에 자신은 어쩔 수 없이 나치에 동조했을 뿐이라고 발뺌을 했으며, 1937년 틴버겐과 함께 동물의 본능을 연구하는 동물행동학을 창시했다. 이들 역시 진화심리학에 일정한 기여를 했던 과학자들이다.

생물학적인 차이에서 시작된다. 이형접합anisogamy과 여성의 체내잉
태가 그것이다. 여성의 생식세포인 난자는 남자의 생식세포인 정자
보다 크고 개수가 아주 적다. 그렇게 서로 다른 형태의 결합이 이형
접합이다. 하나의 난자는 하나의 정자보다 비교도 안 될 정도로 소중
하다. 정자는 차고 넘치게 많고 그 정자 하나를 만드는 데 치르는 비
용 역시 난자와는 비교가 안 될 만큼 적다. 그리고 여성의 체내에 아
기가 잉태됨으로써 여자는 적어도 9개월 동안 새로운 생식의 기회
는 없다. 그러나 남자는 길어야 15분 정도면 끝이다.

　그뿐만이 아니다. 여자는 평생 임신할 수 있는 기회가 많아야 스물
다섯 번 정도지만 남자는 잠재적으로 무한대에 가깝다. 그래서 남자
와 여자 사이에는 적응도의 차이가 엄청나게 커진다. 남자의 경우에
는 적응도가 높으면 수천 명의 아이를 낳을 수 있는 반면 낮으면 한
명의 아이도 낳지 못한다. 그러나 여자의 경우에는 적응도가 높든 낮
든 아이를 낳는 숫자의 차이가 그리 크지 않다. 여자의 경우 최고 기
록은 69명이고, 남자의 경우는 1,042명이다. 69명의 아이를 낳은 이
여자는 평생 27번의 임신을 했고 최소한 한 번에 둘(쌍둥이)을 낳았
다. 세쌍둥이가 일곱 번, 네쌍둥이는 네 번이었다. 이런 기적이 아니
었다면 69명까지 낳을 수 없었을 것이다. 남자의 경우는 사실 그보
다 훨씬 많았는데 세다가 그만둔 숫자가 1,042명이었다고 한다. 물
론 이 기록들은 모두 대단히 극단적인 경우이긴 하다.

　이런 차이 때문에 일부다처제가 생물학적 정당성을 가지고 있다

는 것이다. 그 점은 역사에서도 그대로 발견된다. 공식적으로는 일부 일처제라고 하는 경우에도 사실상 일부다처제였다(그래서 경쟁에서 탈락한 남자는 평생 한 번도 섹스를 하지 못하는 경우도 있었다. 중국의 기록을 보면 남자 노비들의 성욕을 해소시키기 위해 수간의 기회를 마련해주기도 했다). 그러나 여자의 경우에는 섹스 기회가 없는 경우는 아주 드물다. 그래서 남자는 경쟁심이 강하고 공격적이며 폭력적으로 발달했다는 것이다. 어차피 모험을 하지 않고는 생식의 성공을 보장받을 수 없을 뿐 아니라 성공했을 때의 이득은 매우 크기 때문이다. 그러나 여자는 그런 모험을 할 이유가 별로 없다. 모험의 이득이 크지 않을뿐더러 모험하지 않아도 자손을 남기지 못할 확률이 매우 적기 때문이다. 그래서 경쟁적이거나 공격적일 필요가 없었다는 것이다. 또 그런 이유로 여자는 아이 하나하나에 애정을 좀 더 많이 기울여 보살피게 되었고, 남자의 경우에는 그 정도가 훨씬 덜하다. 그래서 대개의 사회에서 아이를 양육하는 역할을 여성이 맡고 있다는 것이다.

어떤가? 여기까지는 나름대로 그럴듯하지 않은가.

그런데 진화심리학은 여자들이 금발미녀가 되려고 하는 이유까지 생식과 관련된 진화생물학적인 관점에서 설명한다. 남자들이 금발미녀를 좋아하기 때문이라는 것이다. 황인종이나 흑인종에게는 좀 어처구니없는 설명이다. 한국인 남자들에게 금발미녀를 좋아하는 유전자가 있다는 게 말이나 되는가. 그러나 설명의 취지는 어느 정도 납득할 수 있다. 밝은 금발을 유지하는 경우는 대개 젊기 때문이라고 한다. 나이가 들어도 밝은 금발을 유지하는 경우가 없지는 않지만 대개는 갈색으로 변한다. 그러니까 밝은 금발은 젊음의 표식인 셈이다. 황인종이라면 윤기 나는 새까만 머리카락을 좋아하는 경우에 비교할 수 있겠다. 그러나 남녀 모두가 파란색 눈을 가진 이성에게 매력을 느낀다는 설명에 이르러서는 억지스럽다는 생각을 지울 수 없다. 진화심리학은 인류의 조상이 아프리카의 사바나에서 살면서 만들어진 마음을 탐구하는 학문이라고 하지 않았던가. 그렇다면 그 이후에 아시아로 이동한 황인종에게도 금발여자나 파란색 눈을 가진 이성이 더 매력적이어야 한다. 그런데 그런가? 또 진화심리학은 아름다움이나 매력의 기준까지도 모두 생식과 관련시켜 설명한다.

이런 진화심리학에 대해 스티븐 제이 굴드는 비판적이다. "진화심리학자들은 적응 가설들을 단지 재미있는 이야기라는 이유로 적절한 검증도 거치지 않고" 받아들인다는 것이다(『진화심리학』, 144쪽). 필자의 경우 전중환이 쓴 『오래된 연장통』이나 그 책에서 추천하고 있는 『처음 읽는 진화심리학』을 읽으면서 이런 종류의 '재미있는' 가설을 많이 보았다. 특히 일반인을 위해 쉽고 재미있게 진화심리학을 소개하는 책에서 그런 모습이 자주 보인다.

대략 세 가지다. 현재의 진화생물학은 범적응주의적이고, 환원주의적이며, 유전학적 결정론에 빠져 있다는 것이다. 하나씩 보자.

범적응주의라는 비판을 이해하려면 먼저 마음의 모듈 이론에 대해 알아야 한다. 1983년 제리 포더Jerry Fodor(1935~2017)는 마음이 그 쓰임새에 따라 필요한 여러 가지의 모듈로 구성되어 있다고 설명했다. 마음의 모듈이란 컴퓨터에서 쓰이는 응용프로그램 같은 것이다. 컴퓨터가 제대로 작동하기 위해서는 운영체제뿐 아니라 워드프로세서, 계산기, 스프레드시트, 프레젠테이션 프로그램, 비디오 재생 프로그램 등 특수한 목적에 쓰이는 응용프로그램이 필요하다. 그처럼 마음에도 특수 목적에 맞는 모듈이 '몇 개' 있다는 것이다. 그런데 진화심리학의 선구자이자 『적응된 마음』의 공저자인 존 투비John Tooby(1952~)와 레다 코스미데스Leda Cosmides(1957~)는 그런 목적 모듈이 수백 개 또는 수천 개가 존재하며, 그 모든 모듈은 진화하면서 적응하기 위해 만들어진 것이라고 설명했다.

그러나 인간의 특성을 모두 진화에 적응하기 위해 만들어진 마음의 모듈로 설명할 수는 없다. 예를 들면 인간의 중요한 특성 가운데 하나인 문자의 사용이 그렇다. 문자는 겨우 5,000년 전에 만들어졌다. 그러니 당연히 문자의 사용을 위한 마음의 모듈 같은 것은 없다. 아마도 문자의 사용은 시각 모듈과 언어 모듈과 또 다른 여러 모듈의 부수 효과일 것이다. 그러므로 인간의 행동방식을 모두 구석기시대에 만들어진 마음의 모듈로 설명한다는 것은 불가능하다. 말하자면 그 모듈에는 대수algebra 같은 것도 없다.

이와 관련해서 재미있는 책으로는 스티븐 핑커의『마음은 어떻게 작동하는가How the Mind Works』가 있고, 제리 포더의『마음은 그렇게 작동하지 않는다The Mind doesn't work that ways』가 있다. 제목만 봐도 알겠지만 제리 포더의 책은 스티븐 핑커가 설명한 마음의 모듈을 반박한 것이다. 포더는 책에서 "훌륭한 이론이지만 실제로 마음은 그렇게 작동하지 않고 그렇게 작동할 수도 없다"고 지적하면서 "이제 마음이 설명되었다"는 핑커의 낙관주의를 꾸짖었다(『본성과 양육』, 103쪽). 포더가 보기에 현재의 발견 수준은 깊고 거대한 어둠의 한 귀퉁이를 겨우 밝히는 정도의 불빛이었던 것이다. 안타까운 것은 한국에서는『마음은 어떻게 작동하는가』가 베스트셀러가 되었는데도 제리 포더의 책은 널리 읽히지 않았다.

그러고 보면 진화심리학은 오늘날 인류의 문화적 행동방식을 설명하기 어려운 한계를 지니고 있는 듯하다. 석기시대에 만들어진 마음의 모듈로 어떻게 오늘날처럼 과학이 만들어낸 복잡한 사회 속의 인간 행동을 설명할 수 있겠는가.

두 번째는 환원주의다. 환원주의가 기본적으로 나쁜 것은 아니다. 예를 들어 뉴턴의 만유인력 이론은 매우 단순하다. 우주 행성의 다양한 형태의 움직임이 이 단순한 이론으로 '환원'된다. 이런 환원주의는 뉴턴의 이론이 그만큼 위대한 것임을 증명하는 것이다. 그러니까 단순한 이론으로 다양한 형태를 설명하는 것이 나쁜 것은 아니라는 이야기다. 문제는 단순한 이론으로는 복잡한 상황을 설명할 수 없는데도 억지를 부릴 때 생긴다. 그런 이론을 탐욕스러운 환원주의라고 한다. 『처음 읽는 진화심리학』에 그런 혐의가 좀 있어 보인다. 예를 들어 제3장에서 "성과 짝짓기"에 대해 설명하는데 대부분의 경우 조금 억지스럽다는 느낌을 지울 수 없다. 특히 풍만한 가슴을 좋아하는 남자의 마음에 대한 설명이 그렇다. 책에 따르면, 가슴이 작을 경우에는 나이가 적든 많든 그다지 차이가 나지 않지만, 가슴이 클 경우에는 나이 차이가 확실히 드러나 보인다는 것이다. 그래서 젊음을 확인할 수 있는 표식을 가진 '가슴이 큰 여자'를 좋아한다는 설명이다. 설득력이 있는가? 사실 이런 종류의 설명은 도무지 납득할 수가 없다. 아예 가슴이 큰 여자를 좋아하지 않는 이들에게는 공감될 리가 없다.

세 번째는 진화심리학이 유전학적 결정론이며, 현재의 사회 상황을 고착시키려는 의도를 가진 왜곡된 과학이라는 것이다. 그러나 진화심리학자들은 인간의 행동이 본성의 노예라거나 문화나 환경의 영향으로 변할 수 없다고 주장하는 것은 아니라고 말한다. 그들은 행동유전학의 연구 결과를 받아들인다는 것이다. 행동유전학이란 "일란성쌍둥이는 얼마나 비슷하고 이란성쌍둥이는 얼마나 다른가, 그리고 각각 다른 가정에 입양되었을 때 어떤 성인으로 성장하는가를 측정하는 간단한 학문이다"(『본성과 양육』, 116쪽). 떨어져 자란 일란성쌍둥이를 연구한 바에 따르면, 지능은 본성과 양육의 효과가 각각 50퍼센트였다. 그리고 성격은 40퍼센트 정도가 본성을 따르고 10퍼센트 미만이 공통 환경 요소(가정이나 학교), 25퍼센트가 단독 환경의 영향을 받으며 25퍼센트 정도는 측정상의 오류로 본다(수치는 학자마다 조금씩 다르다). 만일 환경이 평균적이라면 결국 성격이나 지능은 본성의 영향을 크게 받는다는 이야기가 된다. 그러나 부모의 보살핌과 교육이 없으면 지능이나 성격 모두가 제대로 형성될 수 없음을 잊지 말아야 한다.

그렇다면 진화심리학이 유전학적 결정론이라는 혐의로 비난받는 이유는 그 내용 자체가 아니라 '본성과 양육의 역사'에서 찾아야 할지 모른다. 그것은 다윈이 말한 적이 없는 '최적자생존survival of the fittest'이라는 말을 사용하면서도 자신의 이론을 사회다윈주의Social Darwinism라고 이름 붙인 허버트 스펜서Herbert Spencer(1820~1903)에게서 시작된다. 그는 무한경쟁을 통한 가혹한 자유방임주의를 지지했고, 그것이 프랜시스 골턴의 우생학과 만나 나치가 저지른 인종학살의 이론적 배경이 된다.

사회다윈주의자들과 우생학자들은 자신들의 정책이 다윈의 이론에 바탕한 것이라고 주장했다. 그러나 최재천에 따르면, 다윈은 경쟁보다는 공생을 강조했다. 최고의 적자가 아니라 어느 정도의 적응력만 가지면 서로가 배려하며 공존할 수 있다는 것이 진화론에 담긴 교훈이라는 것이다. 그런데 우생학을 시작한 프랜시스 골턴 역시 다윈을 배경으로 자신의 이론을 전개했는데, 거기서 진화론은 곧바로 잔인한 현실의 지지자로 비치게 되었다.

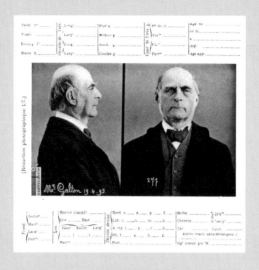

골턴은 20세기 전 세계를 휩쓸었던 우생학을 시작한 인물이다. 골턴 이후 세상은 우생학에 경도되어 대규모의 끔찍한 인종학살, 사회적 약자의 강제불임, 인종차별 강화 등의 결과를 가져왔다.

그는 학자로서 뛰어난 능력을 가지고 있었는데, 통계학적인 방법으로 지문에 대해 처음으로 대단히 과학적인 논문을 썼으며(대략 100년 전이니 오류가 없다는 뜻은 아니다), 오늘날 쌍둥이 연구로 알려진 행동유전학의 원조이기도 했다. 이 사진은 프랑스 경찰관이었던 알퐁스 버티용Alphonse Bertillon이 1893년(골턴 나이 73세)에 방문하여 찍은 것이다. 버티용의 신원증명 기법을 보여주는 자료다. 골턴은 이 방면으로도 기여한 바가 크다.

누군가 말했던가, 잘못된 판단보다는 잘못된 확신 때문에 끔찍한 상황이 벌어진다고. 골턴 역시 '대단히 잘못된 우생학에 대한 확신'으로 결국 악명의 구렁텅이에 스스로 빠져들고 말았다. 우생학은 나치가 저지른 범죄에만 관련 있는 것이 아니었다. 20세기 초 유럽과 북미, 아프리카의 거의 모든 나라에서 우생학을 배경으로 만행이 저질러졌다.

거꾸로 읽는 '본성과 양육'의 역사 2

우생학이 일으킨
끔찍한 인종학살

―――― '본성과 양육'이라는 말은
우생학과 함께 시작되었다

'본성과 양육Nature and Nurture'이라는 말을 처음 사용한 사람
은 프랜시스 골턴Francis Galton(1822~1911)이다. 그러나 늘 그렇듯이 최
초라고 알려진 것들은 말 그대로 최초가 아닌 경우가 많다. 사실 이 말
은 16세기 교육자였던 리처드 멀캐스터Richard Mulcaster(1531~1611)
가 "본성이 양육에 의해 길러지게 하도록" 해야 한다고 썼으며, 17세
기에도 셰익스피어가 〈템페스트The Tempest〉(1610~1611)에서 "악마
여, 타고난 악마여, 어떤 양육도 너의 본성에 붙어나지 못하는구나"

라고 썼다. 아마도 골턴은 그들의 글을 읽었을 것이고, "네이처 앤 너처"라고 중얼거리며 그 멋진 음률을 음미해봤을 것이다.

지리학자였던 골턴이 20세기에 전 세계를 끔찍한 재앙으로 몰아넣은 우생학eugenics을 '발명'한 데는 사촌형인 찰스 다윈의 저작물에서 받은 영향이 가장 컸다.• 그는 찰스 다윈의『종의 기원』(1859) "제1장 사육 동식물에서 나타나는 변이變異"에서 특히 강렬한 인상을 받았다. 아마도 우수한 유전자를 가진 종자들이 통제된 번식을 통해 더욱더 우수한 개체가 만들어진다는 데 꽂혔던 모양이다. 그는 얼마 지나지 않아 다윈의 진화론을 자기 나름대로 해석한 이론을 펴기 시작했다. 인류의 진화를 우연에 의존하는 맹목적인 자연선택에 맡겨두기만 할 이유가 없다고 생각했던 것이다. 자연선택에 맡기면 시행착오를 거치기 때문에 엄청난 세월이 걸리겠지만, 사육 동식물을 품종 개량할 때 쓰는 방식, 즉 계획적으로 번식시키면 오래 지나지 않아 인류는 대단히 우수한 집단으로 '진화'되리라고 생각했다. 그리고 인간에게는 그런 능력이 주어졌기 때문에 그 능력을 사용하는 것이 시대적 사명이라고 보았다.

따라서 그는 우수한 인간의 표본은 자신과 같이 뛰어난 유전자를 가진 집안의 가계도를 통해 확인할 수 있다고 생각했다. 실제로 그는 자신의 할아버지인 에라스무스 다윈Erasmus Darwin(1731~1802)

• Forrest DW 1974. Francis Galton: the life and work of a Victorian genius. Elek, London. p. 84.

이 위대한 과학자이며 시인이자 발명가였고, 그런 가계에서 찰스 다윈 같은 위대한 학자가 태어날 수 있었으며, 그도 그런 유전적 성향을 이어받았다고 뻔뻔스럽게 주장했다. 그러면서 한국어로는 대충 '역사계량학'이라고 번역될 수 있는 'historioimetry'라는 방법으로 연구를 시작했다. 그렇게 해서 출간한 첫 번째 저서가 1869년의 『유전적 천재Hereditary Genius』였고, 두 번째 저서가 1874년의 『영국의 과학자: 그들의 본성과 양육English men of science: their nature and nurture』이었다. 여기에서 처음으로 그 유명한 문구인 "본성과 양육"을 사용했다. 그리고 마침내 1883년에 '탁월한 인종'이라는 뜻이 담긴 "우생학eugenics"이라는 낱말을 발명해서 사용한 『인간의 능력과 그 발전에 관한 탐구Inquiries into Human Faculty and Its Development』를 발표했다.

여기에서 짚고 넘어가고 싶은 것이 있다. 골턴의 경우 탐욕적인 환원주의(이 말뜻에 대해서는 앞에서 설명했다) 때문에 우생학이라는 끔찍한 '사이비 과학'을 만들어내고 말았지만, 그의 학문적 업적이 모두 부정되는 것은 아니다. 1892년에 발표한 저작물인 『지문Fingerprint』은 오늘날 범죄수사의 기초가 되는 지문에 대해 과학적이고 정교하게 분석한 최초의 것이었다. 그는 통계학적인 분석을 통해 두 사람의 지문이 같을 확률은 640억 분의 1이라는 결론을 내리고 있다. 뿐만 아니라 『인간의 능력과 그 발전에 관한 탐구』에서는 인간의 공감각共感覺, synesthesia에 대해 처음으로 체계적으로 설명하고 있다. 공감각

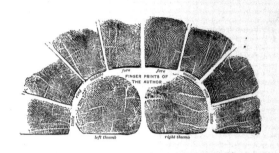

R

FINGER PRINTS

BY

FRANCIS GALTON, F.R.S., ETC.

———

프랜시스 골턴의 중요한 저작물 가운데 하나인 『지문』의 맨 앞페이지에 실린 골턴 자신의 지문. 가운데 두 개가 왼쪽, 오른쪽 엄지이고, 나머지는 순서대로 다른 손가락의 지문이다.

프랜시스 골턴은 우생학으로 악명을 떨쳤지만 학문적인 업적으로 보면 대단한 점도 있다. 오늘날 우리에겐 지문 날인이 익숙해 보이지만 처음에는 무척 신기한 몸의 무늬였을 것이다. 무엇인가를 처음으로 생각해냈다는 것은 늘 대단한 발견이다. 이 지문이 우생학적인 것은 아니지만 '타고나는 특성'이라는 점에서 보자면 비슷한 의미도 있다.

그는 살아 있을 당시에 의심의 여지없이 사회적으로 대단히 '존경받는' 대학자였다. 오죽하면 기사 작위까지 받았겠는가. 우리는 여기에서 '사회적인 존경'이 당대의 이데올로기에서 얼마나 벗어나기 어려운가를 볼 수 있다.

1921년 제2차 세계우생학회의에 쓰였던 우생학 로고. 로고 안에는 "우생학은 인간이 스스로 진화의 방향을 결정하는 것이다"라고 쓰여 있다. 나무는 모든 분야의 학문을 자양분 삼아 우생학이라는 학문이 된다는 의미다.

아이러니한 것은 그로부터 채 10년이 지나지 않아 그 '우수한 인종'들이 만든 사회가 경제공황에 빠져들게 된다는 점이다. 이후 경제가 회복되기는 하지만, 그것은 끔찍한 제2차 세계대전을 통해서였으며, 그 과정에서 우생학적인 사고방식으로 인해 인종학살까지 자행된다. 그 끔찍함이 우생학을 표면적으로 숨어들게 만들었지만 사라지도록 하지는 못했다.

이라는 낱말이 1890년에 만들어졌다는 것을 생각하면 대단한 일이다. 골턴은 피험자들 가운데 일부가 "실제든 상상이든 특정한 색, 그것도 항상 같은 색에서 특정 숫자를 본다"(『뮤지코필리아』, 241쪽)는 것을 확인했다.

특히 그는 자신의 우생학, 즉 본성이 압도적으로 중요하다는 것을 증명하기 위해서는 태어난 뒤 떨어져 자란 쌍둥이를 연구하면 좋겠다는 아이디어를 떠올렸고, 실제로 연구해서 그 결과를 내놓았다(그것이 현대 행동유전학의 시작이었다). 1875년에 발표한 논문 〈쌍둥이의 역사, 본성과 양육의 상대적 영향력의 기준〉이 그것이다. 골턴은 이 쌍둥이 연구에서 결론을 내리면서 스스로도 놀랐던 것 같다. "본성의 힘이 양육보다 훨씬 크다는 결론을 피하기는 불가능하다. 내가 우려하는 바는, 내 증거로 인해 너무 엄청난 것이 입증되지 않았나 하는 것이고, 오히려 그 때문에 의혹을 사지 않을까 하는 것이다. 양육이 거의 무가치하다는 것은 우리의 모든 경험에 반하기 때문이다." 물론 오늘날 과학의 눈으로 보면 이 연구는 허점투성이다. "일화 중심이고 분량이 적으며, 순환논법에 빠져 있다."(『본성과 양육』, 113쪽) 그러나 이 연구의 설득력은 대단했고 존 로크 이래의 경험주의, 즉 인간은 백지상태Tabula Rasa로 태어나고 경험이 능력을 만드는 것이라며 능력주의를 찬양하던 경험론은 개인의 유전적 운명으로 대체되었다. 그리하여 우생학의 시대가 활짝 열린 것이다.

물론 여기에는 묘한 아이러니가 있다. 경험론(양육론)과 우생학

(본성론)을 주장했던 사람들은 모두 같은 계층에 속한다는 점이다. 존 로크John Locke(1632~1704)가 활약하던 '계몽주의시대'에는 타고난 신분을 바탕으로 사회구조가 짜여졌다. 그의 경험주의는 세습되는 신분체제를 거부하는 이론이었기 때문에 당시 새로운 신분계층을 형성하고 있던 부르주아들에게 사회변혁을 위한 사상적 기반이 되었다(사실 경험주의에 대한 신념 때문에 신분계급제도를 반대한 것인지, 신분계급제도를 반대하기 위해 경험주의를 발명한 것인지는 명확하지 않다). 인간의 능력은 타고나는 것(본성)이 아니라 경험에 의해 길러지는 것(양육)이기 때문에 모두가 평등하며 노력하기에 따라 성공 여부가 결정된다고 주장했던 것이다. 그런데 겨우 200년 정도가 지나 새로운 지배층이 된 부르주아 계층(영국에서는 젠트리gentry라고 불렸던 계층)은 이제 자신들이 우수한 인종eugenics임이 증명되었다고 주장한다. 그러고는 자신들과 같은 우수한 유전자를 가진 사람들만 남겨두고 나머지는 모두 멸종시켜야 한다는 우생학에 열광하기 시작했다. 그것은 나치 독일에서 우생학의 희생자로서 엄청난 숫자가 죽임을 당한 유대인이 이스라엘이라는 국가를 세우고 힘을 키운 다음 팔레스타인 사람들을 학살하는 가해자가 되는 것을 보는 듯하다.

—— 우생학은 미국에서 발달했고
나치 독일에서 죽음의 꽃을 피웠다

오늘날에는 사이비 과학이라고들 하지만 골턴에게서 시작된 우생학은 20세기 초반에 전 세계를 지배했던 주류 과학이었다. 당시에는 세계 최고의 지성인들도 공감하고 동조했으며 우수한 인종 집단을 만들기 위한 사명감을 가지고 열정적으로 노력했다. 영국수상이었던 윈스턴 처칠, 미국 대통령이었던 시어도어 루스벨트와 캘빈 쿨리지Calvin Coolidge(1872~1933), 작가인 조지 버나드 쇼, 우리에게도 잘 알려진 '수정자본주의' 경제학자인 존 메이너드 케인즈, 『투명인간』과 『타임머신』으로 유명한 SF작가 허버트 조지 웰스Herbert George Wells(1866~1946), 산아제한 운동으로 유명한 마거릿 생어Margaret Sanger(1879~1966)뿐만 아니라 존 하비 켈로그 John Harvey Kellogg(1852~1943), 데일 카네기, 록펠러 2세와 같은 재벌들은 우생학 연구에 거금을 지원하거나 재단을 설립했다(예를 들면 1906년 켈로그 집안이 만든 인간개량재단Race Betterment Foundation이 있다). 보수적인 지식인만이 아니라 진보적인 인물도 마찬가지였다. 여기에서 마거릿 생어의 경우는 조금 다르긴 했다. 그녀에 대해서는 뒤에서 다시 설명하겠다.

우생학에 적극적으로 동조했던 유명인의 이름은 얼마든지 더 댈수 있다. 하고 싶은 이야기는 이런 것이다. 오늘날 우생학적인 범죄가 아돌프 히틀러처럼 몇몇 정신 나간 인물에 의해서만 저질러진 것처럼 알려져 있는데 그게 아니라 그 당시의 보편적 정서였다는 것. 오죽하면 골턴은 케임브리지와 옥스퍼드 대학교에서 명예학위를 수여받았으며 말년에는 기사작위까지 받고 골턴 '경sir'이 되었겠는가.

당시는 자본주의로 인해 빈부격차가 극심해지면서 새로운 사회 시스템에 적응하지 못한 사회적 약자들이 많이 생겨났고, 그런 사회적 문제를 해결하기 위한 강력한 과학적 이론이 필요했다. 또 미국의 경우는 남북전쟁(1861~1865)이 일어나고 백인, 정확하게 말하면 지배층인 앵글로색슨족과 동유럽 민족이 포함된 유색인종과의 인종차별 문제가 심각했다. 유럽 국가들은 식민지를 경영하면서 피지배 민족과 자신들을 어떻게 차별하고 착취를 정당화할 수 있을 것인가를 두고 고민하던 시기였다.

우생학은 지배층에게 그런 문제들을 완벽하게 해결해줄 과학적 이론으로 보였던 것 같다. 사회적 약자를 적응하지 못해서 도태되는 (또는 도태되어야 하는) 집단으로 규정하면 간단하게 문제를 해결할 수 있었기 때문이다. 그들을 열등한 인간으로 규정하고 격리시키거나 강제로 불임시술시킴으로써 '멸종'시키면 된다는 것이었다. 그것은 자본주의가 완벽한 제도라는 전제하에서만 얻을 수 있는 논리적 결론이었지만, 당시 지배층들은 범죄를 저지르거나 가난할 수밖에 없는 계층이 일으키는 문제의 모든 책임을 열등한 유전자 탓으로 돌렸다. 그 점에 있어서 마르크스주의자들은 달랐다고 말할지 모르겠지만, 꼭 그렇게 볼 수만은 없다. 그들 역시 부르주아와 프롤레타리아의 싸움을 '생존경쟁'이라는 관점에서 보았고, 결국 '프롤레타리아'가 적자생존할 것이라고 전망했다는 것을 생각해보라. 그리고 다음 글에서 설명하겠지만, 당시에 사회적 헤게모니를 장악하고 있던 부르주아가 현재 사회구조를 고착화시키는 이론으로 사용할 수 있는 우생학에 집착한 것과 마찬가지로 마르크스주의자들은 프롤레타리아의 세상이 오면 부르주아적인 인간도 얼마든지 '개조해서' 그들이 만들고 싶은 유토피아를 만들 수 있다고 생각했다. 자본가들이 본성의 극단을 택한 것처럼 양육의 극단을 택했던 것이다. 그것은 획득형질이 유전된다고 설명한 라마르크주의적인 우생학으로 볼 수 있는 것이었다. 그래서 소련의 실패가 가치의 실패가 아니라 탐욕적이고 환원주의적인 사고방식을 가진 지배층의 실패라고 보는 것이다.

우생학은 당시 지배층의 적극적인 지원에 힘입어 대부분의 지식인에게 '과학적인 상식'이 되었다. 그 결과 유럽이나 미국에서는 큰 저항 없이 단종법이 만들어졌고 수많은 사회적 약자들이 강제로 불임시술을 받아야 했다. 아이로니컬한 사실은 유럽의 경우 오늘날 가장 인간적인 복지국가로 꼽히는 스칸디나비아 국가들에서 단종법이 일찍이 시행되었다는 것이다. 나치를 빼면 '열등한 인간'을 가장 많이 단종시킨 국가는 스웨덴이었다. 미국에서는 골칫거리인 사회적 약자들을 안락사하는 방법으로 대량 학살할 필요가 있다는 말까지 공공연하게 떠돌았다.

1922년에 설립된 미국우생학회는 미국 전역에 우생학을 홍보하는 데 열을 올렸는데, 주로 지역 축제에서 공개 강좌를 하거나 전시회 같은 이벤트를 계획했다. 예를 들면 '좋은 유전자를 가진 가족 콘테스트'를 열었다. 콘테스트 참가자들은 자기 가족의 우생학적인 내력을 제출하고, 심사위원들에게서 의학적 검사와 심리학적 검사, 그리고 지능검사를 받았다. 미국우생학회는 이런 '재미있는 행사'를 통해 사람 역시 인간에 의해 우수한 품종으로 개량되는 동식물과 별다를 바 없다는 생각을 대중에게 심어주고 싶었던 것이다.

1970년대 한국에서도 볼 수 있었던 우량아 선발대회Better Baby Contest도 자주 열렸다. 이런 행사는 앞에서 설명한 이유 외에도 자발적인 단종을 촉발시키는 효과를 노린 것이었다. 이는 마거릿 생어처럼 사회적 약자 편에서 산아제한 운동을 하던 페미니스트들의 생각과 비슷하다. 마거릿 생어는 당시 백인 페미니스트로는 드물게, 반복되는 체포와 투옥에도 굴하지 않고 유색인종과 사회적 약자인 빈민을 도왔던 실천적 지식인이었다. 그런 진보적인 인물도 우생학의 목적인 열등한 인간의 단종이 산아제한의 자유를 통해 자발적으로 이뤄져야 한다고 주장했다. 말하자면 사회적으로 인정받는 우량아의 표본을 제시함으로써 사회적 약자들이 자발적인 낙태를 선택하도록 해야 한다는 것이었다. 이처럼 그 당시는 빈민운동을 하던 지식인들조차 우생학이라는 '과학적 상식'에서 자유롭지 못했다.

이런 사회 분위기 속에서 1907년 시작된 인디애나주의 단종법은

1924년 조지아주 축제에서 열린 (아마도 생존에) "더 잘 적응한 가족 콘테스트"에 참가한 가족들의 단체 사진. 당시에는 이런 종류의 행사가 미국 전역에서 열렸는데 현실에 '더 잘 적응한' 대중들의 자녀 생산을 독려하기 위한 것이었다. 이 행사는 1910년대에 시작된 "우량아 선발대회"가 발전한 모습이다.

생존에 적절한 모습을 자연선택에 맡기는 것이 아니라 인간이 스스로 규정하겠다는 오만한 발상이 밑바탕에 깔려 있다. 사실 생명체는 존재 자체가 적절함의 표현이다. 그런데 그 존재들 가운데에서 누군가가 자의적으로 골라내겠다는 발상이 제2차 세계대전 동안의 끔찍한 학살로 이어졌다.

1930년대가 되면 30개가 넘는 주로 확대된다. 유럽은 대략 1920년 대에서 1930년대까지 단종법이 제정되었다. 이렇게 전 세계적으로 국가에 의해 저질러지던 우생학적 범죄는 제2차 세계대전 동안 나치 독일의 대규모 인종학살사건이 알려지면서 수그러들기 시작했다. 그러면서 우생학적 범죄를 저지른 곳은 독일의 나치뿐인 것처럼 얼버무린다.

사실 독일의 우생학은 미국에서 발달한 우생학의 영향을 받았을 뿐 아니라 재정적인 지원까지 받으며 성장했다. 예를 들면 록펠러재 단은 1920년대부터 1930년대까지 독일의 우생학자들에게 연구자 금을 지원했다. 그런 수혜자 가운데는 "죽음의 천사"라는 별명을 가 진 멩겔레Mengele(1911~1979)도 있다. 그는 자신의 상급자인 페르슈어Otmar Freiherr von Verschuer(1896~1969)를 통해 그 돈을 받았다. 더욱더 놀라운 것은 페르슈어는 전쟁 중에 미국우생학회 회원이 되었고, 그 자격은 죽을 때까지 변치 않았다. 또 그는 종전 후에 전범자로 기소되지 않았을 뿐 아니라 나중에는 뮌스터대학교에 서독에서 가 장 큰 유전학센터를 만든 공로로 최고의 인간 유전학 교수로 뽑히기 도 했다. 아돌프 히틀러 역시 옥중에서 구술로 시작된 자서전인 『나 의 투쟁』(1925~1927)에서 미국의 인종차별주의 정책들에 공감하며 이미 시행되고 있던 미국의 단종법에 대해 깊은 관심을 보였다. 그래서 미국이 독일의 우생학과 유대인 집단학살의 기원이라고 주장하 는 학자도 있을 정도다.

그러니 궁금하지 않을 수 없다. 우생학은 영국에서 발명된 것이고, 그것이 미국에서 발달하여 다시 독일로 건너갔다. 그리고 그 당시 적어도 30개 나라에서 정치적·사회적 운동으로 확산되었다. 그런데도 우생학은 나치의 몰락과 함께 사라졌을까?

거꾸로 읽는 '본성과 양육'의 역사 3

우생학에서 사회생물학, 유전공학으로

────── 우생학에서 사회생물학으로

　　미국의 우생학 열기는 1929년부터 1939년까지 지속되었던 최악의 세계대공황을 맞으면서 가라앉기 시작했다. 당시 지배층들은 실직자나 노숙자 같은 사회적 약자들이 열등한 인간이기 때문에 '그렇게밖에 살 수 없다'고 생각했다. 그런데 경제공황으로 사회적 환경이 극단적으로 나빠지자 1933년에는 세 명 가운데 한 명이 실직자가 되었다. 그들이 우수한 인종이라고 자랑하던 북유럽 출신의 백인들, 앵글로색슨 백인들 역시 실직자가 되었을 뿐 아니라 노숙자가 되었다. 사회적인 약자라는 이유만으로 열등한 인간이란 딱지를 붙이고 멸종시켜야 한다고 했던 그들이 환경에 적응하지 못하는 열등한 인간이 되고 말았던 것이다. 게다가 그 '우수한 인간'들은 끔찍하고 잔인한 경제공황이 일어나는 그해 초에도 그런 사태가 일어나리라고 조금도 예상치 못했을 뿐 아니라, 그들이 경제공황을 일으킨 것이나 다를 바 없었다.

계량경제학의 창시자로 알려진 예일대학교의 경제학 교수인 어빙 피셔Irving Fisher(1867~1947)는 공황이 시작되는 해에 "미국은 견고한 번영의 길에서 전진하고 있다"고 말했고, 1928년 대통령에 당선된 허버트 후버Herbert Hoover(1874~1964)는 대통령 후보를 수락하는 연설에서 "미국의 번영은 무한히 지속"될 것이라고 장담했다. 1929년 1월 1일 〈뉴욕 타임스〉 사설에서는 "새해도 희망과 축복의 해가 될 것"이라고 했다. 그러나 바로 그해 10월 주식시장은 붕괴되었고 대공황이 시작되었다.

미국의 경제공황은 1939년 독일이 제2차 세계대전을 일으킨 뒤에야 회복하기 시작했다. 전쟁 중이라고 해서 우생학적인 사고방식이 사라지는 않았겠지만, 전 세계는 독일 나치가 저지른 끔찍한 인종학살을 보며 진저리를 치지 않을 수 없었다. 그러면서 우생학은 쓰기 불편한 낱말이 되었고, 거세게 불던 우생학 운동의 열기는 본격적으로 사그라들기 시작했다.

그러나 사회적 약자들을 열등한 인간으로 취급하고 강제로 거세시키는 단종 법안은 1970년대 초반까지 사라지지 않았고, 미국우생학회 역시 1972년에 가서야 협회 이름에서 '우생학'을 뺐다. 그리고 '사회생물학연구회The Society for the Study of Social Biology'라는 이름으로 재조직되었다. 시점으로 보면 제2차 세계대전이 끝난 지 27년이나 지난 때였다. 그러니 미국의 우생학 운동이 나치의 인종학살에 대한 거부감으로 '실제로' 사라졌다고 보는 것은 설득력이 떨어진다. 숨을 고르고 힘을 비축하면서 '새로운 우생학 운동'을 준비하고 있었던 것은 아닐까?

'사회생물학연구회'라고 이름을 바꾸고자 했던 것은 제2차 세계 대전 당시 장군이었고 전후 우생학계의 지도자 중 한 사람이었던 프레더릭 오즈번Frederick Henry Osborn(1889~1981)의 생각이었던 것 같다. 그는 전후(1946~1952)에 미국우생학회 회장을 역임했고, 퇴임 후에는 〈계간 우생학Eugenics Quarterly〉(1954)을 창간했다. 그리고 1970년에 그 잡지 이름을 〈사회생물학Social Biology〉으로 바꾸었다. 어차피 세월과 함께 우생학의 내용이 변할 텐데 우생학이라는 이름은 조금도 도움이 되지 않는다고 본 것이다.

그것이 최근에 다시 '생물통계학과 사회생물학회Society of Biodemography and Social Biology'라는 이름으로 바뀌었고, 1년에 두 번 같은 이름의 잡지 〈생물통계학과 사회생물학Biodemography and Social Biology〉이 영국의 다국적 출판사인 루트리지에서 출간되고 있다. 이 학회의 회장은 2012년 한스 피터 쾰러Hans Peter Kohler였는데, 이후의 상황은 검색되지 않는다. 그러나 잡지는 지금도 출간되고 있으며, 2013년부터 2021년까지 책임편집자는 아일린 크리민스Eileen M. Crimmins(남부 캘리포니아대학 교수)이다.

그 내용은 이전의 우생학과 달리 상당히 '과학적'으로 발전했을지 모르지만 기본 인식은 크게 달라진 것 같지 않다. 우생학 또는 우생학적인 사고방식은 사라진 게 아니었던 것이다.

우연의 일치일까? 우리는 에드워드 윌슨의 대표 저작물 가운데 하나가 『사회생물학Sociobiology』(1975)이라는 것을 알고 있다. 물론 영어 표기로는 차이가 있다. 그러나 낱말의 뜻으로만 보면 차이가 거의 없다. 그리고 그의 저작물들은 최재천에 의해 한국어로 번역되었고, 한때 일반 독자에게도 꽤 인기가 있었다. 윌슨의 사회생물학에 대해서는 스티븐 제이 굴드의 비판이 있다. 그것은 뒤에서 다시 소개하기로 하고, 하던 이야기로 돌아가자.

미국우생학회가 우생학 대신에 '사회생물학'이라는 이름으로 바꾸면서 오즈번은 "우리 시대 우생학의 위대한 발전은 산아제한과 낙태"라고 했다. 오즈번이 말한 산아제한과 낙태는 19세기 말 처음으로 안전한 낙태시술이 개발되었던 그때의 의미가 아니다.

—— 유전공학, 현대판 우생학

자궁의 양수에 있는 세포를 검사해 태아의 성을 감별하는 양수천자검사법이 개발된 것은 1955년이었고 1960년대에는 실용화의 길을 걷기 시작했다. 혈우병을 가진 가계家系의 임산부를 검사하여 태아가 남자인 경우에는 낙태할 수 있었다. 피가 한번 흐르기 시작하면 웬만해서는 그 피가 멎지 않는 혈우병은 남자에게만 발병하기 때문이다. 그러나 1970년에 들어서면서 이 양수천자검사법이 좀 더 널리 이용되었다. 혈우병과 같이 치명적인 병 때문이 아니라 태아가 남자이기 때문에, 또는 여자이기 때문에 낙태하는 일이 흔해졌다.

한국의 경우에도 1980년대 들어 이 검사가 유행했고, 태아가 여자인 경우 낙태를 많이 했는데, 이는 사회문제가 될 정도였다. 요즘은 그런 고정관념이 거의 사라졌지만 단지 남아선호사상 때문에 매우 건강한 여자 태아들이 엄마의 배 속에서 살해당했던 것이다. 별것 아닌 일로 여겨질지도 모르겠다. 그러나 그것이 바로 '가치 선호'의 출발임을 기억해야 한다. 가치란 좋은 것과 나쁜 것을 가리는 척도이고, 그것이 우생학적 사고방식이다. 1980년대 후반 미국의 경우 태아의 유전자를 검사해서 비만증에 걸리기 쉬운 경우 낙태하는 비율이 예비 부모의 11퍼센트나 되었다. 이쯤 되면 '사회생물학연구회'로 바꾸면서 오즈번이 했던 말의 의미를 이해할 수 있을 것이다.

이런 상황을 좋게 보는 사람들은 소비자의 선택 폭이 넓어진 것 아니냐고 한다. 그리고 불치병을 가지고 태어나 평생을 병에 시달리며 살아가는 것보다 미리 알 수 있으면 훨씬 더 좋지 않겠느냐는 것이다. 그러나 태어나지 않는 것보다 더 좋을지 어떨지는 판단하기 어려운 문제다. 사실 그런 재판은 미국에서 꽤 많이 있었다. 소위 '불법적 생존'과 '불법적 출산' 소송이었다.

　흥미로운 것 가운데 하나는 1975년에 있었다. 다운증후군을 가진 여자 아기를 낳은 부부가 담당의사를 상대로 낸 소송이었다. 임신 당시 산모의 나이가 38세였기 때문에 다운증후군을 가진 아기가 태어날 위험이 크다고 봐야 했다. 그런데도 의사들은 양수천자검사를 받는 것이 좋다는 사실을 알려주지 않았다는 과실이 있다고 주장했다. 그 부부는 아이가 다운증후군을 가졌다는 것을 알았다면 낙태했을 것이니, 출산 후 자신들이 받은 정신적 고통(불법적 출산)에 대한 배상과 다운증후군을 가지고 태어난 아이가 일생 받게 될 고통(불법적 생존)에 대한 배상을 요구했다. 그런데 재판관이 현명했던 것 같다. 대법원 판사는 판결문에서 "태어나지 않는 것이 더 좋았을 것이라고는 하지만, 그 '존재하지 않음'은 태어나서 살아가는 상태와 비교할 수 없으므로 더 좋을지 어떨지 아는 것은 불가능하다"라고 판결했다.

　중요한 것은 한 개체의 존재 자체가 '좋은 것'이 아니라 존재하지 않는 개체와 비교해서 더 좋은 개체를 만들 수 있다는 사고방식이다. 그것이 바로 우생학적 사고방식이다. 오늘날 유전공학의 도구는 사실상 우생학적 개량을 위한 수단이다. "재조합 DNA, 세포융합, 기타 관련 기술을 사용해 미생물, 동식물 또는 인간의 유전자 구성을 개량한다고 할 때 그 과정 자체에는 이미 우생학적 고려가 내포되어 있다. 전 세계 실험실에서 분자생물학자들은 매일 다양한 종의 유전 암호로부터 어떤 유전자를 변경, 삽입, 삭제할 것인지 결정한다. 이 결정은 곧 우생학적 결정이다. 유전자를 변경시킬 때마다 과학자들은 명시적으로는 아니더라도 암묵적으로, 어떤 유전자가 삽입되고 보존되어야 할 유전자인가 그리고 어떤 유전자가 변경되거나 제거되어야 할 나쁜 유전자인가를 결정하고 있는 것이다. 이것이 바로 우생학의 전부라고 할 수 있다."(『바이오테크 시대』, 236~237쪽)

—— 예방과 선택은 양날의 칼

〈가타카Gattaca〉라는 제목의 영화가 있다. 이 제목은 DNA의 염기인 아데닌adenine, 티민thymine, 시토신cytosine, 구아닌guanine을 섞어서 만들어진 것이다. 영화의 배경은 유전자가 신분을 결정하는 미래 세상이다. 사람들은 점점 더 '좋은 유전자'를 가진 아이를 낳고 싶어 하고, 그런 소비자의 선택을 '존중한' 유전공학은 마침내 맞춤아이를 낳을 수 있게 해줄 정도로 발전(?)한다. 그러나 그때쯤 되면 이미 '선택'의 문제가 아니다. 기업체에서도 자신들이 원하는 수준의 유전자를 가진 사람들만 뽑기 때문이다. 부모들이 미리 아이의 선천적 질병을 예방하고 싶어 하듯이, 기업체에서도 기껏 잘 훈련시켜놓았는데 문제가 생기는 것을 예방하고 싶어 하기 때문이다. 그래서 좋은 직업을 가지려면 언제나 우수한 유전자를 가졌다는 것을 증명해야 한다. 가타카는 최고의 우주항공회사 이름이다. 그 회사에서는 유전자 평민, 즉 신의 자식들은 뽑지 않는다. 미래에서 신의 자식이란 우연히 혹은 종교적인 이유로 혹은 돈이 없어서 유전자를 제대로 '조작' 하지 못하고 낳은 아이다. 우수한 유전자를 지닌 유전자 귀족은 유전공학자에 의해 인공수정된 아이다. 〈가타카〉에서 등장한 한 유전학자는 유전적으로 완벽하게 수정된 상태를 보여주면서 "천 번을 해도 자연 임신으로는 만들 수 없는 아이"라고 강조한다. 그런 아이만이 유전자 귀족이 된다.

그런데 이 영화의 주인공은 유전자 평민인 신의 자식이다. 그의 이름은 빈센트 안톤 프리맨. 그는 이렇게 말한다. "왜 우리 엄마는 유전학자의 말을 믿지 않고 신의 뜻을 따랐는지 모르겠다." 그러면서 자신이 태어나자마자 유전자 낙인이 찍히는 모습을 보여준다. 의사는 곧바로 유전자 검사를 하면서 말한다. "신경계 질병 60퍼센트 가능, 우울증 42퍼센트 가능, 집중력 장애 89퍼센트 가능, 심장질환 99퍼센트 가능, 조기 사망 가능, 예상 수명 30.2년." 이렇게 유전자 낙인이 찍힌 유전자 평민은 보험에 들 수도 없고, 유치원에서도 받아주지 않는다. 빈센트의 부모는 둘째 아이를 가지면서 같은 실수를 되풀이하지 않는다. 유전학자가 골라준 완벽한 아이를 선택한 것이다. 그런데 집중력 장애가 발생할 가능성이 89퍼센트라는 신의 아들 빈센트는 완벽한 유전자를 가진 동생보다 더 강한 '집중력'으로 육체적 한계를 뛰어넘어 결국 원하는 것을 이뤄낸다. 이 영화는 유전자가 인간의 모습 그 자체가 아니라는 걸 말하고 싶었던 것이다. '당연한 결말'이라고 생각할지도 모른다. 그러나 우리는 이 영화에서 일어나는 당연하지 않은 일이 현실화되고 있다는 사실을 알아야 한다.

이 영화에 등장하는 완벽한 유전자를 가진 유전자 귀족은 인간의 행동조차 DNA로 환원시키는 환원주의적 분자생물학자나 사회생물학자의 자식으로, 유전자 평민은 발달생물학자의 자식으로 보인다. 발달생물학자들은 유전자의 힘을 과대평가하는 생물학자들과 달리 유기체를 유전자의 주인으로 본다. 영화 〈가타카〉의 경우로 예를 든다면, 주인공 빈센트는 유전자의 주인이 되어 강력한 바람으로 유전자 낙인에 찍힌 불가능성을 모두 가능성으로 현실화한다. 심장질환에 걸릴 가능성이 99퍼센트지만 나머지 1퍼센트가 선택되면 심장질환은 없는 것이다. 집중력 장애가 발생할 가능성이 89퍼센트라지만 11퍼센트는 그렇지 않다.

—— 사회생물학과 민중을 위한 과학

리처드 도킨스 같은 생물학자들은 유기체란 유전자의 유전 정보에 따라서 만들어지는 존재일 뿐이라고 주장한다. 유기체는 유전자의 탈것일 뿐이라고 말하지 않는가. 그래서 그들은 닭이 먼저

냐 알이 먼저냐 하는 질문에 쉽게 답을 낼 수 있다. 알이 먼저다. 유전자의 목적은 알이기 때문이다. 그런 설명에 따르면 유기체로서의 삶은 생식 목적 외에 아무런 의미가 없다. 그러니까 닭은 알을 생산하는 기계일 뿐이라는 것이다. 도킨스는 인간의 경우는 '예외'라고 하면서 정치적으로 예민한 이 문제에서 빠져 나가버렸지만, 사회생물학자인 윌슨은 그렇지 않았다. 『사회생물학』 마지막 장에서 그는 인간의 행동 역시 교활한 이기적 유전자의 산물일지 모른다는 생각을 펼쳐 보였다. 윤리도 진화론적으로 이해할 수 있으니, 사회과학은 생물학의 특수 분야로 축소될 것이라고 전망했다. 책이 출간된 뒤에 가장 격렬하게 비난한 사람은 '민중을 위한 과학' 회원들이었다. 다음은 1975년 11월 13일 〈뉴욕 리뷰 오브 북스〉에 실렸던 글의 일부다.

> 계급, 인종, 성에 따라 결정된 특정 집단의 기득권과 현상 유지에 대한 유전학적 정당화… 그런 이론들은 1910년과 1930년대 사이 미국에서 단종(강제불임)법과 이민제한법 시행에 중요한 토대를 제공했고, 나치 독일에서는 아우슈비츠로 이어지는 우생학 정책의 기초가 되었다.
>
> _『본성과 양육』 340쪽에서 재인용

이 글은 주로 '민중을 위한 과학' 회원들의 이름으로 쓰였고, 같은 하버드대학교의 동료 교수인 굴드와 리처드 르원틴이 포함되어 있다. 이 비난은 사회생물학을 우생학과 같은 수준으로 파악한 것으로 읽힌다. 그러면서 윌슨의 강의를 반대하는 인간 울타리가 강의실 주변에 쳐졌고, 하버드광장에서는 윌슨이 "전쟁, 경제적 성공, 남성 지배, 인종차별 등 모든 사회적 활동을 지배하는 유전자"가 있다고 주장한다는 비난이 담긴 전단이 배포되었다. 그리고 또다시 본성과 양육 논쟁이 강렬하게 시작되었다.

그 뒤 또 다른 학자의 평가를 보면, 매트 리들리는 에드워드 윌슨이 정치적으로 순진했을 뿐이라고 평가하지만 제러미 리프킨은 윌슨의 『인간 본성에 대하여On Human Nature』의 마지막 구절을 인용하면서 "인간을 완전하게 개량하기 위하여 사회가 인간의 진화 과정에 개입하여 설계자로서의 역할을 떠맡아야 한다고 주장"했다며 비판한다. 리프킨은 윌슨의 이론에서 우생학의 그림자를 보았다는 말이다.

에드워드 윌슨과 최재천의 저작물들을 좋아하는 독자들에게 비판자들의 책도 함께 읽어보기를 권한다. 스티븐 제이 굴드의 『다윈 이후』나 르원틴이 쓴 『DNA 독트린』, 그리고 다른 학자들과 함께 쓴 『우리 유전자 안에 없다』, 제러미 리프킨의 『바이오테크 시대』와 같은 책들이다. 그리고 한국의 학자들이 참여했던 『사회생물학 대논쟁』이 이 문제에 균형 감각을 가지는 데에 큰 도움을 준다.

거꾸로 읽는 '본성과 양육'의 역사 4

행동주의 심리학의
우울한 시작

지금까지는 본성을 극단적으로 옹호하는 이론의 역사를 다뤘다. 이제 마지막으로 양육 쪽으로 치우친 이론의 역사를 살펴보자.

—— 빈 서판의 기원

사람의 됨됨이는 타고나는 것이 아니라 교육에 의한 것이라는 이론은 '빈 서판tabula rasa'으로 표현된다. 백지상태로 태어나 경험을 통해 그 백지가 채워지고 그 내용이 그 사람을 결정한다는 것이다.

이런 생각을 지닌 사람들을 경험주의자라고 한다. 빈 서판은 『인간오성론Essay Conderning Human Understading』(1689)으로 유명한 존 로크가 한 말로 알려져 있는데, 사실은 라이프니츠가 존 로크를 비판할 때 자주 쓰면서 널리 알려졌다. 이후 빈 서판이 존 로크 이론의 핵심인 것처럼 알려졌다. 라이프니츠는 신의 완벽함을 믿었다. 그는 신의 존재를 확인할 수 없다는 이유로 뉴턴의 물리법칙도 받아들이지 않았다. 그런데 존 로크가 사람은 경험에 의해 규정된다고 했으니 발끈하지 않을 수 없었을 것이고 그 점을 콕 찍어서 비판했다. 그러나 『인간오성론』을 보면 꼭 그렇지만은 않다. 다음은 그 책에 나오는 말이다.

"영구불변의 체질에 따라 용감한 사람과 소심한 사람이 있고 대담한 사람과 신중한 사람이 있으며 유순한 사람과 완고한 사람, 호기심이 많은 사람과 태평한 사람, 빠른 사람과 느린 사람이 있다."

이 책을 보면 로크는 극단적인 양육론자가 아님을 알 수 있다. 그럼에도 사람들은 로크가 저작물에서 경험을 강조한다고 느끼고, 그 내용에 강한 충격을 받았다. 그 이유는 당시의 사회 상황 때문이었을 것이다. 왕권신수설로 대표되는 신분세습제의 뿌리가 여전히 굳건했던 시절이다.

신분세습제라는 것이 본성론의 강력한 표현 아니겠는가. 여기에서 우리는 존 로크 이전 사회에서의 주류 이데올로기는 본성론일 것이고, 그에 반기를 들었던 계몽주의자들은 대개 어느 정도는 양육론

옹호자(경험주의자)였으리라고 쉽게 짐작할 수 있다.

그렇지만 빈 서판의 원어인 '타불라 라사'가 라틴어임을 생각해 보면, 경험주의가 존 로크에서 시작된 것이 아님을 짐작할 수 있다. 자료를 뒤져보면 그 기원은 존 로크 때보다 2,000년 정도 거슬러 올라간다. 아리스토텔레스Aristoteles(BC 384~322)가 쓴 서양 최초의 심리학 책인 『영혼에 관하여De Anima』에 그런 말이 나온다. 아리스토텔레스는 '뤼케이온'이라는 학교를 설립해서 학생들을 가르쳤던 선생이기도 했으니 당연히 학습은 인간을 만드는 중요한 요소라고 강조했을 것이다. 그런데 아리스토텔레스 이후 대략 1,500년이 흐르는 동안 유럽에서는 '빈 서판'이 사라졌던 것으로 보인다. 그러다가 11세기경 페르시아의 철학자이자 의사였던 이븐 시나Ibn Sina(980~1037, 서양에서는 아비센나Avicenna라고 부른다)의 책에 이 말이 다시 나타난다.

앞서 설명했듯이, 유럽 사회의 변화는 11세기경에 일어난 농업혁명으로 도시화가 가속화되면서 시작된다. 사회가 복잡해지자 『성경』의 말씀만으로는 새로 생겨나는 많은 문제를 해결할 수 없었다. 그에 필요한 철학적·과학적 기반을 마련하기 위해 유럽의 지배층은 그리스 로마의 학문적 유산을 간직하고 있던 이슬람 문화에서 배울 수밖에 없었다. 그 과정에서 이븐 시나의 유명한 의학백과사전인 『의학 정전The Canon of Medicine』(1025)도 유럽에 소개되었고(나중에 중국어로도 번역되었다), 17세기 말까지 가장 영향력이 큰 의학서적

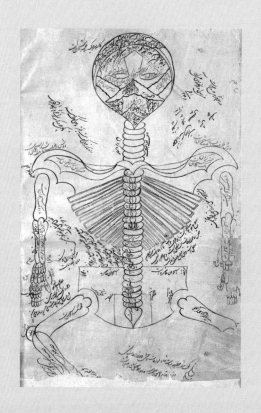

11세기 이슬람 최고의 학자였던 이븐 시나의 『의학 정전』 필사본의 한 페이지로, 골격계통Skeleton system을 그린 것이다. 이븐 시나의 저작물들은 대략 13세기경부터 유럽에 소개되었으며, 17세기 말까지 유럽 의학도들의 교과서로 쓰였다.

존 로크는 의사가 되기 위해 도서관에서 라틴어 서적을 탐독했던 시절이 있었다. 당연히 이븐 시나의 의술과 철학의 영향을 받았을 것이다. 이븐 시나도 경험주의자였고, 빈 서판에 대해 말한 적이 있다. 아리스토텔레스의 생각이 이븐 시나를 거쳐 존 로크에게 전달되었던 것 같다.

이 되었다. 책에서 이븐 시나는 이렇게 말한다.

"사람은 순전히 잠재적인 상태인 빈 서판으로 태어난다. 교육을 통해서 그리고 일반적인 관념에서 출발해서 경험으로 구체화된 지식에 의해 만들어진다."

존 로크는 당대 최고의 외과의사였다. 그는 의사가 되기 위해 도서관에서 라틴어 서적들을 독파했고, 그 과정에서 당시 가장 널리 읽히던 의학 교과서인 이븐 시나의 저작물들을 보았을 것이다.

—— 본성과 양육 논쟁이 다시 불붙게 된 사회적 이유

존 로크의 영향을 받은 경험주의자(빈서판주의자)들이 승리한 이후 19세기 중반이 될 때까지 본성과 양육에 대한 격렬한 논쟁은 없었던 것 같다. 그러나 자본주의의 끔찍한 문제가 불거지자 다시 시작되었다. 문제의 원인과 본질, 해결책을 위한 이론이 필요했기 때문이다. 19세기 빅토리아시대의 노동환경은 이런 정도로 끔찍했다.

다음은 1831~1832년 정부의 공장 아동노동조사위원회가 보고한 내용이다.

"날씨가 좋을 때 이 소녀들은 아침 몇 시에 공장에 출근합니까?"

"날씨가 좋은 기간 약 6주 동안 새벽 세 시에 공장에 가서 밤 열 시나 열 시 반까지 일합니다."

"그 19시간 노동하는 중에 휴식 시간은 얼마나 되나요?"

(…) "기계를 닦는 데 아침식사 시간이나 차 시간이 다 소요되는 경우도 있습니다. 최대한 식사를 빨리 하지 않으면 큰일 나죠."

1819년부터 과도한 노동을 규제하는 법이 시행되었으나 사정은 개선되지 않았고 현실은 여전히 비참했다.

이런 제도에서 아이들은 하루 일이 끝나면 완전히 녹초가 되었으므로 아침에는 어른 감독이 흔들어 깨워야 했다. 일부 광산의 사정은 더욱 열악했다. 거우 네 살에 끌려와 환기구를 여닫는 일을 하는 아이들도 있었다. 이 아이들은 석탄을 캐내면서 생긴 좁은 공간에 몇 시간이나 앉아 있었다. 어느 감독의 말에 따르면 '최악의 환경 속에 홀로 갇혀 있는 셈'이었다. 당연한 현상이지만 사망률이 높을 수밖에 없었다. 심지어 작업하다가 졸음에 거워 기계 속으로 빨려 들어가는 사태도 있었다. 그래도 그것은 신속하게 죽는 경우였다. 위생 상태가 불결했으므로 질병이 많았다. 특히 결핵, 콜레라, 장티푸스는 3대 질병으로 악명을 떨쳤다.

_『생각의 역사 1』 928~929쪽

이 부분을 좀 길게 인용한 이유는 당시 상황이 오늘날 우리가 상상하는 수준을 훨씬 넘어선다는 것을 피부로 느낄 수 있기를 바라기 때문이다. 톰 후퍼가 감독한 최근의 영화 〈레 미제라블〉이나 2005년에

차티스트운동의 마지막 거대 집회였던 케닝턴공원 집회 광경. 우생학
이 발호하던 19세기 말의 노동환경은 말로 다 하기 힘들 만큼 끔찍했
다. 본문에도 썼지만 19시간 노동에 아침식사 15분, 저녁식사 30분,
차 시간 15분이 주어졌다. 그나마 그 시간에 기계를 제대로 닦아놓지
않으면 끼니도 때울 수 없었다. 네 살 때부터 광산의 환기구를 여닫는
아이들도 있었다. 기계에 빨려 들어가는 일도 자주 일어났다. 정부는
완전히 부르주아의 입장에 서 있었다. 당연히 노동자들은 상황이 바
뀌기를 원했을 것이고, 그러기 위해서 선거권을 요구했다. 그러나 정
부는 어마어마한 서명 청원에도 불구하고 눈 하나 깜빡하지 않고 탄
압했다.

1832년에 선거법 개정이 있었는데, 노동자들에게는 투표권을 주지
않았다. 이후 본격적으로 투표권을 쟁취하기 위한 운동이 시작되었는
데, 1837년에 〈인민헌장People's Charter〉이 작성되어 전국에 배포되었
다. 차티스트운동이라는 이름은 이때의 헌장Charter에서 나온 말이다.
1839년에는 120만 청원 서명을, 1842년에는 325만 청원 서명을 시도

했으나 모두 거부되었다. 그리고 다시 1848년, 프랑스에서 일어난 2월혁명으로 전 유럽에서 혁명적 분위기가 고조되었다. 그해 4월 세 번에 걸쳐 570만 명의 청원 서명을 모아 런던 케닝턴공원에서 대집회를 열고 청원을 시도했다. 이 집회에 15만 명 정도가 모였다고 하니 어마어마한 규모였다. 그러나 시위는 무력으로 진압되었고 청원은 받아들여지지 않았다. 그 뒤 지도자들은 체포되어 투옥되었고 1858년 이후 차티스트운동은 무산되고 만다.

그런 상황에서 우생학은 새로운 시대의 과학 상식으로 자리 잡는다. 새로운 사회 시스템에 잘 적응한 자신들은 '적자fitter'이고 착취당하던 노동자들은 도태되어야 할 부적응자로 낙인찍었다. 이러한 우생학은 미국에서 꽃을 피웠고, 끔찍한 생체실험이 독일 나치에 의해 저질러졌다. 불행하게도 우생학은 제2차 세계대전과 함께 끝나지 않았다.

로만 폴란스키 감독이 만든 영화 〈올리버 트위스트〉를 본 사람들은 당시의 사회 상황을 짐작할 수 있을지 모르겠다. 이 영화들은 당시의 상황을 상당한 수준으로 재현했다. 물론 오늘날에도 이런 상황이 완전히 사라진 것은 아니다. 지구의 한쪽 구석에는 초콜릿과 커피를 만드는 노예 노동자가 여전히 존재한다.

이처럼 끔찍한 노동환경에서 사회가 안정적으로 지속될 수는 없었다. 노동자들은 노동환경을 개선하기 위해 참정권을 요구했고, 그것은 차티스트운동(1838~1848)으로 표출되었다. 그렇다고 산업혁명이 만들어낸 자본주의 시장경제가 제대로 작동했던 것도 아니다. 차티스트운동이 시작되기도 훨씬 전인 1825년부터 유효수요의 부족으로 인한 과잉생산 공황이 주기적으로 되풀이되고 있었다. 이런 끔찍한 상황을 보며 카를 마르크스는 『자본론』을 썼고 자본주의의 멸망을 예언했다. 그리고 그 예언이 실현되기라도 하려는 듯이 1873년부터 국제적인 대공황 상태에 들어간다. 이후 1896년까지 23년이라는 긴 세월 동안 끔찍한 불황이 계속되었다. 이렇게 혼란스러운 사회 상황에서 문제의 원인을 규명하고 해결책을 마련하기 위한 이론이 개발될 필요가 있었다.

당시에 본성론자들은 우생학에 빠져들었고 양육론자들은 주로 마르크스주의적인 갈등 이론에 바탕한 인간 개조론을 생각했다. 재미있는 사실은 그들 모두가 찰스 다윈의 진화론에 매력을 느꼈다는 것이다. 각 진영에서 필요한 부분만 발췌해서 사용했기 때문일 것이다.

—— 행동주의의 기원, 파블로프의 조건반사

양육론이 찰스 다윈의 진화론과 같은 과학의 지위에 오른 것은 파블로프Ivan Petrovich Pavlov(1849~1936)의 공이었다고 봐야 할 것이다.

위대한 과학은 우연히 시작되기도 한다. 그는 개가 음식에 대한 반응으로 흘리는 침의 분비작용에 대해 연구하고 있었다. 그러기 위해 개의 침샘 하나에 깔때기를 연결해서 바깥으로 흘러나오게 했다. 그런데 가죽끈으로 실험장치에 묶이면 음식을 준다는 것을 알게 된 개는 끈에 묶이면서부터 침을 흘리기 시작했다. 파블로프는 이 상황의 중요성을 재빨리 눈치챘다. 그는 음식을 주기 전에 종소리나 메트로놈 소리를 들려주었다. 그러자 나중에는 종소리나 메트로놈 소리만 들려주어도 침을 흘렸다. 당시 러시아 최고의 뇌 과학자인 세체노프 Ivan Mikhailovich Sechenov(1829~1905)의 제자였던 파블로프는 인간과 같은 고등 포유동물에게는 다른 동물과 달리 대뇌에 피질이 있다는 것을 알고 있었다. 사실 파블로프의 생각은 스승인 세체노프에게서 시작된 것이라고 봐야 한다. 그는 인간의 행동 99.9퍼센트가 외부적인 요인에 의한 것이라고 주장했다. 골턴이 본성론에 인생을 바친 것처럼 세체노프는 양육론에 인생을 바쳤던 학자다.

파블로프는 피질을 제거한 개에게 같은 실험을 해보았다. 피질이 제거된 개는 음식을 줄 때만 침을 흘렸다. 결국 조건반사의 열쇠는 연상작용을 가능케 하는 대뇌피질에 있었던 것이다. 그것은 본성이 아니라 환경의 자극에 따라 학습된다는 뜻이다. 파블로프는 1903년에 마드리드에서 열린 회의에서 실험 결과를 발표했고 세계의 주목을 받았다. 그리고 1904년에 '소화액 분비의 신경 지배에 관한 연구'로 노벨 생리의학상을 수상했다.

사실 위대한 발견이었고 부분적으로 옳았지만 완전한 해답은 아니었다. 문제는 그 이후의 추종자들이 너무 나아간 데 있었다. 파블로프의 발견을 탐욕적인 환원주의 이론으로 만들어버린 것이다. 그들은 뇌가 조건화를 통한 학습기계에 지나지 않는다고 주장했다.

파블로프의 이론은 미국으로도 건너가 행동주의Behaviorism라는 이름으로 꽃을 피운다. 행동주의란 뉴턴의 물리학을 부러워하는 병에서 시작된 것이라고 말할 수 있다. 유기체가 어떤 행동을 할 때 무슨 생각을 하는지, 의도가 무엇인지는 중요하지 않다. 그것은 관찰할수 없고 알아낼 수 없는 것이기 때문이다. 그러나 자극과 행동이라는 입출력 현상은 분명히 드러난다. 그러니까 행동주의자들은 관찰 가능한 자극과 반응을 통해 '과학'을 해야 한다고 주장했던 것이다. 다시 파블로프의 소련으로 돌아가보자.

1920년대 소련에는 극심한 기근이 찾아왔다. 그때 주목받았던 사람이 코즐로프 근교에서 사과 품종을 개량하던 이반 블라디미로비치 미추린Ivan Vladimirovich Michurin(1855~1935)이다. 그는 배나무에 설탕물을 주면 다음 세대에 당도가 더 높은 품종을 수확할 수 있다거나 접목을 통해 잡종 줄기를 만들어낼 수 있다고 주장했다. 말도 안 되는 이론이었지만 당시 소련의 정치적 이념에 적합한 것이었기 때문에 정부로부터 엄청난 명예와 함께 연구비를 지원받았다. 멘델의 유전학은 더욱 배척당했는데 핵심 이유는 정치적으로 올바르지 않았기 때문이다.

미추린의 뒤를 이은 사람은 스탈린시대에 엄청난 기근을 만들어내는 데 핵심 역할을 한 트로핌 데니소비치 리센코Trofim Denisovich Lysenko(1898~1976)였다. 그는 또한 그 뒤를 이은 권력자인 흐루쇼프가 실각하게 되는 이유 가운데 하나를 제공했던 인물이다. 그는 밀을 잘 '훈련'시키면 강인한 겨울밀을 얻을 수 있다고 주장했는데, 이로써 겨울에 파종하는 밀이 서리에 상해를 입어 소출량이 적어지는 문제를 해결할 수 있다는 것이었다. 심각한 문제는 이 이론을 실천했다는 데 있다.

1928~1929년에 700만 헥타르의 밭에 그가 훈련시킨 겨울밀이 뿌려졌다. 그리고 몽땅 죽었다. 리센코는 조금도 동요하지 않고 이번

에는 봄밀로 넘어가 종자를 춘화처리하면 열매가 빨리 맺을 것이라고 주장했다. 봄에 파종하는 밀은 알곡이 너무 늦게 영글어 가뭄 피해를 입곤 했는데, 리센코의 주장은 이 문제의 해결 방법으로 보였다. 결과는 볼 것도 없이 끔찍한 흉작이었다.

그럼에도 '정치적으로 올바른 양육론의 과학자'였던 리센코가 몰락한 것은 아니었다. 그는 여전히 스탈린의 비호를 받으며 승승장구했다. 오히려 자신의 이론은 새로운 형태의 과학이며 유전자 이론의 오류를 입증하고 다윈주의를 분쇄했다고 선언했다. 그런 엄청난 실패의 연속에도 불구하고 1948년 리센코는 국가의 지원을 독점하게 된다. 반대로 유전학은 억압당했으며 유전학자들은 체포되거나 죽임을 당하거나 망명해야 했다. 리센코의 과학권력은 스탈린이 죽은 뒤 흐루쇼프Nikita Khrushchyov(1894~1971)시대에도 변함없이 유지되었다.

소련에서 유전학이 시작된 것은 흐루쇼프 말년인 1961년이었다. 그러나 리센코는 여전히 DNA는 멍청한 형이상학적 개념이며 존재하지도 않는 것이라고 주장했다. 어쩌면 그가 정말로 미쳤었는지도 모른다. 그는 자신이 개암나무 열매인 헤이즐넛을 소사나무에서 열리게 했고, 호밀 씨앗을 맺는 밀을 만들어냈을 뿐 아니라, 뻐꾸기가 휘파람새의 알에서 깨어나는 것을 봤다고 주장했다. 리센코는 1964년 흐루쇼프와 함께 몰락했고, 그의 과학은 흔적도 없이 사라졌다.•

● 이 부분은 주로 매트 리들리의『본성과 양육』260~264쪽의 내용을 참고해 정리한 것이다. 리센코에 대한 이야기는『생각의 역사 2: 20세기 지성사』(피터 왓슨),『진보와 그의 적들』(기 소르망),『전쟁과 과학, 그 야합의 역사』(어니스트 볼크먼)에서도 찾아볼 수 있다. 세체노프에서 시작해서 리센코에서 활짝 피어났다가 사라져버린 소련과는 조금 다른 형태였지만, 미국에서도 극단적인 양육론이 꽃을 피운다. 그것은 파블로 프에게서 영감을 받은 존 브로더스 왓슨과 B. F. 스키너에 의한 것이었다.

네 번째 이야기 · 객관성의 칼날에 상처 입은 인간에 대한 오해
———

Chapter
8

거꾸로 읽는 '본성과 양육'의 역사 5

불가능한 행동주의
심리학

—— 위대한 환원주의를 꿈꾸며 시작된
행동주의 심리학

서구에서 극단적인 양육론은 행동주의 심리학으로 시작된다. 여기서 행동이란 정신과 반대되는 의미로 쓰인 것이다. 좀 더 정확하게 말하면 정신은 아무래도 상관없고 행동만 중요하다는 의미에서 행동주의다. 언뜻 듣기에는 무슨 말도 안 되는 소리인가 싶다. 그런 심리학이 대략 1920년부터 1980년대까지도 학계를 주름잡았고, 그 행동주의가 우리에게 미친 영향은 엄청나다.

심리학이란 행동을 일으키는 이유가 무엇인가를 밝히는 학문이다. 그런데 보통 말하는 '정신'은 그것이 설사 어떤 행동의 이유가 된 다고 해도 우리가 직접 관찰할 수 없다. 뉴턴의 물리학처럼 똑 떨 어지게 증명할 수 있는 과학이 되기 어렵다는 말이다. 그래서 20세 기 초 심리학 이론들은 과학적이라기보다는 직관적이고 주관적인 것이어서 한계가 너무나 분명했다. 오죽하면 촘스키Noam Chomsky (1928~)가 "인간의 심리를 알고 싶으면 차라리 소설을 읽는 게 낫다" 고 했겠는가.

행동주의라는 말을 만든 존 브로더스 왓슨John Broadus Watson(1878 ~1958)은 심리학이 뉴턴의 물리학과 같은 과학이 되기를 간절히 바 랐던 사람이다. 그는 당시 통용되던 '시시한 심리학 이론'들에 실망한 나머지 〈행동주의자가 본 심리학〉(1913년, 나중에 이 글은 행동주의 선 언문The Behaviorist Manifesto이라고 불리게 된다)이라는 제목의 글을 통 해 "내면에 대한 성찰은 중단되어야 한다"고 선언했다. 심리학은 분 명히 확인할 수 있는 자극과 반응을 관찰함으로써 과학적인 학문이 되어야 한다고 말했던 것이다. 그런 왓슨은 "쥐가 미로를 통과할 때 그 쥐의 머릿속에서 무슨 일이 벌어지고 있는가를 상상해보라는 요 구를 지독히 혐오했다고 한다"(『본성과 양육』, 257쪽).

오해의 소지가 조금 있긴 하지만, 행동주의 심리학을 좀 더 쉽게 설명해보자. 공부를 하지 않는 아이에게 매를 들었더니 한 시간 공부 하더라는 식이다. 매를 맞고 아이가 무슨 생각을 했는지는 중요하지 않다. 한 시간 동안의 공부가 얼마나 제대로 된 것인지도 중요하지 않다. 그것은 정신의 영역이고, '측정 불가능'하기 때문이다. 그러나 매와 한 시간의 공부는 관찰 가능하므로 행동의 이유는 매가 되는 셈이다. 물론 보상하는 방식도 있다. 한 시간 공부하면 가지고 싶은 물건 하나를 주는 것이다. 이때 공부를 하는 이유는 보상이 되는 셈이다. 행동주의자들은 말하자면 이처럼 눈으로 확인할 수 있는 입력(자극 또는 조건화)과 출력(자극이나 조건화에 대한 반응으로서 행동)만이 심리학의 대상이어야 한다고 주장했던 것이다. 우리 주변에는 아직도 이런 식의 교육방식이 남아 있다.

생각이 있는 사람이라면 이런 식의 행동주의 심리학이 적어도 인간에게는 효과가 형편없다는 것을 안다. 매는 때릴수록 그 효과가 줄어들고, 너무 많이 때리면 공부를 할 수 없게 된다. 어쩌면 격렬한 저항에 부딪칠 수도 있다. 말하자면 매의 양과 공부의 양이 비례할 수 없는 것이다. 게다가 그 매가 없어지고 나면 공부는 더 이상 하지 않게 될 확률이 높다. 보상하는 방식은 처벌하는 방식보다 훨씬 효과가 좋다고 하지만, 근본적으로 그리 다른 것으로 보이지 않는다. '보상'과 관련된 조건화에 대해서는 스키너Burrhus Frederick Skinner (1904~1990)를 이야기할 때 자세히 설명하겠다. 이런 사고방식의 뿌리가 1920년대에 시작된 행동주의 심리학이다. 이 이론은 시간 투입과 생산량이 비례하는 굴뚝산업시대의 컨베이어 시스템을 연상시킨다.

—— 행동주의는 프로이트에 대한 반대였다

행동주의 심리학을 시작한 왓슨이 시시하다고 보았던 것은 프로이트의 정신분석 이론이었다. 그의 생각은 그 유명한 〈아기 앨버트Little Albert 실험〉을 다룬 논문의 마지막에 적나라하게 표현되어 있다. 다음은 그 구절이다.

> 지금부터 20년 후에도 프로이트 학파의 가설이 변하지 않고 그대로라면, 앨버트가 그 나이에 정신분석을 받으러 간다고 가정했을 때, 그들은 앨버트가 바다표범 가죽 코트를 무서워하는 이유를 분석하면서 아마도 꿈 이야기를 들려 달라고 조를 것이다. 이 프로이트주의자들은 꿈을 해몽해 본즉 앨버트가 세 살 때 엄마의 음모를 가지고 장난을 치려고 하다가 엄마한테 심하게 꾸지람을 들은 적이 있다고 얘기할 것이다.
>
> _『개성의 탄생』, 213쪽에서 재인용

물론 프로이트 이론 역시 이런 식의 비아냥거림의 대상이 될 수밖에 없는 결함이 있다. 프로이트는 자신이 실제로 '관찰'한 것처럼 설명하고 그것을 과학으로 만들려고 했지만 사실상 실패하지 않았던가. 프로이트는 피험자를 '과학적'으로 관찰했다기보다는 자기가 보고 싶은 것만 보고 아전인수 격으로 해석했다. 게다가 보지 않은 것,

있지도 않았던 사실을 지어내기까지 해서 자신의 이론을 만들었다. 같은 상황에 대해서도 계속해서 다른 해석을 내놓음으로써 추종자들을 혼란에 빠트리는 일도 있었다. 그러니 그의 저작물 대부분은 픽션이라고 봐야 할지 모른다.

그런데 프로이트에 대해 이런 사실을 이야기하면 위대한 예술가들의 예술에 끼친 프로이트의 영향력을 어떻게 이해해야 하는지 묻는 경우가 많다. 그에 대해서는 피터 왓슨의 설명으로 대신하겠다.

예를 들어 나를 비롯한 많은 사람들이 생각하는 것처럼 프로이트가 그렇게 잘못됐다면 그 많은 소설과 초현실주의, 다다, 표현주의 및 추상파 작품 전체는 또 어떻게 되는 것인가? 〈살로메〉와 〈엘렉트라〉 같은 리하르트 슈트라우스의 '프로이트적' 오페라나 D. H. 로렌스, 프란츠 카프카, 토마스 만, 버지니아 울프를 포함해 프로이트를 아이콘으로 하는 수많은 작가들의 작품은 또 어떻게 되는가? 그렇다고 해서 이들 작품이 반드시 덜 아름답거나 덜 만족스러워지는 것은 아니지만 의미가 반감되는 것은 분명하다. 물론 그들이 존재 전체를 정신분석에 의탁하고 있는 것은 아니다. 그러나 의미의 상당부분이 거세되는 상황에서 지적 중요성과 타당성을 유지할 수 있을까? 아니면 그저 한 시대를 풍미한 작품이 되고 마는 걸까? 내가 이 부분을 강조하는 이유는 앞서 예를 든 소설, 그림, 오페라들이 인간 본성에 관한 어떤 관점을 대중화하고 합리화하는 데 큰 역할을 했기 때문이다. 그런데 이제 그 관

마찬가지로 비난받아야 할 사람은 왓슨과 그 왓슨의 어처구니없는 〈아기 앨버트 실험〉을 끝없이 합리화했던 행동주의자들이다. 심리학을 '과학적'인 것으로 만들고 싶었던 왓슨은 도무지 과학적이라고 볼 수 없는 실험을 하고 논문을 썼다. 무엇보다 피험자는 앨버트라는 아기 하나뿐이다. 한 아기에게 '잠깐 실험'한 결과만으로 일반화시킬 수 있다는 생각 자체가 난센스 아니겠는가. 두 번째로는 잘 통제된 실험을 한 것도 아니다. 절차도 우왕좌왕하는 데다가 결과는 모호했다. 그러면서도 해석은 분명했다. 그것은 실험의 내용이 어떻든 웬만하면 자신의 이론을 지지해주는 증거로 받아들였다는 의미다. 실제로 앨버트는 그리 잘 '조건화'되지 않았던 모양이다. 주변 환경이 바뀐 뒤 쥐나 토끼에게 여전히 '공포'를 느끼는지 테스트했을 때 별 반응을 보이지 않았다. 그럴 때면 다시 '조건화'하기 위해 쇠막대를 두드려대야 했다. 앨버트가 쥐를 무서워하지 않으면 아이의 팔에, 그리고 가슴에 쥐를 올려놓으면서 '이래도 안 무서워?' 하는 식이었다. 이건 실험이 아니라 아이를 괴롭힌 것처럼 보인다(실제로 현대에는 이런 식의 비윤리적 실험은 절대로 불가능할 것이다). 게다가 앨버트는 쥐를 보고 즐거워하는 소리를 내기도 하고 토끼의 귀를 만지작거리기도 했다고 한다(논문 내용).

『양육가설』로 프로이트식 정신분석 이론을 뿌리부터 뒤흔들어버린 주디스 리치 해리스Judith Rich Harris(1938~)에 따르면, 왓슨의 〈아기 앨버트 실험〉과 관련한 보고서 초판을 훑어본 사람들은 하나같이 "좋게 말해서 과장된" 내용이라는 결론을 내렸다고 한다. 그러나 행동주의자들은 인간의 행동은 어떤 것이든 '조건화'된다는 명제를 '스스럼없이 받아들였고' 어처구니없는 왓슨의 논문 내용을 그럴듯하게 포장해서 소개해왔다. 더 재미있는 것은 왓슨의 입장이다. 과연 왓슨은 자신의 이론이 얼마나 과학적이라고 생각했을까? 앞서 잠시 이야기했듯, 왓슨의 가장 유명한 말은 아래와 같다.

나에게 열두 명의 건강한 아기를 달라. 그 아기들을 내가 꾸민 세계에서 키우도록 해준다면, 장담컨대 어떤 아이라도 내가 계획한 어떤 종류의 전문가로도 키워낼 수 있다. 그의 재능, 기호, 성향, 능력, 소명, 인종과 상관없이 의사, 변호사, 예술가, 상인, 심지어 거지나 도둑으로도 만들 수 있다.

_『Behaviorism』, p.82

여기까지는 자신의 이론에 대단한 확신을 가지고 있는 듯 보인다. 그런데 이상하게도 이 글 바로 뒤에 붙어 있는 두 문장은 잘 알려져 있지 않다. 그 내용은 이렇다.

나도 내가 발견한 사실facts보다 지나친 말을 한다는 것을 안다. 인
정한다. 그러나 반대 학설을 옹호하는 학자들도 그렇게 하고 있을 뿐
아니라 수천 년 동안 그렇게 해오고 있다.

_앞의 책, P.82

그러니까 왓슨은 자신의 이론이 과학적인 것이 아님을 스스로도
인정했을 뿐 아니라 그대로 이뤄질 수 없다는 것을 알고 있었던 게
아닌가 싶다. 실제로 왓슨은 첫 부인에게서 낳은 아이에게 자신의 이
론을 적용했던 모양이다. 그 결과 아들은 자살했고 손녀는 알코올 중
독자가 되었다.

그의 가정 '문제'는 왓슨의 손녀인 미국의 성격파 배우 매리엣 하
틀리Mariette Hartley의 자서전에서 확인할 수 있다. 이후 왓슨은 둘째
부인에게서 낳은 자식들에게는 자신의 이론을 적용하지 않았다.

또 전혀 과학적이지 못한 이런 말을 스스럼없이 자신의 책에 쓴 것
을 보면, 당시의 다른 학자들도 실험의 의미를 과대 포장하는 것이
일반적이고 공공연한 비밀이었던 모양이다. 그럼에도 행동주의 심
리학을 소개하는 개론서에는 이런 내용들이 실려 있지 않다. 전문가
의 설명일수록 더욱더 그의 입장을 감안하며 비판적으로 읽어야 할
필요가 있음을 보여주는 대목이다.

　　독자들도 쉬 짐작할 수 있겠지만 왓슨은 파블로프가 발견한 고전적 조건화에 크게 자극받았다. 그는 아직 파블로프의 저작물이 미국에 번역되기 전에 같은 하버드대학 교수이며 친구였던 로버트 여키스Robert Mearns Yerkes(1876~1956)에게서 파블로프의 조건반사에 대해 전해 들었다. 그는 이 이론에 담긴 행동주의적 의미를 즉시 알아챘던 것 같다. 그는 "파블로프의 조건화된 반응이 우리 모두가 습관이라 부르는 것의 기본 단위임을" 알아챘다고 생각했다. 그리고 곧바로 파블로프의 도그 테크놀로지Dog Technology를 인간에게 적용시키려 했다.

　　행동주의 심리학을 탄생시킨 유명한 실험이 앞에서 언급한 〈아기 앨버트 실험〉이다. 오늘날이라면 상상도 못 할 실험을 11개월 된 아기에게 한 것이다. 실험 과정을 간단하게 설명하면 이렇다. 일단 아주 건강한 아기 앨버트가 흰쥐를 무서워하지 않는다는 것을 확인한다. 그다음에는 앨버트가 흰쥐에게 손을 뻗으면 커다란 금속 막대를 두드려 두려움이 느껴질 만큼 큰 소리를 낸다. 그러면 앨버트는 깜짝 놀라고 울음을 터뜨리며 무서워했다. 그런 상황이 되풀이되자 앨버트는 커다란 쇳소리가 나지 않아도 흰쥐를 무서워하게 되었다. 그런 다음에는 털이 있는 다른 동물도 무서워하게 되었고, 나중에는 모피코트나 곰 인형, 왓슨의 머리카락도 무서워하더라는 것이다. 왓슨은 이런 식으로 조건화함으로써 누구에게든 특별한 학습(또는 훈련)을 시킬 수 있다고 보았다.

　그런 왓슨의 행동주의 이론은 오늘날까지도 고전으로 읽히고 있는 올더스 헉슬리Aldous Huxley(1894~1963)의 『멋진 신세계Brave New World』(1932)에 그대로 등장한다. 소설은 모든 인간이 잘 관리·통제되고 있는 미래 사회의 모습을 그리고 있다. 그곳에서 어린이는 조건반사실에서 타고난 신분에 따라 '조건화되어' 성장한다. 그렇게 해서 자신의 계급이나 처지를 불행하다고 느끼거나 변화시키고 싶다는 생각조차 갖지 않게 된다. 이런 상황 설정은 모래 위에 지은 성과 같이 허망하다. 앞서 설명했듯 왓슨의 행동주의 이론은 그렇게 과학적인 것도, 실제로 그런 효과를 낼 수 있었던 것도 아니다. 그렇게 보면 이 소설은 불가능한 『멋진 신세계』다.

　소설 속에서 인간을 조건화하여 특정한 유형의 인간으로 '훈련'시키는 방식은 〈아기 앨버트 실험〉 방식과 비슷하다. 이 '멋진 신세계'에서 하층 노동자 계급의 인간은 책과 꽃을 두려워하도록 조건화된다. 평생 책과 꽃을 가까이할 꿈도 꾸지 못하게 키워지는 것이다.

　아기가 책과 꽃을 가지고 놀려고 하면 엄청나게 큰 소리와 함께 가벼운 전기충격을 준다. 그런 과정을 200번 정도 되풀이하면 책과 꽃을 본능적으로 싫어하게 된다는 것이다. 그러나 이 부분은 아주 이상하다. 왓슨 식의 조건화로 인간을 그렇게 키워낸다는 것도 난센스지만, 그것이 가능하다고 해도 인간이 과연 꽃을 두려워하도록 '학습'될

올더스 헉슬리의 『멋진 신세계』 1932년 초판본 표지. 이 소설은 오늘날에도 대단한 고전으로 꼽히며, 소개 글에서는 대개 왓슨을 언급한다. 이 소설의 상황 설정은 왓슨의 행동주의 심리학이 아니면 불가능하기 때문이다. 그런데 어쩌겠는가? 왓슨의 행동주의 심리학은 실현불가능한 이론이니, 불가능한 설정이 되고 말았다. 그리고 왓슨의 행동주의조차 매우 과장되게 묘사하는 경우가 많다. 예를 들어 "1920년대 행동주의 창시자인 미국인 J. B. 왓슨은 실제로 아기들에게 전기충격을 가했다"라는 식이다. 이 문구는 『책: 사람이 읽어야 할 모든 것』(422쪽)에 실려 있다. 이것은 거짓말이다.

앞에서 설명했듯이 왓슨은 '아기들'에게 실험한 것이 아니다. '한 아기'에게 잠깐 실험했고, 그 실험 결과도 별 신통치 않았다. 그리고 왓슨은 전기충격을 가한 적도 없다. 그냥 쇠막대기를 때려서 듣기 싫은 큰 소리를 냈을 뿐이다.

이 부분의 해설은 정말 어처구니가 없다. 이 글을 쓴 저자는 독일인인데, 나치 치하가 아니라면 어떻게 '아기들에게 전기충격을 가하는 실험'이 가능할까? 설사 비밀리에 했다 하더라도 무슨 경로로 그 실험 결과를 발표할 수 있었을까? 도무지 상식적이지 않은 해설이 실린 책이 버젓이 번역되어 출간되었고, 그 내용이 인터넷 포털에서 작품 해설로 서비스되고 있다.

수 있을까? 서둘러 결론만 말하자면, 그런 학습은 불가능하다. 다음 글에서 그 이유를 설명한다.

Chapter

9

거꾸로 읽는 '본성과 양육'의 역사 6

사랑의 본성과
준비된 학습

극단적인 환경론을 펼친 행동주의 심리학을 주류의 위치에 올린 최고의 학자는 '스키너의 심리상자'로 악명을 떨친 B. F. 스키너였다. 그로 인해 1930~1950년대에는 행동주의가 심리학계의 주류 자리를 차지했다. 그러나 1950년대 말부터 스키너학파의 이론은 공격을 받기 시작했고 몰락의 길을 걷게 된다. 해리 할로우Harry Frederick Harlow(1905~1981)의 〈사랑의 본성〉으로 금이 가기 시작했고, 수전 미네카의 〈준비된 학습〉이 결정타가 되었다. 촘스키의 언어학도 큰 역할을 했다.

── 스키너의 조작적 조건화

올더스 헉슬리의 『멋진 신세계』는 불가능한 상상이라는 것을 앞서 다뤘다. 그러나 헉슬리는 죽을 때까지 자신의 작품이 가능한 상상이라고 생각했을 것이다. 『멋진 신세계』의 밑그림을 그리는 데 중요한 이론적 바탕이었던 왓슨의 행동주의 이론은 B. F. 스키너라고 불리는 벌허스 프레더릭 스키너(1904~1990)에 의해 한층 더 정교하게 발전했기 때문이다. 그러나 헉슬리는 왓슨에 비해 좀 더 과학적인 스키너의 실험을 오히려 미더워하지 않았을지 모른다. 왓슨의 실험 대상은 건강한 아기였고, 스키너의 실험 대상은 쥐나 비둘기였기 때문이다. 비록 왓슨의 실험이 신뢰도도 떨어지고 일반화할 수 없는 정도였지만, 심리학 개론서에서는 왓슨의 이론을 좀 더 잘(?) 설명하기 위해 실험의 구체적인 내용을 창작하기까지 했다. 그 내용은 아직까지도 많은 심리학 개론서에서 사라지지 않았다. 그렇게 승승장구한 왓슨은 자신만만한 태도로 『행동주의』(1925)를 썼다. 스키너는 20대 중반에 그 책을 읽고 감명받아 행동주의 심리학자가 되기로 결심한다. 그리고 왓슨보다 한술 더 떠서 아예 인간의 본성은 없으며 (말년에는 조금 인정했지만), 모든 행동은 경험을 통해 '조작되는 것'이라고 주장했다.

스키너의 첫 번째 책은 『유기체의 행동The Behavior of Organisms: An Experimental Analysis』(1938)이다. 여기서 말하는 유기체란 인간을 포

함한 모든 동물이라는 말느낌을 가지지만 그 내용은 쥐를 대상으로 실험한 내용일 뿐이다. 스키너는 굶주린 쥐를 자신이 고안해서 만든 상자에 넣고 실험했다. 이 실험을 통해 발견한 내용은 대단했지만, 그 발견을 사람에게까지 일반화시키는 것은 탐욕적인 환원주의라고 볼 수밖에 없다. 그의 대단한 '발견'이란 것을 정리해보자.

파블로프가 발견한 것은 조건반사다. 개에게 먹을 것을 줄 때 종소리를 들려주었다. 그랬더니 나중에는 종소리만 들려주어도 침을 분비하더라는 것이다. 무조건반사란 무릎을 탁 치면 다리가 저절로 들어 올려지거나 손에 뜨거운 것이 닿으면 저절로 움츠러드는 것이다. 반면 조건반사는 비록 '조건화'를 통해 학습되는 것이지만 의식적인 반응은 아니다. 그러니 인간의 행동을 파블로프의 조건반사(고전적 조건화라고도 한다)로 설명하는 것은 무리다.

예를 들어 직장인이 열심히 일하는 이유를 설명할 수가 없다. 스키너가 보기에 그런 행동은 자극 때문이 아니라 기대되는 행동의 결과와 관련이 있다. 예를 들면 성취감이나 진급, 급여액의 상승 같은 것이다. 스키너는 이런 행동의 이유를 '조작적'인 것이라고 설명하면서 '조작적 조건 형성'이라 불렀다. 여기서 '조작적'이란 어떤 자극에 대한 단순한 반응이 아니라 환경의 영향을 경험하면서 알게 된 방법을 유기체가 '조작'한다는 것이다. 그것이 되풀이되면 습관이 된다. 그러니까 스키너에 따르면 동물의 모든 행동은(실험 대상이 인간이 아니었음을 잊지 말기 바란다) 경험을 통한 긍정적 또는 부정적 강화에 의한 것일 뿐이다. 그런 생각의 근거는 자신이 했던 집쥐를 통한 실험에 따른 것이었다.

스키너의 심리상자 안에는 지렛대가 하나 있다. 굶주린 쥐는 상자 안을 휘젓고 다녔을 것이다. 먹을 것을 찾기 위해서였을지도 모르고 바깥으로 나가고 싶어서 그랬을지도 모른다. 그러다가 우연히 지렛대를 누르게 되었고 그러자 먹이가 제공되었다(파블로프처럼 의도적인 자극이 따로 없었다는 점에 주의하라). 처음에는 쥐가 우연히 또는 호기심으로 눌렀을지 모르지만 누를 때마다 먹이가 제공되는 경험이 되풀이되니까 나중에는 의도적으로 눌렀다. 스키너의 용어로 말하면 이렇다. 먹이가 제공되는'긍정적 강화'로 인해 지렛대를 누르는 쥐의 행동이 형성되었다.

이때 스키너는 보상이나 처벌 대신에 '긍정적 강화' 또는 '부정적 강화'라는 말을 썼다. 지렛대를 누르면 먹이가 제공되는 경험이 되풀이될수록 쥐는 지렛대를 더욱더 많이 눌러댔다. 나중에는 먹이가 제공되지 않아도 지렛대를 눌렀다. 긍정적 강화가 습관적인 행동을 형성한 것이다. 그러나 아무리 지렛대를 눌러도 먹이가 제공되지 않는 횟수가 늘어나면 지렛대를 누르는 횟수도 줄어들고 나중에는 누르지 않게 된다. 그런데 놀라운 발견은 불규칙적으로 먹이를 제공했을 때 지렛대를 누르는 행동을 중단하지 않더라는 것이다. 이런 실험 결과는 사람들이 도박에 빠져서 헤어 나오지 못하는 이유를 설명해주는 것 같다. 도박은 불규칙적으로 '긍정적 강화'가 제공되는 대표적인 경우다.

마침내 스키너는 이 발견을 모든 유기체의 모든 행동에 적용했다. 동물만이 아니라 인간의 행동 역시 이런 '강화'를 통해 만들어진다고 주장했던 것이다. 자신의 인생조차도 '강화물'을 통해서 만들어진다고 믿었던 모양이다. 아내에게는 "당신을 사랑해"라는 말 대신 "오늘 내게 긍정적 강화를 해주어 고마워"라고 말하곤 했다(『스키너의 심리상자 열기』, 28쪽). 그래도 그의 아내는 그의 곁을 떠나지 않았다.

── 사람은 쥐가 아니다

잘 생각해보라. '아무리 그래도' 도박에 빠지지 않는 사람이 있다. 그런 행동은 어떻게 설명할 것인가? 퍼뜩 떠오르는 대답은 '사람은 쥐가 아니'라는 것이다.

스키너는 이런 긍정적 강화를 통해 대단히 놀라운 성과를 얻었던 것 같다. 토끼가 동전을 입으로 물어 올려 돼지저금통에 넣게 하고, 고양이에게 피아노를 치게 하고, 돼지에게 진공청소기를 밀게 했으며, 비둘기에게 탁구를 치게 했다고 한다. 그런데 스키너는 이런 실험 결과가 인간에게도 그대로 적용될 수 있다고 생각했던 것 같다. 그의 생각에 따르면 인간이 마음을 쓰지 않고 훈련을 받으면 어떠한

생물학적 한계도 뛰어넘을 수 있으며, 인간이라는 종의 레퍼토리를 넘어서는 기능까지 가질 수 있다(『스키너의 심리상자 열기』, 28~29쪽 참조).

　그러나 스키너가 자신이 개발한 동물 길들이기 기술을 인간에게 적용한 기록은 없다. 딸들을 키울 때도 자신의 이론을 적용하지 않았다. 이 사실은 아버지를 사랑할 뿐 아니라 학문적 업적을 대단히 자랑스럽게 여기는 큰딸의 증언으로 확인할 수 있다. 그런데 스키너가 학자로서 자신의 이론에 그렇게나 대단한 확신을 가지고 있었다면 자식들에게 적용시켜야 하는 것 아닌가. 또 아버지의 학문적 업적을 자랑스러워하는 큰딸이 아버지가 자신의 이론을 자기네들에게 적용하지 않았다는 사실을 자랑스럽게 말하는 것을 보면 기묘하다는 생각을 떨칠 수가 없다.

　스키너는 결국 자신의 이론을 소설 속에서 적용해보았다. 가상세계에서는 사람에게도 얼마든지 이론을 적용해볼 수 있고, 또 성공적으로 작동시킬 수 있다. 그것이 그의 유명한 소설 『월든 투』다. 다들 짐작하겠지만 이 제목은 1854년에 출간된 헨리 데이비드 소로의 『월든』에서 나온 것이다. 스키너는 환경주의자였던 모양이다. 그는 미국이 "지금처럼 무분별하게 소비하고 환경을 오염시키고 폭력과 혼돈의 와중에 산다면 미국인들은 오래 지탱하지 못할 것"(『촘스키 & 스키너』, 42쪽)이라고 생각했다. 그리고 『월든』을 무척 좋아했던 모양이다. 스키너는 『월든 투』가 아니라 『월든』의 마지막 문장인 "태양은 새벽에 떠오르는 별일 뿐이다"를 책 제목으로 쓰려 했다. 『월든 투』
는 출판사의 제안이었다. 물론 『월든 투』는 『월든』과 아주 다른 생각
이 담긴 책이다.

스키너 이야기를 마무리하면서 아무래도 풀리지 않는 의문이 하
나 있다. 스키너가 터득한 '긍정적 강화'를 통한 동물 길들이기가 서
커스단에서는 아주 익숙한 오래된 기술이 아니었을까? 그렇다면 스
키너는 무엇인가를 발견한 것이 아니라 새로운 해석을 한 것일 따름
이다. 서커스단에서 동물을 길들이던 조련사들은 '긍정적 강화'를 인
간에게도 적용할 수 있으리라고는 상상도 하지 않았을 것이다.

―――― 해리 할로우의 〈사랑의 본성〉

모든 행동이 순전히 경험에 의한 것이라는 스키너학파의
이론은 1950년대 말 해리 할로우의 한 실험에 의해 치명적인 타격
을 받게 된다.

해리 할로우는 어느 날 디트로이트에서 매디슨으로 가는 비행기
안에서 하얀 구름을 내려다보다가 부드러운 천에 집착하던 새끼원
숭이가 떠올랐다. 그 순간 실험 아이디어가 생각났다.

새끼원숭이에게 우유를 주지 않는 천으로 된 엄마인형과 우유를
주는 철사로 된 엄마인형을 선택하게 하면 어떤 결과가 나올까? 행

동주의 과학에 따르면 새끼원숭이들은 '긍정적 강화' 요인을 가진 철사로 된 엄마인형을 선택해야 한다. 천으로 된 엄마인형은 '긍정적 강화' 요인을 전혀 가지고 있지 않기 때문에 선택될 이유가 없다. 그런데 결과는 예상 밖이었다. 새끼원숭이들은 천으로 된 부드러운 엄마인형을 좋아했다. 철사로 된 엄마인형에게는 배가 고플 때 다가갈 뿐이었다. 한 유명한 사진에서는 새끼원숭이가 뒷다리로 천으로 된 엄마인형에게 매달린 채 철사로 된 엄마인형에게서 우유를 받아먹는 장면을 볼 수 있다.

해리 할로우는 비슷한 실험을 더 해보았다. 새끼원숭이들은 정지해 있는 엄마인형보다 흔들리는 엄마인형을 더 좋아했고, 차가운 경우보다 따뜻한 경우를 더 좋아했다. 그 실험 결과는 1958년 미국심리학회 기조연설에서 〈사랑의 본성〉이란 제목으로 발표되었다. 그때까지 스키너주의자들은 엄마에 대한 사랑의 토대는 전적으로 엄마가 영양 공급원이라는 '긍정적인 강화 요인' 때문이라는 입장을 고수하고 있었다. 할로우의 연설은 행동주의라는 견고한 건물에 금이 가게 만들었다.

—— 수전 미네카의 〈준비된 학습〉

1980년, 수전 미네카Susan Mineka는 스승인 마틴 셀리그만

Martin Seligman(1942~)이 1960년대 말에 제안한 〈준비된 학습〉이라는 이론을 확인하는 실험을 계획했다.

그녀가 알고 있었던 것은 실험실에서 자란 원숭이들은 뱀을 무서워하지 않지만, 야생에서 자란 원숭이들은 뱀을 무서워한다는 사실이었다. 그렇다고 야생에서 자란 원숭이들이 뱀에게 물려본 '경험' 때문에 무서워한다고 볼 수는 없었다. 그런 경험은 치명적이기 때문이다. 미네카는 야생원숭이들이 동료 원숭이의 반응을 보고 학습한 것이며, 반대로 실험실에서 자란 원숭이들은 그런 학습을 할 기회가 없기 때문에 무서워하지 않는 것이라는 가설을 세웠다. 우선 야생에서 태어난 원숭이 어미와 실험실에서 태어난 새끼원숭이로 실험했다. 어미가 없을 때 뱀을 넣고 그 건너편에 먹을거리를 가져다 두었다. 새끼원숭이들은 전혀 무서워하지 않았고 먹을거리를 가져다 먹었다. 그런데 그 상황에 어미를 데려다 두자 어미는 무서워하면서 재빨리 우리 꼭대기로 도망쳤다. 그런 모습을 본 새끼원숭이들은 어미의 반응을 금방 학습했다. 그 뒤로는 플라스틱으로 만든 뱀도 무서워했다. 미네카는 또 다른 실험을 통해서 뱀을 두려워하는 학습은 어미가 아니라 해도 다른 원숭이들의 반응을 통해서 전달된다는 것을 확인했다.

이번에는 꽃과 같은 것에 대해서도 그런 식으로 두려움이 학습되고 전달되는지 실험했다. 그러나 꽃을 보고 두려워하는 원숭이는 어디에서도 구할 수 없었기 때문에 비디오로 조작했다. 실험실에서 태어난 새끼원숭이에게 뱀을 보고는 무서워하지만 꽃을 보고는 무서워하지 않는 '진짜 상황'을 찍은 비디오를 보여주었다. 새끼원숭이들은 뱀이 무서운 존재라는 것을 금방 학습했다. 그러나 꽃을 보고 무서워하면서 뱀을 보고는 무서워하지 않는 조작된 비디오를 보여주었더니 "테이프 속의 원숭이들이 미쳤다는 결론을 내렸다. 그리고 꽃에 대한 공포를 습득하지 않았다"(『본성과 양육』, 273쪽).

이런 식으로 여러 실험을 해봤지만 결과는 항상 같았다. 뱀에 대한 공포는 쉽게 배우지만 꽃에 대한 공포는 전혀 배우지 못했다. 이 실험을 통해 미네카는 〈준비된 학습〉 이론을 분명히 증명해냈다. 그러니까 본능적으로 준비된 것이라야 학습된다는 것이다. 앞서 언급했듯이, 올더스 헉슬리의 『멋진 신세계』에는 아기가 꽃에 대한 공포를 학습하게 만든다는 내용이 나온다. 미네카의 실험 결과를 바탕으로 볼 때 그럴 가능성은 조금도 없다. 이 말은 학습도 본성의 영향을 받는다는 뜻이다.

다섯 번째 이야기

책의 학살,
그 전통의 폭발

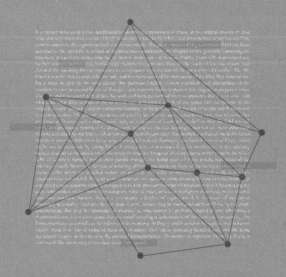

―― 고대로부터의 전통

　『20세기 이데올로기, 책을 학살하다』는 주로 20세기에 있었던 엄청난 책의 파괴 사건들에 대한 이야기다. '책의 학살'이라는 뜻을 가진 영어 낱말 '리브리사이드libricide'는 낯설지만, 책을 학살했던 사건들은 고대로부터 내려오는 '전통'이다. 새삼스러운 일이 아니다. 그것은 책이라는 것, 글이라는 것이 태생적으로 정치적일 수밖에 없고 그래서 "도서관은 콩도르세Condorcet가 말한 것처럼, '사람들이 홀로 조용히 자유롭게 책에서 받은 가르침'이 무엇인가에 대해 서로 다른 의견들로 싸우는 아주 정치적인 전쟁터"(『20세기 이데올로기, 책을 학살하다』, 98쪽)일 수밖에 없기 때문이다.

그 '전통'은 오늘날, 21세기에도 여전하다. "2001년 3월에 하느님의 교회추수집회 Harvest Assembly of God Church는 피츠버그 근처에서 헤밍웨이, 칼릴 지브란의 작품을 비롯하여 신을 모독하는 내용이 담겨 있다고 판단된 책들을 모조리 불태웠다(〈비즈니스저널〉, 2001년 4월 23일). 같은 해 3월 28일에는 조지아에서 여호와의 증인들의 책이 불에 타 없어졌다. 같은 해 5월 15일에는 자카르타에서 민족주의자와 이슬람교도들이 공산주의 사상을 담은 책들을 모조리 불에 태워 없앴다. 이런 일들이 끊임없이 반복된다. 이제 미국도서관협회 웹사이트에는 그날그날 지구상에서 어떤 장서가 불타 없어졌는지 알려주는 코너가 있을 정도다."(『사라진 책의 역사』, 331~332쪽).『사라진 책의 역사』를 쓴 뤼시앵 폴라스트롱은 여기에 이렇게 덧붙인다. "그러나 2003년 7월 이 웹사이트는 이라크 도서관 파괴 소식에 관해서 일언반구도 하지 않았다." 이처럼 아직도 그리고 앞으로도 어디선가 우리가 알지 못하는 크고 작은 '책의 학살' 사건은 계속될 것이다.

이런 사건들은 인류 최초의 글자, 최초의 책이 만들어졌던 고대 메소포타미아 지방의 수메르나 아시리아, 고대 이집트, 고대 중국에서 시작되었다. 왕들은 자신의 치적을 과시하는 기록을 남겼다. "이집트의 카르나크에는 성전 외벽에 기원전 1285년경 람세스 2세가 히타이트와 싸운 카데시 전투 장면이 새겨져 있다. 상형문자들은 파라오와 히타이트 왕 사이의 강화조약을 이야기하며 이집트의 대승을 기넘한다. 그러나 히타이트 수도 보가즈쾨이에는 같은 강화조약에 대해 히타이트가 그 전투에서 승리했다고 기록되어 있다."(『문자 이야기』, 9쪽) '역사 기록'은 사실의 단편만을 보여줄 뿐이며 기록한 자의 생각을 담는다. 그래서 역사는 기록한 자의 것이라고 했다. 승리자의 것이라는 말이다. "기원전 450~410년 사바왕국의 건국자가 우산족에 대해 〈승리에 대한 논論〉을 썼다. 그는 여기에서 '나, 카리빌 와타르는 적들을 죽이고, 그들의 신을 모욕했으며, 그들 글의 흔적을 파괴했다'고 썼다."(『사라진 책의 역사』, 407쪽)

물론 모든 '기록'이 선전이나 자기과시를 위한 것만은 아니다. 이집트의 "네페르호테프Neperhotep의 비석에는 '폐하께서 도서관에 납시기를, 폐하께서 모든 성스러운 말을 알게 되시기를'"(『사라진 책의 역사』, 41쪽)이라고 적혀 있다. 네페르호테프는 이집트 열세 번째 왕조의 파라오로 기원전 17세기 말 10년 동안 통치했다. 또 라메세움 Ramesseum(람세스 2세의 신전) 유적에 파묻혀 있을 것으로 짐작되는 '성스러운 도서관'의 "입구에는 '영혼을 돌보기 위한 집'이라는 일종의 알림판 혹은 신앙고백이 새겨져 있다. (…) 종교적 입문을 위해 필요한 엄청난 양의 책들이 배치되었다. 325년 시리아의 철학자 이암플리코스는 이곳에 2만 개의 두루마리가 있었다고 전한다"(『사라진 책의 역사』, 42쪽).

고대의 왕들도 도서관에서 통치를 위한 지식을 얻었을 것이다. 통치라는 것도 '인간에 대한 것'이니 인간과 영혼에 대한 본질적인 내

━━━

이집트의 카르나크 신전. 어마어마한 규모의 이 신전 입구에는 양의 머리를 한 스핑크스가 양쪽으로 스무 개씩 늘어서 있다. 이 신전은 람세스 3세가 아문 신에게 바치기 위해 지어졌는데, 외벽에는 카데시 전투의 승리를 기념하는 그림과 글이 새겨져 있다. 당시 일반인들 가운데 글자를 아는 이가 아주 드물다는 것을 생각해보면, 그림을 통해서 '승리'를 선전했을 것이다. 이런 점은 현대의 신문들이 '헤드라인'을 통해서 선전하고 싶은 것을 선전하는 방식과 비슷해 보인다.

용도 다루고 있었다. 그러나 그런 것들도 현존하는 체제를 합리화하고 영구화하기 위한 구성 요소로서 기능했다. 그것이 이집트 파라오 시대의 도서관이 모두 사라진 이유다. "파라오시대의 도서관이 단 하나도 제대로 남아 있지 않은 이유는 일단 건립자의 영광이 시들어버리면 도서관 역시 존재 이유를 상실했기 때문이다. 게다가 체제가 바뀔 때마다 도서관은 파괴 의례를 치러야 했다. 아멘호테프Amenhotep 4세는 즉위한 뒤 아몬Amon의 사제들이 지녔던 모든 저작을 파괴하도록 명하고 스스로 아크나톤Akhnaton(아톤의 영혼, 아톤은 태양의 둥근 모양을 말한다)이라 칭한 뒤 수도를 테베에서 아마르나로 옮겼다. 그러나 아크나톤이 죽자 테베의 사제들은 이 일을 똑같이 되갚아주었다. 아톤 신전과 왕궁에 있던 두루마리는 삽시간에 소멸되었다. 당시 이미 '나의 적이 가진 책은 곧 나의 적'이라는 생각이 진리로 통했던 것이다."(『사라진 책의 역사』, 44쪽) 아멘호테프는 기원전 14세기, 고대 이집트 열여덟 번째 왕조의 파라오다. 이집트에서 지구 3분의 1쯤을 돌아야 나오는 중국에서도 마찬가지였다. "중국의 봉건문화, 2,000년 동안 도서관이 겪은 역사는 왕조의 흥망사와 거의 같다. 그 주기에 따라 책은 제거되고 손실되었다."(『20세기 이데올로기, 책을 학살하다』, 83쪽)

물론 책을 학살하는 이유가 이전 왕조나 적을 부정하기 위한 것만은 아니다. 진시황(BC 259~210) 역시 중국 고대 왕조의 덕치를 강조하던 유교를 절멸시키기 위해서 분서갱유焚書坑儒했다고 한다. 책을 불사르고 유학자를 산 채로 거꾸로 땅에 파묻었다는 이 말은 어느 정도 과장된, 사마천의 '간결한 표현'으로 보는 것이 적절할 것이다. 그런데 진시황에게는 책을 불태워야 할 이유가 하나 더 있었다. 사람들 사이에 정보를 차단하면 통치하기 쉬울 것으로 보았다. 우민愚民 정책을 위한 방편이었던 것이다.

책을 학살하는 큰 이유인 이 두 가지는 고대로부터 내려오는 전통이다. 책은 적의 상징물이었고, 피통치자에게 자기 권리를 깨치게 하는 것이어서 통치자에게는 성가신 것이었다. 그러면서도 책은 통치자에게 더 잘 통치하기 위한 지혜를 주는 생명과 영혼의 샘물 같은 것이었고, 잘만 활용하면 피통치자를 길들이는 데에도 더없이 좋은 도구였다. 이런 양면성을 잘 알았던 셰익스피어는 〈템페스트〉에서 이렇게 썼다. "우선 그자의 책을 수중에 넣어야 함을 잊지 마십시오. 책만 없으면 그자는 나와 마찬가지로 돌대가리이며 부릴 수 있는 정령은 단 하나도 갖지 못하게 된답니다. 정령들은 모두 그자를 나만큼이나 뿌리 깊이 증오하고 있습니다. 그자의 책만 태워버리십시오."(『템페스트』, 81쪽) 책은 지혜의 화신이기 때문에 적의 것이라면 훔치거나 빼앗아서 내 것으로 만들거나, 아니면 불살라버려야 하는 것이었다. 게다가 책은 정신적인 사치를 보여주는 상징물로, 한때 무척이나 비싼 물건이었다. 그것은 인간의 탐욕과 소유욕을 자극했다.

20세기 책의 학살 사건도 그런 것이었다. 20세기의 "이념 이론가들은 도서관이 골칫거리지만 또 한편으로는 세뇌를 위한 도구가 될 수도 있다고 본다. 그러나 도서관은 대체될 수 있는 현실이나 사상을 표현하는 휴머니즘적이고 반동적일 수 있는 성질과 가능성을 가지고 있다. 그래서 세뇌의 도구가 될 수 있다는 잠재적인 가능성에 대한 가치가 줄어들었던 것이다"(『20세기 이데올로기, 책을 학살하다』, 423~424쪽). 그래서 도서관은 골칫거리였고 공격 목표가 되었다. 적을 공격할 때는 그들의 문화도 파괴했다. 나치는 유대인을 멸종시키려 하면서 유대 문화도 함께 없애려 했다. 세르비아 역시 보스니아에서 '이슬람교도'가 그곳에 살았던 흔적이었던 이슬람 문화를 깨끗하게 쓸어버리려 했다. 이라크는 쿠웨이트의 문화를 학살했고, 중국은 문화혁명을 통해 자신의 과거를 적으로 규정하고 쓸어냈다. 또 티베트를 공산화하기 위해 티베트의 문화를 파괴했다. 캄보디아의 폴 포트는 마오쩌둥의 영향을 받아 '지식과 지식인'을 적으로 규정했다. 문자와 관련된 것이면 뭐든지, 안경까지 파괴했다.

그런데 그런 학살자들도 값진 문화재를 소유하고 싶은 탐욕까지 떨쳐버리지는 못했다. 나치는 유대인과 유대인의 문화를 없애려 하면서도 유대인의 책들 가운데 값진 것들을 따로 모아 보관했다. "유대인 없는 유대 문화 연구Judenforschung ohne Juden"라는 슬로건이 있었을 정도다. 그들은 반反 유대인 박물관과 도서관을 설립하는 영광을 차지하려는 이상한 광기에 사로잡혀 있었다. 오스트리아 알타우스제Altaussee에 있던 히틀러의 보물창고에서 나온 컬렉션은 대부분 유명한 유대인 국제 금융가인 로스차일드Rothschild 가문의 것이었다.

명나라시대에 그려진 자금성. 화가는 주방朱邦, Zhu Bang으로 알려져
있다. 이 성은 1407년에 20만 명이 동원되어 14년에 걸쳐 완공되었
다. 천제天帝의 궁전과 같은 위상을 갖추기 위해 화려하게 지어졌으며
약 800채의 건물과 8,800개의 방이 있다(이 숫자는 자료마다 조금씩 다
르다. 그럴듯하게 방의 숫자가 9,999개라고도 하고, 건물이 980개라고도 한
다). 청나라시대에까지 왕궁으로 쓰였고, 마지막 황제 푸이가 마지막
주인이었다.
지금은 박물관으로 쓰인다. 문화혁명 당시 홍위병들은 전통적인 것들
을 닥치는 대로 파괴했다. 저우언라이는 자금성을 지키기 위해 군대
를 배치했고 다행히 파괴되지 않았다. 자금성은 영어로 금지된 도시
Forbidden City라고 번역되는데, 이 성에는 황제의 명이 없으면 출입이
금지되기 때문에 붙여진 이름이다.

19세기 미국의 한 잡지에 실렸던 '출판의 영향'을 다룬 만화의 일부.
당시 언론은 사회혼란, 또는 범죄가 일어나는 것이 출판물의 영향 때
문이라고들 했다. 이런 활동을 주도했던 앤터니 콤스톡은 YMCA에서
일하던 친구의 도움으로 '사회악 추방협회'를 설립해서 이런 나쁜 출
판물의 영향에서 젊은이들을 '구하고자 했다'.

그는 프랑스와 이탈리아 문학은 "성욕에 굶주린 나라에서 일어난 갈
보집과 매춘의 이야기로 젊은이들을 노리는 덫"이라고 주장했다. 그
런 책들이 젊은이들을 야수처럼 파괴하고 탈선시키지 못하게 해야 한
다며, 그의 주도 아래 실제로 엄청난 양의 출판물이 압수되고 불태워
졌다. 19세기 후반에도 그런 폭력이 정당하게 인정되었다는 사실이
놀랍기만 하다.

"히틀러가 말년에 읽을 우편물이며 인쇄물, 보고서 따위는 모두 특수한 기계를 통해 25밀리미터 크기의 글자로 타자를 쳐서 제출해야 했다. 당시 그는 시력이 아주 나빠져서 거의 실명 상태에 이르렀다. 그러니까 히틀러는 온 유럽에서 고집스럽게 귀한 책들을 긁어모으다가 자기 옆에 쌓아두"(『사라진 책의 역사』, 295쪽)기만 했다는 이야기다.

중국의 문화혁명 때도 저우언라이周恩來는 베이징의 자금성紫禁城을 홍위병에게서 지키기 위해 군대를 동원했다. 또 홍위병들에게 티베트에서도 역사적인 건물을 보존하라고 명령했다. 중국은 티베트 문화재는 파괴하면서도 종교적인 보물들은 약탈해 갔다. "티베트의 공예품들을 실은 트럭들이 베이징으로 줄지어 갔고 홍콩과 도쿄의 고미술품 시장에는 티베트 물건들로 넘쳐났다. 1960년대 전반 동안에 중국 사람으로 구성된 문화재보존위원회가 모든 사원과 사당, 정부 건물의 내용물들에 대한 목록을 만들었다. 광물학자와 야금학자를 포함한 중국 민간인 단체들은 이 물건들이 값진 귀금속으로 만들어졌다는 것을 확인하고 가치에 따라 등급을 매겼고 중국으로 보낼 물건들의 목록을 만들었다."(『20세기 이데올로기, 책을 학살하다』, 387~388쪽) 이라크 역시 "바그다드 박물관 관장이 쿠웨이트로 가서 쿠웨이트 국립박물관의 수집품을 조사했고 이라크와 관련 있는 공예품들은 실어 보냈다. 그런 다음 박물관 전체를 불태웠다"(같은 책, 262~263쪽).

값진 책과 문화재에 대한 탐욕을 드러냈던 것도 고대로부터 내려온 전통이다. 책이 값비싼 물건이었기 때문에 도서관과 책은 파괴의 대상이면서도 약탈의 대상이었다.

—— 세상에 책만큼 기묘한 상품이 또 있을까?

"세상에서 책만큼 기묘한 상품도 드물다. 그것을 이해하지 못하는 사람들에 의해 인쇄되고, 그것을 이해하지 못하는 사람들에 의해 팔리고, 그것을 이해하지 못하는 사람들에 의해 장정되고 검열되고 읽힌다. 또한 그것을 이해하지 못하는 사람들에 의해 집필된다."(『도서관, 그 소란스러운 역사』, 213쪽, 호르헤 루이스 보르헤스의 〈바벨의 도서관〉 재인용) 게다가 그것을 이해하지 못하는 사람들에 의해 파괴된다. 책을 파괴하는 사람들이나 파괴하기 위해 선별하는 사람들은 그 책을 읽어보고 그런 결정을 하는 것이 아니다. 무슨 수로 그 많은 책을 다 읽어보겠는가! 미국의회도서관에는 이미 억 단위로 세어야 할 만큼 엄청나게 많은 책이 있다. 도서관의 수많은 책은 결국 누구도 다 읽지 못할 것이라고 말해준다. 『도서관, 그 소란스러운 역사』라는 멋진 책을 쓴 매튜 베틀스는 도서관 사서였다. 그는 책머리에서 이렇게 말한다. "하버드대학교의 와이드너도서관에 처음 일하러 갔을 때 나는 곧 첫 실수를 저지르고 말았다. 다름이 아니라 책을 읽으려고 했던 것이다." 하물며 도서관과 책을 파괴하려 할 때 누가 그 책들을 읽으려고 하겠는가. 읽어볼 수 없는 것이기에 결국 그들은 그것이 무엇인지 이해할 수 없고, 그래서 더욱더 책과 도서관의 상징적인 무게에 압도당하게 되어 '책의 무게'를 두려워하는 것인지도 모른다. 책 파괴자들은 책의 내용을 단순화시켜 라벨을 붙인 다음 불속에 집어던짐으로써 그 두려움을 떨치려 했다. 사실 책을 파괴하는 것은 그런 두려움을 표현하는, 즉 책의 힘을 찬양하는 또 다른 방법이다.

"연합통신의 베를린 특파원 루이스 로슈너는 1933년 봄, 나치가 엄청난 양의 책들을 쌓아놓고 불을 지르는 모습을 목격했다고 전했다. (…) '학생들은 불길이 하늘 높이 치솟는 모습을 보면서 인디언 춤을 추고 주문을 외웠다'"(『도서관, 그 소란스러운 역사』, 224~225쪽)는 것이다. 그들은 책을 불 속으로 집어던지면서 이렇게 외쳤다.

계급투쟁과 물질주의에 반대하고, 민족 화합과 이상적인 미래를 위해, 마르크스, 카우츠키(를 불태운다.)

쇠퇴와 도덕적 부패를 반대하고, 가족과 국가의 도덕과 절제를 위해, 하인리히 만, 에른스트 글레저, 에리히 케스트너

(…)

1933년 4월, 독일의 전국학생총연합German Student Association은 국정 홍보처 건물 앞에서 집회를 열고 비독일 정신에 반대하는 행동을 전국적으로 시작한다고 선언했다. 그리고 5월 10일 국수주의적인 학생들은 나치 관료들과 학자들, 목사들이 모인 대규모 집회를 가지고 2만 5,000권이 넘는 비독일 정신이 담긴 책을 불태우는 행사를 진행했다. 괴벨스는 열정적인 연설을 하면서 "더이상의 타락과 부패는 없다!"고 선언했고, 하인리히 만, 언스트 글뢰저, 에리히 케스트너의 책들을 불속에 집어던졌다. 이 행사는 라디오를 통해 전국에 중계되었고, 이후 책과 문화에 대한 국가적인 검열을 예고하는 것이었다.

사진은 바로 그 역사적인 현장을 찍은 것이다.

인간의 동물적 본능을 수치스럽게 확대하는 행위를 반대하고, 인간 영혼의 고귀함을 위해, 프로이트 학파, 〈이마고imago〉지(를 불태운다.)

책을 파괴하는 이유를 거꾸로 새겨보라. 이들은 지금 불태우는 책을 비난하는 것이 아니라 그 힘에 대해 대단한 찬사를 보내고 있다!

어떤 책이든 한 권을 꼼꼼하게 읽어본다면 그것은 절대로 이처럼 한 문장으로 환원되는 내용이 아니라는 것을 알 수 있다. 그처럼 한 문장으로 환원되는 것이라면 저자는 이 세상에서 가장 멍청한 사람이다. 그들이 왜 피를 토하는 아픔을 겪으며 길고 긴 글을 썼겠는가? 게다가 이들이 붙인 꼬리표는 저자의 책 한 권에 대한 것이 아니다. 이들은 그의 모든 작품을 한마디로 요약하고 있다. 아이로니컬하게도 이 파괴자들의 꼬리표는 도서관에서 책을 보관하고 관리하기 위해 '분류'하는 행위와 비슷하다.

호르헤 루이스 보르헤스는 단편 〈바벨의 도서관〉에서 이렇게 말한다. 그 "사람들은 불필요한 책들을 없애버리는 게 목적을 달성할 수 있는 첩경이라고 생각했다. 그들은 늘 가짜만은 아닌 신분증을 보여주며 육각형에 침범한 뒤 억지로 책 한 권을 뒤적거려보고는 서고들의 모든 책들을 쓸모없는 것으로 판결을 내리곤 했다"(『픽션들』, 139쪽). 신중하게 한 권을 잘 골라서 읽어보는 것이 아니라 "억지로 한 권을 뒤적거려보고는" 그런다는 것이다. 그리고 이렇게 결론 내린다.

"수백만 권에 달하는 책이 소실된 것은 그들의 위생학적이고 금욕주의적인 열광에서 비롯되었다."

책 파괴자들은 책의 학살을 '정화시키거나 '청소'한다고 표현한다!

책을 읽지 않고 이해하지 못하면서 파괴하는 것은 고대에도 마찬가지였다. 고대 이집트의 알렉산드리아도서관의 책 파괴에 대해 전해지는 유명한 이야기에서도 그런 내용을 읽을 수 있다. "아랍이 이집트를 정복한 뒤, 칼리프였던 오마르는 640년에 다음과 같이 명령했다고 한다. '만일 그리스 저작물이 신의 책과 일치한다면 쓸모가 없는 것이며 보존할 필요도 없다. 만일 일치하지 않는다면 간악한 것이니 없애버려야 한다.' 그리하여 알렉산드리아도서관에 있는 필사본들을 가져다 도시에 있는 목욕탕 4,000개를 데우는 연료로 썼다."(『20세기 이데올로기, 책을 학살하다』, 127쪽) 적의 책을 파괴하기 위해 적의 책을 읽어보아야 할 필요가 없다는 말이다.

조금 옆길로 새는 이야기지만 비판적 독서를 위해서 이 부분은 짚고 넘어가는 것이 좋겠다. 오마르가 했다는 이 말은 "너무 멋지다"! 너무 멋진 이야기는 늘 좀 의심스럽다. 인간의 상상력이 만들어낸 것일지 모른다. 메튜 베틀스는 오마르와 관련된 이 이야기가 "너무나 황당무계해서 『천일야화』에나 나올 법한 이야기"라고 했다. 이 이야기는 "12세기의 수니파 연대기 편찬자인 이븐 알 퀴프티가 지어냈을 확률이 크다. 이집트 고전학자 모스타파 엘 아바디에 따르면, 알 퀴프티는 12세기 수니파 지도자 살라딘의 서적 매매를 정당화하기 위

19세기에 본 코르벤O. Von Corven이 사료를 바탕으로 그린 〈위대한 알
렉산드리아도서관〉. 그림에서 보듯이 당시 책은 두루마리 형태였기
때문에 엄청난 양일 경우 분류하고 배가하는 것이 대단히 어려웠으리
라 짐작할 수 있다.

두루마리 하나하나에 꼬리표 같은 것을 붙여서 자료를 분류했다. 부
피와 공간을 어림잡아 보면 백만 단위의 두루마리가 있었다고 하는
것은 좀 과장된 것 아닌가 싶은 생각도 든다. 유럽의 경우 구텐베르크
이전에는 아비뇽에 있는 교황청 도서관 딱 한 곳이 겨우 2,000권을 넘
긴 수준이었다는 점을 생각해보면 더욱 그렇다. 만일 말 그대로 수백
만 단위의 두루마리가 있었다면, 과연 지식은 다양해지고 발달해온
것인지 다시 평가해보아야 하지 않을까?

알렉산드리아도서관의 경우 책을 수집하려는 열의가 너무 강렬했기
때문에 금전적 보상을 노린 유명한 저작자의 이름을 사칭한 가짜 저
작물들이 많이 꼬여들기도 했다.

해 이런 이야기를 퍼뜨렸을 것이라고 한다. 참고로 살라딘은 십자군과의 전쟁 비용을 마련하기 위해 도서관을 통째로 팔아치웠다. 단초는 이슬람 세계가 제공했다 하더라도 서구 세계로 전해지면서 이 이야기는 동방의 이교도 수중에 떨어진 그리스 문화의 운명을 애도하는 만가로 윤색되었다"(『도서관, 그 소란스러운 역사』, 41쪽). 이것이 칼리프 오마르와 알렉산드리아도서관 책 파괴에 대한 이야기의 진실이라는 것이다. 사실 오마르가 했다는 말이 얼마나 과장되었는지는 계산을 해보아도 알 수 있다. 6개월 동안 "매일 목욕탕에서 두루마리 스무 개만 땔감으로 썼다고 쳐도 장서의 규모는 두루마리 1400만 개에 달한다. 하지만 그 정도로는 어림없다. 어떤 목욕탕에서는 수온을 섭씨 60도 정도로 유지하기 위해 매일 두루마리 100개쯤은 사용해야 했을 것이다. 그렇다면 적어도 7200만 개나 되는 두루마리가 있었다는 말이다"(『사라진 책의 역사』, 65쪽). 그건 불가능한 일이다.

알렉산드리아도서관의 파괴에 대한 '전설'은 많다. 그만큼 강렬한 문화적인 상징물이기 때문이다. 이집트가 왕족들끼리 한창 전쟁을 벌이고 있었을 때, 클레오파트라를 위해 그리고 자신을 위해 칼을 빼들었던 카이사르는 알렉산드리아 항구에 있는 거대한 함대에 불을 지른다. 그 불이 번져 알렉산드리아도서관이 파괴되었다는 것이다. 그러나 대개의 책에서 이 전설은 사실이 아니라고 말한다. 예를 들어 역사학자인 마르탱 콜라 Martin Colas 는 『마지막 파라오 클레오파트라』에서 이렇게 말한다.

찰스 윌리엄 미첼Charles William Mitchell(1854~1903)이 1885년에 그린
〈히파티아Hipatia〉. 히파티아는 역사에 기록된 최초의 여성학자이다.
알렉산드리아에 있는 플라톤학교의 교장으로서 철학과 천문학을 가
르쳤다. 그런 사회활동을 할 때는 남장을 하고 다녔다고 한다.
그녀의 이름으로 출간된 저작물은 드물지만, 학자들은 많은 이론과
저작물이 그녀의 것이거나 그녀가 공저자였다고 믿고 있다. 예를 들
면 『디오판투스 산수Arithmetica by Diophantus』에 대한 주해, 오늘날 남
아 있는 프톨레마이오스의 『알마게스트Almagest』의 편집자, 『천문학의
정전The Astronomical Canon』의 저자로 추정한다. 본문에서 설명했듯이
히파티아는 당시 권력 다툼에 이용되었던 광신도들에게 끔찍하게 살
해당했다.

"아마도 출범 직전의 배들에 실었던 책들 혹은 창고에 쌓아두었던 책들이 화재로 불타버렸을 것이며, 거기에는 도서관에서 빌린 책들도 있었을 것이다. 따라서 당시 사람들에게는 도서관 대화재 사건이라는 것은 존재하지 않았을 것이고, 이후 역사의 가설들이 나머지 일화들을 창조해냈을 것이다. 그렇게 해서 알렉산드리아도서관 대화재 사건이 전설로 들어오게 된 것이다."(『마지막 파라오 클레오파트라』, 99쪽) 그때가 기원전 48년이었다. 오마르 칼리프가 알렉산드리아도서관의 책으로 목욕탕 불을 지폈다는 이야기는 640년, 세월의 간격이 너무나 길다.

알렉산드리아도서관은 한 번의 사건으로 완전히 파괴된 것이 아닐지 모른다. 4세기 말경 세계 최초의 여성 수학자이며 철학자로 신플라톤학파의 수장이었던 알렉산드리아의 히파티아Hypatia of Alexandria 이야기를 읽어보면 그곳에도 알렉산드리아도서관 이야기가 나온다.

히파티아의 아버지 테온Teon은 알렉산드리아 무세이온Mouseion (프톨레마이오스 왕조가 세운 교육기관으로 알렉산드리아도서관이 소속되어 있었다)의 교수였다. 오히려 히파티아가 살해당한 끔찍한 이야기에서 알렉산드리아도서관의 파괴에 대한 실마리를 찾을 수 있다. 히파티아는 집으로 돌아가는 길에 기독교 광신도들에게 납치된다. 광신도들은 히파티아의 옷을 벗기고 케사리움교회Caesareum church 로 끌고 갔으며, 그곳에서 사기 조각으로 가죽을 벗기고 산 채로 불태웠다(http://en.wikipedia.org/wiki/Hypatia_of_Alexandria 참조).
역사학자들의 설명에 따르면, 히파티아는 주교 키릴과 총독이었던
오레스테스Orestes 사이의 갈등 때문에 죽임을 당했다. 이 "잔인한 폭
동의 배후 인물이었던 키릴루스는 성인으로 추대되었다"(『사라진 책
의 역사』, 63쪽). 그들은 히파티아를 파괴하는 것에 있어, 히파티아라
는 한 위대한 인물의 의미는 무엇이든 상관없었던 것이다. 기독교도
들은 당연히 도서관도 파괴했다.

  알렉산드리아도서관은 기독교가 국교로 공인된 뒤 박해를 받은
'이교도 문화'의 성지이기도 했다. 키릴의 삼촌이었던 "테오필루스
는 광신도 무리를 이끌고 가서 사라페움Sarapeum을 공격했다. (…) 도
서관이라고 해서 살아남을 재간은 없었다. 그로부터 20년 뒤 알렉
산드리아를 방문한 스페인 사제 파울루스 오로시우스는 '이곳의 책
은 우리 시대 사람들이 비워버렸다'고 증언한다"(『사라진 책의 역사』,
62~63쪽). 사라페움은 고대 이집트의 두 신전 중 하나로 그리스·이
집트의 신 사라피스를 예배하기 위해 봉헌된 신전이다.

  게다가 고대(사실은 근대 이전까지) 사람들은 대부분 문맹이었다.
오죽하면 "베르바 볼란트, 스크립타 마네트Vera Volant Scripta Manet"라
는 말이 생겨났겠는가. 이 말을 "말은 날아가고 글은 남는다"고들 새
기는데, 그것은 잘못된 해석이다. 당시의 상황을 보면 "말은 살아서
날아다니고, 글은 죽은 것이어서 그 자리에 있다"고 새겨야 한다. 그
당시에는 글을 아는 사람이 거의 없었기 때문에(게다가 살아가는 데

글을 알아야 할 필요도 거의 없었기 때문에) 글은 죽은 것이었다. 그런데 글은 글을 읽을 줄 아는 사람을 만나면 말이 되어 살아났다. 그런 경탄스러운 상황을 두고 했던 말이다.

귀족이나 왕족이라고 해도 문맹이 많았다. 기원전 7세기쯤 아시리아 왕으로 큰 도서관을 만든 아슈르바니팔Ashurbanipal은 스스로가 글자를 잘 알 뿐 아니라 쓸 줄도 안다고 자랑하는 기록이 남아 있다. "나 아슈르바니팔은 나부의 지식을 얻었고 판에 글 쓰는 법을 배웠노라. (…) 나는 명증하지 않았던 나눗셈과 곱셈의 오랜 수수께끼를 풀었고, (…) 수메르의 고귀한 글들과 아카디아인들의 모호한 말들을 읽었으며, 대홍수 이전 돌에 새겨진 글들을 해석했노라."(『사라진 책의 역사』, 29쪽) '글을 읽고 쓰는 것'이 자랑거리가 될 수 있었다는 것은 글자를 모르는 왕이 많았다는 뜻이다.

사실 그 당시에 글을 안다는 것은 자랑할 만한 것이기도 했다. 쐐기문자를 읽고 쓰기 위해서는 적어도 900개가 넘는 기호를 기억해야 했다. 어디서 만들어졌는지도 모를 낱말을 이해하고 읽을 수 있다는 것은 보통 어려운 일이 아니었을 것이다. 상형문자에서 히에로글리프Hieroglyphs(신성문자), 히에라틱Hieratic(신관문자), 데모틱Demotic(민중문자)으로 발전했던 이집트 문자는 복잡해지면서 거의 5,000개나 되는 기호를 가지고 있었다. 필경사들이 자기 나름대로 만들어낸 수많은 기호 때문이다.

글자가 표준화되기 시작한 것은 근대 이후의 일이다. 그 이전에는

'어느 정도 정해져 있었을 뿐'이었다. 이집트 글자는 알파벳이 아니었으니, 사회가 복잡해지고 세월이 흐르면서 새로운 기호가 추가되었으리라는 것은 쉽게 짐작할 수 있다.

그러니 책이나 글을 읽고 이해하는 것은 무척이나 어려운 일이었다. 당연히 문맹은 부끄러운 것이 아니었다. 그런 전통은 중세에까지 이어진다. 신성로마제국의 첫 번째 황제였던, 그 유명한 샤를마뉴 대제Charlemagne(카를 대제라고도 한다, 742~814)도 글자를 몰랐다. 그때 전사들은 글을 배우면 나약해지고 용기를 잃는다고 생각했기 때문에 오히려 배우지 않으려고 했다. 이슬람교의 마호메트도 문맹이었다. 그리고 문맹이라서 다행이라고 했을 정도다!

글자를 읽고 쓸 줄 아는 사람의 수가 획기적으로 늘어나기 시작한 것은(글자를 읽고 쓰는 일이 일반인에게도 유용한 일이 되기 시작한 것은) 인쇄술의 발명이나 발달과 관계가 있다. 인쇄술의 발명은 인쇄물의 대량생산을 의미한다. 대량생산이 가능하려면 대량소비가 가능해야 한다. 인쇄물의 대량소비는 글자를 아는 대중의 출현을 전제로 해야 한다. 그러고 보면 글자가 쓰이기 시작한 고대로부터 대략 17세기 정도까지도 책은 종교와 권위의 상징물이었던 것이다.

중국공산당이 티베트에 공산주의를 이식시키기 위한 정지작업으로 티베트 문화를 쓸어버리려고 했을 때도, 티베트의 책들은 상징물이었다. "마을에는 글을 읽을 줄 아는 사람이 거의 없었지만 풍작을 보장받으려는 마음으로 1년에 한 번씩 성스러운 경전들을 들고

영국박물관에 있는 아슈르바니팔도서관 장서 갤러리이다. 아슈르바니팔은 기원전 7세기의 아시리아 왕으로, 대규모 학자들과 필경사들을 각지로 보내 텍스트를 수집해 오게 했는데, 주로 바빌로니아에서 생산된 것들이었다. 그래서 신화에서 법률, 연대기, 종교적인 내용, 의학, 천문학, 문학 등에 다양하고 엄청난 양의 텍스트를 가진 왕실도서관을 만들었다. 학자들은 이 엄청난 양의 점토판들이 발견되고 해석할 수 있게 되면서 『구약』이나 그리스 로마 신화가 수메르에서 시작되었음을 알게 되었다.

이와 관련된 책으로는 제카리아 시친의 『수메르, 혹은 신들의 고향』이 있고, 한국인 저자로는 김산해의 『신화는 수메르에서 시작되었다』, 그리고 『고삐』의 작가로 잘 알려진 윤정모가 장편소설 『수메르』(전 3권)를 썼는데, 수메르 문명이 한민족이 이룬 것이라는 '학설'에 바탕한 것이다. 길가메시 신화를 보면 '오빠'라는 낱말이 한국어와 정확하게 같은 의미로 쓰인 것을 볼 수 있다.

마을 둘레를 돌고는 했다. 티베트 사람들은 그들의 책을 소중하게 보관했고 책 위에 무엇인가를 올려놓거나 위로 지나가는 것을 죄로 여겼으며 티베트에서라면 어디서나 높은 자리에 경건하게 보관되었다."(『20세기 이데올로기, 책을 학살하다』, 370쪽) 티베트의 책은 경전과 같은 대접을 받았으며, 경전은 그 내용이 무엇인가를 따지기 이전에 무조건 경배의 대상이었다. 그것이 고대에서 중세까지 이어진 '책'이었다.

고대의 책 파괴 현장을 보면 대개 '종교적인 이유'였다. 물론 이전 왕조의 장서를 없애는 것은 '정치적인 이유'라고 할 수 있지만, 그때의 정치는 아직 종교와 분리되지 않았다. 예를 들면 이집트의 아멘호테프 4세는 스스로 아크나톤이라고 부르며 수도를 옮기면서 그 이전 "아몬의 사제들이 지녔던 저작을 파괴하도록 명"했는데, 그것은 그 이전의 전통적인 종교를 변화시키기 위한 것이었다. 이집트를 침략했던 이슬람이 알렉산드리아도서관을 파괴할 때의 명분이나, 중세의 기독교가 책을 파괴할 때의 명분 역시 종교적인 이유였다. 진시황이 유가의 책을 파괴하려고 했던 것도 법가의 상앙이나 한비자의 생각을 받아들인 것인데, 그것 역시 종교에 가까운 신념 때문이었다.

책이 상징물에 가까웠던 또 하나의 이유는 무척이나 비싼 물건이었기 때문이기도 했다. 책이 얼마나 비싼 물건이었던가에 대해서는 중세의 책값을 보면 짐작할 수 있다. 중세의 책은 대부분 양피지로 만들어졌다. 양피지가 이집트에서 생산되던 파피루스에 '대항'하기 위해 만들어진 것이라고 보면 이집트의 파피루스나 중국의 종이라고 해서 값이 쌌다고 볼 수 없다. 이집트는 나일강의 선물이었던 파피루스의 수출국으로 독점적인 지위를 누리고 있었으며 비싸게 팔면서 그 양마저 통제했다. 그래서 "알렉산드리아도서관과 경쟁 관계에 있었던 페르가논(페르가몬pergamon을 잘못 쓴 것 같다 글쓴이)의 군주들이 파피루스 조달을 더 이상 이집트에 의존하지 않기 위해 기원전 2세기부터 양피지 산업을 육성했다고 한다"(『책의 역사』, 17~18쪽).

양피지는 제작 공정도 까다로웠고, 양 한 마리에서 고작 넉 장이 나왔다. 그러니 『성경』 한 권을 만들려면 "자그마치 200마리의 양을 잡아야 했다니 양피지 값만도 만만치 않았을 것이다. 그 위에 금박 은박을 입히고 각색各色 물감으로 채식彩飾을 더하는가 하면 표지는 각종 보석으로 치장하기까지 했으니, 그쯤 되면 책은 단순히 읽기 위한 것이 아니라 부와 위용을 과시하는 사치품이요, '정신적인 재화라기보다는 경제적인 재화(자크 르 고프)'였다"(『세상은 한 권의 책이었다』, 217쪽). 이런 사치스러운 책은 장원 하나와 맞바꿀 정도로 비쌌다고 한다. 그 당시 도시의 집 한 채 값을 100으로 본다면 책 한 권의 값은 15쯤이었다. 집 한 채를 팔아서 살 수 있는 책은 채 일곱 권이 되지 않았다는 이야기다.

──『20세기 이데올로기, 책을 학살하다』

『20세기 이데올로기, 책을 학살하다』는 20세기에 있었던 책의 학살 사건들을 다루고 있다. 저자는 20세기가 서로 다른 "세계관들이 대립하며 벌인 싸움으로 고통에 찬 시대였으며, 문헌 자료 파괴는 그 전쟁터에서 목적의식적으로 신중하게 계획하여 저질러진 일이었다"고 한다. 극단적인 정권들이 자기네들의 신념(이념)과 다른, 또는 그 신념을 위한 유토피아 건설에 방해가 되는 사상을 없애려 했다는 것이다. 그 방법이 책의 학살이었다. 나치가 어마어마한 규모로 책을 불태웠다는 소식을 들은 프로이트는 이렇게 말했다고 한다. "생각을 없애려면 사람도 불태워야지." 프로이트의 말처럼 책의 학살은 홀로코스트와 따로 떨어진 사건이 아니었다. 책의 학살은 인종말살 사건의 전조로 먼저 일어나기도 하고, 함께 벌어지기도 했다.

『20세기 이데올로기, 책을 학살하다』에는 그런 이야기가 담겨 있다. 가장 재미있는 부분은 4장에서 8장까지 이어지는 다섯 개의 사건 이야기다. 나치가 유럽에서, 세르비아가 보스니아에서, 이라크가 쿠웨이트에서, 마오주의자들이 중국 문화혁명기에 그리고 중국공산당이 티베트에서 책을 학살한 사건들이다. 이 책을 차례대로 읽어야 할 필요는 없다. 4장에서 8장까지의 이야기를 먼저 읽는 것도 괜찮은 방법이다.

4장부터 8장까지도 순서대로 읽어야 할 이유는 없다. 그런 다음

1장부터 3장을 읽어보면 저자의 이론적인 설명을 조금 더 잘 이해할 수 있을 것이다. 마지막 장인 9장 역시 마지막에 읽어보는 것이 좋다. 결론에 이른 논리적인 글이기 때문이다.

저자는 20세기 책의 파괴 사건들을 종교적인 믿음처럼 변형된 이데올로기가 다원성을 존중하는 휴머니즘을 파괴하기 위한 것이었다고 설명한다. 유일신의 종교들이 종교전쟁을 벌여왔던 것처럼 말이다.

『20세기 이데올로기, 책을 학살하다』에서 말하는 이데올로기는 루이 알튀세르Louis Althusser가 말하는 "의식하지 못하는 명백성"과는 다른 종류의 것이다. 알튀세르는 이데올로기를 명백성obviousness으로 설명한다.

> 명백성을 명백성으로 드러내는 것(드러내지 않는 척하면서, 왜냐하면 '명백성'이기 때문에), 그것이 이데올로기의 특성이다. 우리는 명백성을 인식하지 않을 수가 없고, 그전에 이미 불가피하고도 자연스러운 반응을 보이며 이렇게 외친다. (큰 소리로, 혹은 의식의 조그만 목소리로) "그것은 명백하다! 그것은 옳다! 그것은 진실이다!"
>
> _『어린이 문학의 즐거움 1』, 138쪽에서 재인용

"이데올로기는 숨은 상태에서 가장 강력하게 작용한다. 그래서 우리는 이데올로기적 가설을 유일하고 전체적이고 의문의 여지없

는 진실로 받아들인다. 알튀세르가 말하듯, '이데올로기 안에 있는 사람들은 자신이 당연히 이데올로기 밖에 있다고 믿는다'"(앞의 책, 138쪽). 이때의 이데올로기는 자신도 의식하지 못하는 것이다. 너무나 명백하기 때문에 이 세상 누구도 그것이 진실이 아니라고 생각할 수가 없는 것이다. 그래서 스스로가 이데올로기에 갇혀 있다고는 생각할 수가 없다. 그러나 『20세기 이데올로기, 책을 학살하다』에서 주로 말하는 이데올로기란 그저 사람들을 사이비 종교의 광신도처럼 만드는 구호에 가까운 신조 같은 것이다. 그런 이데올로기는 '너무나 명백해서 누구나 진실이라고 믿으리라는 것'이 아니라 우리와 그들을 구별 짓는 우리들만의 (또는 그들만의) 진실이다. 의식하지 못하는 명백성과는 거리가 멀어도 한참 멀다. 전 세계가 냉전을 겪고 있던 때를 생각해보면 이 말의 의미를 쉽게 이해할 수 있다.

그것은 전쟁의 이유였다. 한국에서는 그것을 이념이라고 불렀다. 아직도 쓰이는 '이념 공세'라는 말은 '공산주의자라고 몰아붙인다'는 뜻이다. 그래서 이데올로기를 이념이라고 번역했다. 『20세기 이데올로기, 책을 학살하다』에서 다루는 '책이 학살되는 가장 큰 이유'를 드러내는 것이기도 하다.

—— 도서관은 책의 감옥이기도 하다

아직도 아주 오래된 희귀한 책은 무척이나 비싸다. 그런 책들은 '경제적인 가치' 때문에 조금 더 오래 살아남을지도 모른다. 댄 브라운의 소설을 영화로 만든 〈천사와 악마〉를 보면, 바티칸의 비밀 문서 보관소의 모습이 놀랍다. 그곳에 들어가기 위해서는 "강철 문 네 개와 빗장 열쇠가 달린 입구 두 곳을 지나"야 했고, "첨단 장치가 부착된 일련의 문을 지나"면 "긴 복도가 이어"진다. "복도 끝에는 넓은 참나무 이중문"이 있다. 그 문을 들어서면 "마치 열두 개의 라켓볼 코트를 세워둔 격납고 같았다". 그 "문서 보관소를 라켓볼 코트처럼 나누는 유리벽"은 "오래된 송아지피지와 양피지는 습기와 열기에 부식되기 때문에 공기 중의 습기와 산성 성분을 차단하는 밀폐된 공간에 보존"하기 위한 장치다(『천사와 악마 1』, 271, 285쪽). 희귀본들은 이렇게 어마어마한 첨단 과학 속에서 보관된다. 소설에서는 이런 장치들이 수명이 채 100년도 안 되는 파피루스로 만든 갈릴레오의 저작물인 『도형』을 350년 이상 보관하고 있다고 한다.

희귀본들은 이런 곳에서 필요할 때 읽히기 위해 보관되는 것이지만, 한편으로 보면 누군가가 면회하러 오기 전에는 외부와의 접촉이 끊어진 감옥에 갇힌 죄수와 같다. 그보다는 느슨한 감옥일지 모르지만 도서관도 책들의 감옥이다. 수백만 권의 책을 보관하고 있는 도서관에는 한 번도 '면회'에 나가본 적이 없는 수많은 책이 있다. 그 책들의 마지막 모습은 홍수에 잠겨 못쓰게 되거나, 화재의 제물이 되거나, 그것도 아니면 세월과 함께 스러져버릴지 모른다.

책들이 (또는 기록들이) 잘 보존되는 묘한 경우를 보면 '보존과 파괴'라는 것을 다른 관점에서 보게 만든다. 게니자genizah가 그것이다. 게니자는 책의 무덤이다. 이슬람교의 『코란』도 토라처럼 성스러운 것이기 때문에 함부로 버려서는 안 된다. 『코란』은 알라의 분신과 같은 것이기 때문이다. "1972년 예멘의 사나에 있는 이슬람교 사원을 복원하던 인부들은 썩어가는 거대한 사본 더미를 발견했다. (…) 학자들은 넝마처럼 너덜너덜해진 사본들 사이에서 이슬람교가 생기고 나서 200년 동안의 시기로 거슬러 올라가는 『코란』을 발견했다. 흥미로운 점은 그 가운데 일부 사본에는 오늘날의 정통 교리와는 다른 내용이 수록되어 있었다는 사실이다. 이들 사본은 『코란』의 변천사를 추정하는 데 귀중한 단서가 되었다."(『도서관, 그 소란스러운 역사』, 266쪽) 그러나 유대교에서는 기록된 말은 모두 성스럽다고 본다. "카이로의 유대교 회당에 있는 게니자의 경우에는 게니자의 평균수명을 훨씬 웃돌았다. 사다리를 이용하지 않고서는 접근이 불가능한 이 게니자의 책과 편지, 빛바랜 종이들은 9세기부터 19세기까지 무려 1,000년 동안 그곳에서 한데 뒤섞인 채 썩어가고 있었다."(『도서관, 그 소란스러운 역사』, 266쪽)

그곳에서 나온 자료의 양은 어마어마했다. "성경, 성구함, 위경, 미슈나, 마이모니데스와 기타 학자들이 쓴 『탈무드』, 전례서, 편지, 각

———

예루살렘의 길거리에 설치된 현대의 게니자. '이곳에 쓰레기를 버리
지 마시오'라고 쓰여진 안내문이 보인다. 게니자의 용도를 모르는 유
대인이 있다는 뜻일까. 고대의 성스러움은 다 어디로 갔을까. 종교의
현대적인 적응이랄까. 아직도 율법을 지키는 유대인 사회의 이런 게
니자 모습을 보면서 포스트모던의 흐름은 어떤 곳이라 해도 비껴가지
않는다는 생각이 든다.

종 명세서, 부적, 달력, 도서목록, 아동용 읽기 교본, 사전, 삽화집, 주문 모음집, 유대교 비전秘典, 의학서, 작명서, 논쟁술을 다룬 책, 시집, 단어집, 아랍어로 된 아동용 쓰기 교본, 아랍어 문법서, 역사서, 과학서, 아랍어로 된 유대교 문헌 등 총 10만여 종을 아우르고"(앞의 책, 268~269쪽) 있었다. 만일 "도서관이 미래를 위해 책을 수집하고 보관하는 장소라면"(앞의 책, 269쪽) 게니자도 도서관이었다.

이 "게니자의 책들은 권위를 자랑하는 도서관의 그 어떤 소장 도서보다 당대의 메시지를 훨씬 포괄적으로 전달해준다"(앞의 책, 270쪽). 참으로 아이로니컬하지 않은가. 우스갯소리 하나가 생각난다. 신들이 하늘에서 사람들이 살아가는 것을 볼 때 '계획을 세우는 모습'을 가장 재미있어한다고 한다. 인간의 뜻대로 되는 게 무엇이 있겠느냐는 말이다.

현대적인 의미에서 도서관과 책의 파괴에 대해서는 메튜 베틀스의 생각에 공감하게 된다. 베틀스의 생각에 알렉산드리아도서관 파괴의 주범은 시간이었다. "파피루스를 독점한 사람이 누구였건 간에, 폭동을 사주한 배후 인물이 누구였건 간에, 불을 지른 황제가 누구였건 간에 그토록 엄청난 세월 앞에서 책의 소실과 파괴는 불가피한 일이었다"(앞의 책, 54쪽)는 것이다. 그가 말하는 시간은 어떻게 책을 파괴하는가? 고대의 필사본들은 개인 장서가의 욕구와 취향이 생사를 갈랐다. 필사하기 위한 파피루스 두루마리 값이나 필경사에게 지불해야 할 비용이 비쌌기 때문에 그들이 중요하다고 여기는 것들만 되풀이해서 필사되었다. 나머지 것들은 사람들에게서 잊혀졌고 관리되지 않았다. "건기와 우기를 동반한 계절의 변화에 파손되기도 하고 도서관에서 서식하는 벌레나 곰팡이의 먹이가 되기도"(앞의 책, 53쪽) 했던 것이다.

현대의 도서관에서는 비슷하면서 결과는 조금 다른 일이 일어난다. "고대의 도서관의 주된 역할은 독자들의 용도에 맞추어 필사해 갈 수 있는 견본을 제공하는 데 있었"(앞의 책, 266쪽)지만, 현대의 도서관은 책을 그 자체로 빌려준다. 사람들의 관심을 많이 받는 책일수록 빠르게 손상된다. 그런 책들과 달리 인기가 없는 책들은 도서관이라는 감옥에서 사람의 손길을 기다리고 있다. 도서관에 들어간 뒤 한 번도 사람의 손길이 닿지 않은 책도 많다. 그것들은 세월이 종이를 산화시킬 때까지 멀쩡하게 살아남을 것이다.

천재지변이 망가뜨리지 않는 한, 디지털화되지 않는 한, 또는 『20세기 이데올로기, 책을 학살하다』에서 읽을 수 있는 학살 사건에 휘말려 들지 않는 한.

참고문헌

참고문헌에서 메타북을 따로 뽑았다. 그러나 가끔 메타북으로 봐도 좋을 만한 일반적인 참고문헌도 있다. 그런 경우에도 해당 주제를 주로 다루는 경우가 아니면 메타북으로 분류하지 않았다. "메타북 총목록"에 있는 메타북은 구체적인 주제를 위한 메타북이 되기도 한다. 그래서 드물게 두 번 쓴 경우도 있다.

목록은 가나다/abc 순서로 정렬했다.

메타북 총목록

· 『100권의 금서』 니컬러스 J. 캐롤리드스 지음, 손희승 옮김, 예담, 2006
· 『강좌 중국사 1: 고대문명과 제국의 성립』 서울대동양사학연구실 엮음, 지식산업사, 1997
· 『강좌 중국사 2: 문벌사회와 호·한의 세계』 서울대동양사학연구실 엮음, 지식산업사, 1997
· 『강좌 중국사 3: 사대부사회와 몽고제국』 서울대동양사학연구실 엮음, 지식산업사, 1997
· 『강좌 중국사 4: 제국질서의 완성』 서울대동양사학연구실 엮음, 지식산업사, 1997
· 『강좌 중국사 5: 중화제국의 동요』 서울대동양사학연구실 엮음, 지식산업사, 1997
· 『강좌 중국사 6: 개혁과 혁명』 서울대동양사학연구실 엮음, 지식산업사, 1997
· 『강좌 중국사 7: 신질서의 모색』 서울대동양사학연구실 엮음, 지식산업사, 1997
· 『구술문화와 문자문화』 월터 J. 옹 지음, 임명진 옮김, 문예출판사, 1995
· 『금서의 역사』 베르너 풀트 지음, 송소민 옮김, 시공사, 2013
· 『극단의 시대: 20세기 역사』(상, 하), 에릭 홉스봄, 이용우 옮김, 까치, 2009
· 『독서의 역사』 알베르토 망겔 지음, 정명진 옮김, 세종서적, 2000
· 『러셀 서양철학사』 버트런드 러셀 지음, 서상복 옮김, 을유문화사, 2009
· 『생각의 역사 1: 불에서 프로이트까지』 피터 왓슨 지음, 남경태 옮김, 들녘, 2009
· 『생각의 역사 2: 20세기 지성사』 피터 왓슨 지음, 이광일 옮김, 들녘, 2009
· 『서양미술사』 E.H. 곰브리치 지음, 백승길·이종숭 옮김, 예경, 2002

· 『세계철학사』 한스 요아힘 슈퇴리회 지음, 박민수 옮김, 이룸, 2008

· 『소쉬르와 언어과학』 프랑수아즈 가데 지음, 김용숙·임정혜 옮김, 동문선, 2001

· 『아날학파의 역사세계』 김응종 지음, 아르케, 2001

· 『어린이 문학의 즐거움』(전 2권), 페리 노들먼 지음, 김서정 옮김, 시공주니어, 2001

· 『언어의 기원』 파스칼 피크 외 2인 지음, 이효숙 옮김, 알마, 2009

· 『언어의 진화』 크리스틴 케닐리 지음, 전소영 옮김, 알마, 2012

· 『일반 언어학 강의』 페르디낭 드 소쉬르, 최승언 옮김, 민음사, 2006

· 『읽는다는 것의 역사』 로제 샤르티에·굴리엘모 카발로 엮음, 이종삼 옮김, 한국출판마케팅
연구소, 2006

· 『자본의 시대』 에릭 홉스봄, 정도영 옮김, 한길사, 1998

· 『제국의 시대』 에릭 홉스봄, 김동택 옮김, 한길사, 1998

· 『중국 고대 사상의 세계』 벤자민 슈워츠 지음, 나성 옮김, 살림출판사, 2004

· 『책의 운명』 이중연 지음, 혜안, 2001

· 『책의 탄생』 뤼시앵 페브르·앙리 장 마르탱 지음, 강주헌, 배영란 옮김, 돌베개, 2014

· 『폭력의 시대』 에릭 홉스봄, 이원기 옮김, 민음사, 2008

· 『혁명의 시대』 에릭 홉스봄, 정도영 외, 한길사, 1998

· 『Orality and Literacy』 Walter J. Ong, Routledge, 2012

· 다큐멘터리, <페이퍼 로드>(6부작), MBC, 2010

첫 번째 이야기:
포르노소설과 프랑스대혁명

메타북

· 『고양이 대학살: 프랑스문화사 속의 다른 이야기들』 로버트 단턴 지음, 조한욱 옮김, 문학
과지성사, 1996

· 『문화로 본 새로운 역사』 린 헌트 지음, 조한욱 옮김, 소나무, 1996

· 『에로틱 문학의 역사』 알렉상드리앙 지음, 최복현 옮김, 한숲, 2005

· 『책과 혁명』 로버트 단턴 지음, 주명철 옮김, 도서출판 길, 2003

· 『포르노그라피의 발명』 린 헌트 지음, 조한욱 옮김, 책세상, 1993/1996

· 『프랑스혁명의 가족로망스』 린 헌트 지음, 조한욱 옮김, 새물결, 1999

· 『The Great Cat Massacre: And Other Episodes in French Cultural History』, Robert Darnton, Viking, 1984

· 『Therese The Philosopher』 Marquis D'Argens, The Olympia Press, 2007

참고 자료

· 『고백록』 장 자크 루소 지음, 이용철 옮김, 나남, 2012

· 『내게 거짓말을 해봐』 장정일 지음, 김영사, 1996

· 『미크로메가스·캉디드 혹은 낙관주의』 볼테르 지음, 이병애 옮김, 문학동네, 2010

· 『사회계약론』 장 자크 루소 지음, 김중현 옮김, 펭귄클래식코리아, 2010

· 『서양미술의 섹슈얼리티』 에드워드 루시 스미스 지음, 이하림 옮김, 시공아트, 1991/1999

· 『소설 프랑스혁명』(전 6권), 사토 겐이치 지음, 김석희 옮김, 한길사, 2012

· 『신엘로이즈』(전 2권), 장 자크 루소 지음, 김중현 옮김, 책세상, 2012

· 『에밀』 장 자크 루소 지음, 김중현 옮김, 한길사, 2003

· 『인권의 발명』 린 헌트 지음, 전진성 옮김, 돌베개, 2009

· 『장정일 화두, 혹은 코드』 장정일 외 지음, 행복한책읽기, 2001

· 『조선 후기 성(性) 소화 선집』 김준형 지음, 문학동네, 2010

· 『아벨라르와 엘로이즈』 아벨라르, 엘로이즈 지음, 정봉구 옮김, 을유문화사, 2015

· 『페르시아인의 편지·사회계약론』 몽테스키외·루소 지음, 소두영·이환 옮김, 삼성출판사, 1982

· 『풍속의 역사』(전 4권), 에두아르트 푹스 지음, 이기웅·박종만 옮김, 1909~1912/2001

· 『프랑스 혁명에서 파리 코뮌까지, 1789~1871』 노명식 지음, 책과함께, 2011

· 『프랑스대혁명』(전 2권), 막스 갈로 지음, 박상준 옮김, 민음사, 2013

· 『혁명만세』 마크 스틸 지음, 박유안 옮김, 바람구두, 2008

· 다큐멘터리, 〈기독교 2천 년사〉(2부작), FilmRoos, 2000

· 다큐멘터리, <숨겨진 성경의 비밀>(2부작), National Geographic, EBS 다큐프라임 방영, 2012. 2.

· 다큐멘터리, <포르노그래피의 역사>(6부작), 히스토리 채널, 2002. 3.

· 다큐멘터리, <프랑스대혁명>(2부작), 히스토리 채널, 2005. 3.

· 영화, <래리 플린트>, 밀로스 포만 감독, 우디 해럴슨 주연, 컬럼비아 픽처스, 1996

두 번째 이야기:
아무도 읽지 않은 책

메타북

· 『16세기 문화혁명』 야마모토 요시타카 지음, 남윤호 옮김, 동아시아, 2010

· 『객관성의 칼날』 찰스 길리스피 지음, 이필렬 옮김, 새물결, 1990/2005

· 『과학과 기술로 본 세계사 강의』 제임스 E. 매클렐란 3세·해럴드 도른 지음, 전대호 옮김, 모티브북, 2006

· 『과학의 변경 지대』 마이클 셔머 지음, 김희봉 옮김, 사이언스북스, 2005

· 『과학혁명의 구조』(제4판), 토머스 쿤 지음, 김명자·홍성욱 옮김, 까치, 2013

참고 자료

· 『갈릴레오: 불경한 천문학자의 이야기』 장 피에르 모리 지음, 변지현 옮김, 시공사, 1999

· 『갈릴레오』 마이클 화이트 지음, 김명남 옮김, 사이언스북스, 2009

· 『갈릴레오가 들려주는 별이야기: 시데레우스 눈치우스』 갈릴레오 갈릴레이 지음, 장헌영 옮김, 승산, 2009

· 『갈릴레오의 두 우주 체계에 관한 대화, 태양계의 그림을 새로 그리다』 오철우 지음, 사계절, 2009

· 『거인들의 어깨 위에 서서』 스티븐 호킹 엮음, 김동광 옮김, 까치, 2006

· 『과학의 탄생』 야마모토 요시타카 지음, 이영기 옮김, 동아시아, 2005

· 『마담 사이언티스트』 데이비드 보더니스 지음, 최세민 옮김, 생각의나무, 2006

· 『무한자와 우주와 세계 외』 조르다노 브루노 지음, 강영계 옮김, 한길사, 2000

『브레히트 희곡선집 2』 베르톨트 브레히트 지음, 임한순 옮김, 서울대학교출판문화원, 2016

· 『신학대전 요약』 G. 달 사쏘 지음, 이재룡 옮김, 가톨릭대학교출판부, 2001

· 『아무도 읽지 않은 책』 오언 깅거리치 지음, 장석봉 옮김, 지식의숲, 2008

· 『아이작 뉴턴』 제임스 글릭 지음, 김동광 옮김, 승산, 2008

· 『아이작 뉴턴 세트』(전 4권), 리처드 웨스트폴 지음, 김한영 옮김, 알마, 2016

· 『장미의 이름』(상, 하), 움베르토 에코 지음, 이윤기 옮김, 열린책들, 2009

· 『편집된 과학의 역사』 퍼트리샤 파라 지음, 김학영 옮김, 21세기북스, 2011

· 『프린키피아』(전 3권), 아이작 뉴턴 지음, 이무현 옮김, 교우사, 1998~1999

· 『프린키피아의 천재』 리처드 웨스트폴, 최상돈 옮김, 사이언스북스, 2001

세 번째 이야기:
고전을 리모델링해드립니다

메타북

· 『2천 년 동안의 정신』(전 3권), 폴 존슨 지음, 김주한 옮김, 살림출판사, 2005

· 『누가 성서를 기록했는가』 R. E. 프리드만 지음, 이사야 옮김, 한들출판사, 2008

· 『러셀 서양철학사』 버트런드 러셀 지음, 서상복 옮김, 을유문화사, 2009

· 『성경 왜곡의 역사』 바트 어만 지음, 민경식 옮김, 청림출판, 2006

· 『세계 철학사』 한스 요아힘 슈퇴리회 지음, 박민수 옮김, 이룸, 2008

· 『소크라테스 두 번 죽이기』 박홍규 지음, 필맥, 2005

· 『소크라테스의 비밀』 I. F. 스톤 지음, 편상범·손병석 옮김, 간디서원, 2006

· 『열린사회와 그 적들』(전 2권), 칼 포퍼 지음, 이한구 옮김, 민음사, 2006

· 『중국 고대 사상의 세계』 벤자민 슈워츠 지음, 나성 옮김, 살림출판사, 2004

· 『중국철학사』 풍우란 지음, 박성규 옮김, 까치, 1999

· 『집 잃은 개』 리링 지음, 김갑수 옮김, 글항아리, 2007/2012

· 『춘추전국 이야기』(전 11권), 공원국 지음, 위즈덤하우스, 2017

참고 자료

· 『1984년』 조지 오웰 지음, 박경서 옮김, 열린책들, 2009
· 『강좌 중국사 1: 고대문명과 제국의 성립』 서울대동양사학연구실 엮음, 지식산업사, 1997
· 『고고학 증거로 본 공자시대 중국사회』 로타 본 팔켄하우젠 지음, 심재훈 엮음, 세창출판사, 2011
· 『공자가 죽어야 나라가 산다』 김경일 지음, 바다출판사, 2005
· 『공자신화』 아사노 유이치 지음, 신정근 등 옮김, 태학사, 2008
· 『관중과 공자』 강신주 지음, 사계절, 2011
· 『그리스 비극 걸작선』 아이스퀼로스·소포클레스·에우리피데스 지음, 천병희 옮김, 숲, 2010
· 『그리스 역사』 크세노폰 지음, 최자영 옮김, 안티쿠스, 2012
· 『그리스 전쟁』 필립 드 수자 외 2인 지음, 오태경 옮김, 플래닛미디어, 2009
· 『그리스 철학자 열전』 디오게네스 라에르티오스 지음, 전양범 옮김, 동서문화사, 2008
· 『그리스인 이야기』(전 3권), 앙드레 보나르 지음, 김희균·양영란 옮김, 강대진 감수, 책과함께, 2011
· 『논어』 공자 지음, 김원중 옮김, 글항아리, 2012
· 『디오게네스와 아리스토텔레스』 박홍규 지음, 필맥, 2011
· 『목수들의 전쟁』 김진경 지음, 문학동네어린이, 2000
· 『묵공』 모리 히데키 지음, 서울문화사, 2000
· 『묵공』 사케미 켄이치 지음, 송태욱 옮김, 바다출판사, 2011
· 『묵자』 기세춘 역저, 바이북스, 2009
· 『묵자가 필요한 시간』 천웨이런 지음, 윤무학 옮김, 378, 2018
· 『反논어』 조기빈 지음, 조남호 외 옮김, 예문서원, 1996
· 『분서』(전 2권), 이지 지음, 김혜경 옮김, 한길사, 2004
· 『상서 깊이 읽기』 위중 지음, 이은호 옮김, 글항아리, 2013
· 『소크라테스의 회상록』 크세노폰 지음, 천병희 옮김, 숲, 2018
· 『소크라테스 회상록·소크라테스의 변론』 크세노폰 지음, 오유석 옮김, 부북스, 2018
· 『소크라테스의 변명』 플라톤 지음, 강철웅 옮김, 아카넷, 2020
· 『여씨춘추』 여불위 지음, 김근 옮김, 글항아리, 2012

· 『예수와 묵자』 문익환·홍근수·기세춘 지음, 바이북스, 2009
· 『완역 사기 본기 1』 사마천 지음, 김영수 옮김, 일마, 2010
· 『이탁오의 논어평』 이탁오 지음, 이영호 옮김, 성균관대학교출판부, 2009
· 『장자, 차이를 횡단하는 즐거운 모험』 강신주 지음, 그린비, 2007
· 『전쟁은 속임수다』 리링 지음, 김숭호 옮김, 글항아리, 2012
· 『중국고대사회』 허진웅 지음, 홍희 옮김, 동문선, 1991
· 『철학의 시대』 강신주 지음, 사계절, 2011
· 『철학의 탄생』 콘스탄틴 J. 밤바카스 지음, 이재영 옮김, 알마, 2012
· 『키케로의 의무론』 키케로 지음, 허승일 옮김, 서광사, 2006
· 『페르시아 원정기』 크세노폰 지음, 천병희 옮김, 숲, 2011
· 『펠로폰네소스 전쟁사』 투퀴디데스 지음, 천병희 옮김, 숲, 2011
· 『프로타고라스』 플라톤 지음, 구텐베르크 프로젝트
· 『플라톤 다시 보기』 박홍규 지음, 필맥, 2009
· 『플라톤의 국가·정체』 플라톤 지음, 박종현 옮김, 서광사, 2005
· 『플라톤의 네 대화 편: 에우티프론, 소크라테스의 변론, 크리톤, 파이돈』 플라톤 지음, 박종현 옮김, 서광사, 2003
· 『플루타르코스 영웅전』(전 5권), 플루타르코스 지음, 이다희 옮김, 이윤기 감수, 휴먼앤북스, 2010
· 『한글세대가 본 논어』(전 2권), 배병삼 지음, 문학동네, 2002
· 『한비자』 한비자 지음, 김원중 옮김, 글항아리, 2012

네 번째 이야기:
객관성의 칼날에 상처 입은 인간에 대한 오해

메타북

· 『바이오테크 시대』 제러미 리프킨 지음, 전영택·전병기 옮김, 민음사, 1999
· 『본성과 양육』 매트 리들리 지음, 김한영 옮김, 김영사, 2004

· 『빈 서판』 스티븐 핑커 지음, 김한영 옮김, 사이언스북스, 2004

· 『심리학의 오해』 키이스 스타노비치 지음, 신현정 옮김, 혜안, 2013

· 『양육가설』 주디스 리치 해리스 지음, 최수근 옮김, 이김, 2017

· 『인간에 대한 오해』 스티븐 제이 굴드 지음, 김동광 옮김, 사회평론, 2003

참고 자료

· 『개성의 탄생』 주디스 리치 해리스, 곽미경 옮김, 동녘사이언스, 2007

· 『검은 말』 보리스 싸빈꼬프 지음, 연진희 옮김, 뿔, 2007

· 『나의 투쟁』(상, 하), 아돌프 히틀러 지음, 서석연 옮김, 범우사, 1989

· 『다윈 이후: 다윈주의에 대한 오해와 이해를 말하다』 스티븐 제이 굴드 지음, 홍욱희·홍동선 옮김, 사이언스북스, 2009

· 『레닌 평전』(전 4권), 토니 클리프 지음, 최일붕(1권)·이수현(2~4권) 옮김, 책갈피, 2010~2013

· 『마음은 그렇게 작동하지 않는다』 제리 포더 지음, 김한영 옮김, 선우환 감수, 알마, 2013

· 『마음은 어떻게 작동하는가』 스티븐 핑커 지음, 김한영 옮김, 동녘사이언스, 2007

· 『멋진 신세계』 올더스 헉슬리 지음, 1932

· 『무엇을 할 것인가』(상,하), 니꼴라이 체르니셰프스키 지음, 서정록 옮김, 열린책들, 2009

· 『무엇을 할 것인가?』 레닌 지음, 최호정 옮김, 박종철출판사, 1999

· 『뮤지코필리아』 올리버 색스 지음, 장호연 옮김, 김종성 감수, 알마, 2012

· 『사랑, 그 혼란스러운』 리하르트 다비트 프레히트 지음, 박규호 옮김, 21세기북스, 2009

· 『사모아의 청소년』 마거릿 미드 지음, 박자영 옮김, 한길사, 2008

· 『사회생물학 논쟁』 프란츠 부케티츠 지음, 김영철 옮김, 사이언스북스, 1999

· 『사회생물학 대논쟁』 최재천·김세균·김동광 외 지음, 이음, 2011

· 『사회생물학』 에드워드 윌슨 지음, 이병훈 외 옮김, 민음사, 1992

· 『성의 정치학』 케이트 밀레트 지음, 정의숙 옮김, 현대사상사, 2004

· 『세 부족사회에서의 성과 기질』 마거릿 미드 지음, 조혜정 옮김, 이화여대출판부, 1996

· 『스키너의 심리상자 열기』 로렌 슬레이터 지음, 조증열 옮김, 에코의서재, 2005

· 『심리의 책』 캐서린 콜린 외 지음, 이경희 외 옮김, 지식갤러리, 2012

· 『언어 본능』 스티븐 핑커 지음, 김한영 옮김, 동녘사이언스, 2008

· 『여성의 신비』 베티 프리단 지음, 김현우 옮김, 이매진, 2005

· 『영혼에 관하여』 아리스토텔레스 지음, 유원기 옮김, 궁리, 2001

· 『오래된 연장통』 전중환 지음, 사이언스북스, 2010

· 『욕망의 진화』 데이비드 버스 지음, 전중환 옮김, 사이언스북스, 2007

· 『우리 기억은 진짜 기억일까?: 거짓 기억과 성추행 의혹의 진실』, 캐서린 케첨·엘리자베스
로프터스 지음, 정준형 옮김, 도솔, 2008

· 『우리 유전자 안에 없다』 스티븐 로우즈·R. C. 르원틴·레온 J. 카민 지음, 이상원 옮김, 한울
아카데미, 2009

· 『월든 투』 B. F. 스키너 지음, 이장호 옮김, 현대문화센터, 2006

· 『인간 본성에 대하여』 에드워드 윌슨 지음, 이한음 옮김, 사이언스북스, 2011

· 『자본론』 칼 마르크스 지음, 김수행 옮김, 비봉출판사, 2004

· 『자유와 존엄을 넘어서』 B. F. 스키너 지음, 정명진 옮김, 부글북스, 2008

· 『전쟁과 과학, 그 야합의 역사』 어니스트 볼크먼 지음, 석기용 옮김, 이마고, 2003

· 『제2의 성』 시몬느 드 보부아르 지음, 이정순 옮김, 을유문화사, 2021

· 『종의 기원, 생명의 다양성과 인간 소멸의 자연학』 박성관 지음, 그린비, 2010

· 『종의 기원』 찰스 로버트 다윈 지음, 장대익 옮김, 사이언스북스, 2019

· 『진보와 그의 적들』 기 소르망 지음, 이진홍 외 옮김, 문학과의식사, 2003

· 『진화심리학』 딜런 에번스 지음, 이충호 옮김, 김영사, 2001

· 『창백한 말』 보리스 싸빈꼬프 지음, 정보라 옮김, 뿔, 2007

· 『책: 사람이 읽어야 할 모든 것』 크리스티아네 취른트 지음, 조우호 옮김, 들녘, 2003

· 『처음 읽는 진화심리학』 앨런 S.밀러·가나자와 사토시 지음, 박완신 옮김, 웅진지식하우스,
2008

· 『촘스키&스키너』 조숙환 지음, 김영사, 2009

· 『타고난 성, 만들어진 성』 존 콜라핀토 지음, 이은선 옮김, 바다출판사, 2002

· 『통치론』 존 로크 지음, 강정인·문지영 옮김, 까치, 2007

· 『Behaviorism』 revised edition, John Broadus Watson, University of Chicago Press, 1930

· 『DNA 독트린』 리처드 르원틴 지음, 김동광 옮김, 궁리, 2001

· 『The Adapted Mind: Evolutionary Psychology and the Generation of Culture』 Jerome
H. Barkow, John Tooby, Leda Cosmides, John Tooby, Oxford University Press, 1992

· 『The Nurture Assumption: Why Children Turn Out the Way They Do』 Judith Rich

Harris, Free Press, 2011

- 다큐멘터리, <유전자 혁명, 신의 축복인가 재앙인가>(2부작), KBS미디어, 2004
- 다큐멘터리, <인간 게놈>(6부작), NHK, 1999
- 다큐멘터리, <인간에 대한 오해 1부 IQ>, EBS, 2005
- 다큐멘터리, <일부일처, 인간 짝짓기의 진화>(2부작), MBC스페셜, 2006. 7.
- 다큐멘터리, <탄생의 신비: 쌍둥이>(3부작), 내셔널지오그래픽, 2012. 5.

다섯 번째 이야기:
책의 학살, 그 전통의 폭발

메타북

- 『20세기 이데올로기, 책을 학살하다』 레베카 크누스 지음, 강창래 옮김, 알마, 2010
- 『금서의 역사』 베르너 풀트 지음, 송소민 옮김, 시공사, 2013
- 『도서관, 그 소란스러운 역사』 매튜 베틀스 지음, 강미경 옮김, 넥서스, 2004
- 『사라진 책의 역사』 뤼시앵 폴라스트롱 지음, 이세진 옮김, 동아일보사, 2006
- 『읽는다는 것의 역사』, 로제 샤르티에·굴리엘모 카발로 엮음, 이종삼 옮김, 한국출판마케팅
  연구소, 2006
- 『책을 불태우다』 리처드 오벤든 지음, 이재황 옮김, 책과함께, 2022

참고 자료

- 『도서관의 신 헤르메스를 찾아서: 불태워진 도서관의 동서고금의 역사』 남태우 지음, 창조
  문화, 2005
- 『도서관의 탄생』 스튜어트 A. P. 머레이 지음, 윤영애 옮김, 예경, 2012
- 『마지막 파라오 클레오파트라』 마르탱 콜라 지음, 임헌 옮김, 해냄출판사, 2006
- 『문자 이야기』 앤드루 로빈슨 지음, 박재욱 옮김, 사계절, 2003
- 『문자의 역사』 조르주 장 지음, 이종인 옮김, 시공사, 1995

· 『사라진 도서관: 알렉산드리아 도서관의 수수께끼』 루치아노 칸포라 지음, 김효정 옮김, 열린책들, 2007

· 『세상은 한 권의 책이었다』 소피 카사뉴 브루케 지음, 최애리 옮김, 마티, 2013

· 『수메르, 혹은 신들의 고향』 제카리아 시친 지음, 이근영 옮김, 도서출판 AK, 2009

· 『수메르』(전 3권), 윤정모 지음, 다산책방, 2010

· 『신화는 수메르에서 시작되었다』 김산해 지음, 가람기획, 2003

· 『책의 역사』 브뤼노 블라셀 지음, 권명희 옮김, 시공사, 1999

· 『천사와 악마』(전 2권), 댄 브라운 지음, 홍성영 옮김, 문학수첩, 2008

· 『템페스트』 윌리엄 셰익스피어 지음, 이경식 옮김, 문학동네, 2009

· 『픽션들』 호르헤 루이스 보르헤스 지음, 황병하 옮김, 민음사, 1994

찾아보기

찾아보기

인명

책의 정신

2022년 5월 20일 1판 1쇄 인쇄
2022년 6월 1일 1판 1쇄 발행

지은이	강창래
펴낸이	한기호
책임편집	정안나
편집	도은숙, 유태선, 염경원, 강세윤, 김미향, 김현구
마케팅	윤수연
디자인	북디자인 경놈
경영지원	국순근
펴낸곳	북바이북

출판등록 2009년 5월 12일 제313-2009-100호
주소 04029 서울시 마포구 동교로 12안길 14(서교동) 삼성빌딩 A동 2층
전화 02-336-5675 팩스 02-337-5347
이메일 kpm@kpm21.co.kr
홈페이지 www.kpm21.co.kr

ISBN 979-11-90812-41-2 (03100)